die 26 wichtigsten Fälle zum Familienrecht

Hemmer/Wüst/Merklein

Hemmer/Wüst Verlagsgesellschaft

Hemmer/Wüst/Merklein, die 26 wichtigsten Fälle zum Familienrecht

ISBN 978-3-86193-274-1

7. Auflage 2014

gedruckt auf chlorfrei gebleichtem Papier
von Schleunungdruck GmbH, Marktheidenfeld

VORWORT

Die vorliegende Fallsammlung ist für **Studenten in den ersten Semestern** gedacht. Gerade in dieser Phase ist es wichtig, bei der Auswahl der Lernmaterialien den richtigen Weg einzuschlagen. **Auch in den späteren Semestern und im Referendariat** sollte man in den grundsätzlichen Problemfeldern sicher sein. Die essentials sollte jeder kennen.

Die Gefahr zu Beginn des Studiums liegt darin, den Stoff zu abstrakt zu erarbeiten. Nur ein **problemorientiertes Lernen**, d.h. ein Lernen am konkreten Fall, führt zum Erfolg. Das gilt für die kleinen Scheine / die Zwischenprüfung genauso wie für das Examen. In juristischen Klausuren wird nicht ein möglichst breites Wissen abgeprüft. In juristischen Klausuren steht der Umgang mit konkreten Problemen im Vordergrund. Nur wer gelernt hat, sich die Probleme des Falles aus dem Sachverhalt zu erschließen, schreibt die gute Klausur. Es geht darum, Probleme zu erkennen und zu lösen. Abstraktes anwendungsunspezifisches Wissen, sog. „Träges Wissen", täuscht Sicherheit vor, schadet aber letztlich.

Bei der Anwendung dieser Lernmethode sind wir Marktführer. Profitieren Sie von der über 35-jährigen Erfahrung des **Juristischen Repetitoriums hemmer** im Umgang mit Examensklausuren. Diese Erfahrung fließt in sämtliche Skripten des Verlages ein. Das Repetitorium beschäftigt **ausschließlich Spitzenjuristen**, teilweise Landesbeste ihres Examenstermins. Die so erreichte Qualität in Unterricht und Skripten werden Sie anderswo vergeblich suchen. Lernen Sie mit den Profis!

Ihre Aufgabe als Jurist wird es einmal sein, konkrete Fälle zu lösen. Diese Fähigkeit zu erwerben ist das Ziel einer guten juristischen Ausbildung. Nutzen Sie die Chance, diese Fähigkeit bereits zu Beginn Ihres Studiums zu trainieren. Erarbeiten Sie sich das notwendige Handwerkszeug anhand unserer Fälle. Sie werden feststellen: Wer Jura richtig lernt, dem macht es auch Spaß. Je mehr Sie verstehen, desto mehr Freude werden Sie haben, sich neue Probleme durch eigenständiges Denken zu erarbeiten. Wir bieten Ihnen mit unserer **juristischen Kompetenz** die notwendige Hilfestellung.

Fallsammlungen gibt es viele. Die Auswahl des richtigen Lernmaterials ist jedoch der entscheidende Aspekt. Vertrauen Sie auf unsere Erfahrungen im Umgang mit Prüfungsklausuren. Unser Beruf ist es, **alle klausurrelevanten Inhalte** zusammenzutragen und verständlich aufzubereiten. Prüfungsinhalte wiederholen sich. Wir vermitteln Ihnen das, worauf es in der Prüfung ankommt – verständlich – knapp – präzise.

Achten Sie dabei insbesondere auf die richtige Formulierung. Jura ist eine Kunstsprache, die es zu beherrschen gilt. Abstrakte Floskeln, ausgedehnte Meinungsstreitigkeiten sollten vermieden werden. Wir haben die Fälle daher bewusst kurz gehalten. Der Blick für das Wesentlich darf bei der Bearbeitung von Fällen nie verloren gehen.

Wir hoffen, Ihnen den Einstieg in das juristische Denken mit der vorliegenden Fallsammlung zu erleichtern und würden uns freuen, Sie auf Ihrem Weg in der Ausbildung auch weiterhin begleiten zu dürfen.

Karl-Edmund Hemmer & Achim Wüst

Inhaltsverzeichnis:

Kapitel I: Das Verlöbnis

Fall 1:   Folgen der Auflösung des Verlöbnisses

Sachverhalt:

Student M lernt auf seiner Examensparty Studentin A kennen, die gerade im achten Semester ist und kurz vor ihrem eigenen Examen steht. Die beiden glauben plötzlich an die Liebe auf den ersten Blick und versprechen sich wenig später gegenseitig, nach dem Examen der A zu heiraten. Dazu kommt es jedoch nicht mehr, da A auf Ihrer Examensparty dem M ihren Kollegen K vorstellt, mit dem sie bereits seit mehreren Wochen eine Affäre unterhält. Nachdem sie anschließend auch noch die Nacht mit K verbringt und am Tag danach sogleich einen zweiwöchigen Urlaub mit ihm antritt, kündigt M noch am Tag der Rückkehr der A - schwer gekränkt und verbittert - die Verlobung auf.

M verlangt nun von A 150,- € für Verlobungsanzeigen, die er ohne Wissen der A hatte drucken lassen.

A weigert sich jedoch die 150,- € zu zahlen. Vielmehr ist sie der Ansicht, dass M dazu verpflichtet ist, ihr die Manschettenknöpfe, die sie ihm geschenkt hat, zurückzugeben.

Frage 1:

Bestehen Ansprüche auf Rückzahlung der 150,- € bzw. auf Herausgabe der Manschettenknöpfe?

Abwandlung:

Nach der Verlobung des A mit M stellt sich heraus, dass A bereits verheiratet ist.

Frage 2:

Ändert sich etwas an dem zu Frage 1 gefundenen Ergebnis?

Abwandlung:

Anstatt mit A auf ihre Examensparty zu gehen, entschließt sich M, ohne seine Verlobte in den Urlaub zu fliegen. Das Flugzeug stürzt jedoch ab und M kommt ums Leben.

Frage 3: Könnte A von den Erben des M die Herausgabe der Manschettenknöpfe verlangen?

I. Einordnung

Unter Verlöbnis versteht man sowohl das gegenseitige Heiratsversprechen, als auch das durch dieses Versprechen begründete personenrechtliche Dauerschuldverhältnis.

Das Verlöbnis ist jedoch nicht einklagbar (§ 1297 I BGB) und nicht vollstreckbar (§ 120 III FamFG). Die zivilrechtliche Bedeutung des Verlöbnisses ist sowohl praktisch, als auch in der Klausur i.d.R. von geringem Ausmaß. Soweit Sie die Vorschriften der §§ 1297 ff. BGB finden und sauber durchprüfen, dürften Sie deshalb in einer einschlägigen Klausur keine Problem bekommen.

hemmer-Methode: Anders als die nichteheliche Lebensgemeinschaft stellt das Verlöbnis unzweifelhaft ein Rechtsverhältnis dar. Die Abgrenzung zur nichtehelichen Lebensgemeinschaft ist demnach für das Auffinden der Anspruchsgrundlage in der Klausur von entscheidender Bedeutung. Maßgeblich ist dabei die Frage, ob ein gegenseitiges Heiratsversprechen, welches auch konkludent erfolgen kann, vorliegt.

Wie Sie im Folgenden sehen, handelt es sich bei „Verlöbnisklausuren" i.d.R. um Standardprobleme; ein Spezialwissen ist deshalb nicht von Nöten.

hemmer-Methode: Denken Sie fächerübergreifend. Die Frage, ob ein Verlöbnis vorliegt, kann auch außerhalb des Familienrechts von großer Bedeutung sein: Der Verlobte fällt z.B. unter den Angehörigenbegriff i.S.v. § 11 I Nr. 1a StGB und ist zeugnisverweigerungsberechtigt i.S.v. § 52 I S. 1 StPO.

II. Gliederung

> **Frage 1:**
>
> **Ansprüche auf Ersatz der 150,- €**
> **bzw. auf Herausgabe der Manschettenknöpfe**
>
> **1. Anspruch des M gegen A auf Ersatz der Anzeigekosten i.H.v. 150,- €**
>
> - Anspruch aus §§ 1298, 1299 BGB (+)
> - Anspruch aus § 826 BGB (-), da kein Schädigungsvorsatz
> - Anspruch aus §§ 683, 677, 670 BGB (-) mangels Fremdgeschäftsführungswillen

> **2. Anspruch der A gegen M auf Rückgabe der Manschettenknöpfe** (-)
> da § 815 BGB auf § 1301 BGB anwendbar und Verhinderung der Eheschließung seitens A wider Treu und Glauben (+)

> **Frage 2:**
>
> **Rechtslage bei gleichzeitig bestehender Ehe der A**
>
> **1. Anspruch des M gegen A auf Ersatz der Anzeigekosten i.H.v. 150,- €:**
> Anspruch aus §§ 1298, 1299 BGB ebenfalls (+);
> zwar Sittenwidrigkeit des Eheversprechens gem. § 138 BGB,
> aber nach Sinn und Zweck hier §§ 1298 ff. BGB anwendbar.
>
> **2. Anspruch der A gegen M auf Rückgabe der Manschettenknöpfe** (-) s.o.

> **Frage 3:**
>
> **Anspruch der A gegen die Erben des M auf Herausgabe der Manschettenknöpfe**
>
> Anspruch aus § 1301 S. 1 BGB nicht wegen § 815 S. 2 BGB ausgeschlossen. Aber hier Zweifelsregelung des § 1301 S. 2 BGB (+)

III. Lösung Frage 1

1. Anspruch des M gegen A auf Ersatz der Inseratskosten i.H.v. 150,- €

a) Anspruch aus §§ 1299, 1298 BGB

M könnte wegen der Inseratskosten gegen A einen Schadenersatzanspruch aus §§ 1299, 1298 BGB i.H.v. 150,- € haben.

Die Schadenersatzpflicht nach §§ 1298, 1299 BGB setzt zunächst voraus, dass ein wirksames Verlöbnis bestand.

Nach der herrschenden Vertragstheorie ist das Verlöbnis ein gewöhnlicher Vertrag, auf den die allgemeinen Vertragsregeln der §§ 106 ff. BGB Anwendung finden.

hemmer-Methode: Neben der Vertragstheorie wird noch die Theorie vom familienrechtlichen Vertrag und die Vertrauenstheorie bzw. Theorie vom gesetzlichen Rechtsverhältnis vertreten. Letztere sieht im Verlöbnis ein gesetzliches Rechtsverhältnis und die Ersatzpflicht der §§ 1298 ff. BGB als Auswirkung der Enttäuschung der im Partner erweckten Heiratserwartung an. Demnach ist v.a. eine Geschäftsfähigkeit zur Eingehung des Verlöbnisses nicht erforderlich. Die Theorie vom familienrechtlichen Vertrag fordert statt der Geschäftsfähigkeit eine Verlöbnisfähigkeit, die sich nach der individuellen geistigen Reife bemisst. Nur die von der h.M. vertretene Vertragstheorie ist jedoch in der Lage, mit der konsequenten Geltung der allgemeinen Vertragsregeln und somit insbesondere der §§ 104 ff. BGB auch beim Verlöbnis von Minderjährigen Rechtssicherheit zu gewährleisten. Eine Auseinandersetzung mit diesen Theorien kann von Ihnen in einer Klausur aber kaum erwartet werden. Zu Einzelheiten vgl. **Hemmer/Wüst, Familienrecht, Rn. 15 ff.**

Im Fall liegen zwei korrespondierende Willenserklärungen vor, die auf das gegenseitige Versprechen der Heirat abzielen. Unwirksamkeitsgründe sind nicht ersichtlich.

Ferner setzt die Schadenersatzpflicht den Rücktritt eines der Verlobten voraus. M hat hier am Tag der Rückkehr A gegenüber wirksam den Rücktritt erklärt.

hemmer-Methode: Man könnte hier noch diskutieren, ob mit Antritt der Urlaubsreise A nicht selbst konkludent den Rücktritt von der Verlobung erklärt hat. Der Rücktritt erfolgt durch einseitige, empfangsbedürftige Willenserklärung. Ein stillschweigender Rücktritt ist deshalb durchaus möglich. Im vorliegenden Fall, soll jedoch davon ausgegangen werden, dass A trotz Aufrechterhaltung der Affäre am Verlöbnis festhalten wollte.

Der zurücktretende Verlobte M kann jedoch die Ansprüche aus § 1298 BGB gem. § 1299 BGB nur dann geltend machen, wenn der Rücktritt vom anderen Teil verschuldet wurde, wobei das Verhalten des anderen Teils einen wichtigen Grund für den Rücktritt darstellen muss. Hier ist A nicht nur einmal fremdgegangen, sondern unterhielt eine mehrwöchige Affäre und verbringt mit K auch noch einen zweiwöchigen Urlaub. Die Gesamtumstände sind deswegen in jedem Fall als wichtiger Grund i.S.v. § 1299 BGB anzusehen und haben M auch tatsächlich zum Rücktritt veranlasst.

M hat somit gegen A einen Anspruch aus §§ 1299, 1298 I BGB auf Erstattung der Inseratskosten. Dabei hat A die vollen 150,- € zu ersetzen, da Inseratskosten in Höhe von 150,- € als angemessen i.S.d. § 1298 II BGB anzusehen sind.

b) Anspruch aus § 826 BGB

§ 826 BGB setzt voraus, dass im Hinblick auf den Schaden zumindest Eventualvorsatz bei A bestand. Da A jedoch von den Inseraten überhaupt keine Kenntnis hatte, entfällt ein Anspruch des M aus § 826 BGB von vornherein.

c) Anspruch aus §§ 683, 677, 670 BGB

Ferner kommt ein Anspruch aus Geschäftsführung ohne Auftrag gem. §§ 683, 677, 670 BGB in Betracht. M müsste dann aber zumindest auch ein Geschäft der A geführt haben. I.d.R. stellt ein Druckauftrag von Verlobungsanzeigen ein Geschäft beider Verlobten, also auch der A dar.

Problematisch erscheint jedoch, ob M mit Fremdgeschäftsführungswillen gehandelt hat. Es genügt dabei, wenn M zumindest auch für A tätig war. Dies ist hier jedoch nicht ersichtlich, da er die A noch nicht einmal davon informiert hat. Demnach ist ein Fremdgeschäftsführungswille hier zu verneinen (a.A. vertretbar).

Ein Anspruch aus §§ 683, 677, 670 BGB besteht nicht.

2. Anspruch der A gegen den M auf Herausgabe der Manschettenknöpfe gem. § 1301 BGB

A könnte einen Herausgabeanspruch bzgl. der geschenkten Manschettenknöpfe aus § 1301 BGB haben. Die Eheschließung ist hier unterblieben, sodass sie grundsätzlich eine Herausgabe nach den Regeln der ungerechtfertigten Bereicherung verlangen kann.

Fraglich ist jedoch, ob hier nicht eine Verhinderung des Erfolgseintritts wider Treu und Glauben seitens der A gem. § 815 Alt. 2 BGB vorliegt.

Hierzu bedarf es zunächst der Klärung, ob § 815 BGB überhaupt auf § 1301 BGB anwendbar ist. Hierfür maßgeblich, aber äußerst umstritten ist die Frage, ob es sich bei § 1301 BGB um eine Rechtsgrund- oder Rechtsfolgenverweisung handelt.

Während eine Ansicht § 1301 BGB als eine Unterart des Wegfalls der Geschäftsgrundlage, mit der Konsequenz der Nichtanwendbarkeit des § 815 BGB, ansieht, sieht die h.M. in § 1301 BGB einen selbstständigen Bereicherungstatbestand. Dieser steht in Ergänzung zur Zweckverfehlungskondiktion (conidictio ob rem) nach § 812 I S. 2 Alt. 2 BGB und muss a maiore ad minus ebenso durch § 815 BGB begrenzt werden.

Darüber hinaus ist § 815 BGB ohnehin nur Auswirkung des allgemeinen Grundsatzes, dass nach Treu und Glauben (§ 242 BGB) niemand aus selbst begangenem Unrecht für sich Rechte herleiten darf.

§ 815 BGB ist demnach auf § 1301 BGB anwendbar, womit fraglich ist, ob hier von einer Verhinderung der Eheschließung wider Treu und Glauben auszugehen ist.

Das Verhalten der A ist hier eindeutig als Verhinderung der Eheschließung wider Treu und Glauben zu beurteilen, da es M unter keinen Umständen zumutbar war unter den gegebenen Voraussetzungen A noch zu ehelichen.

A kann die Manschettenknöpfe nicht von M herausverlangen.

3. Ergebnis zu Frage 1

M kann von A gem. §§ 1298, 1299 BGB Schadenersatz i.H.v. 150,- € für die Inseratskosten verlangen. Ein Herausgabeanspruch der A gegen M bzgl. der Manschettenknöpfe aus § 1301 BGB ist gem. § 815 Alt. 2 BGB ausgeschlossen.

IV. Lösung Frage 2

1. Anspruch des M gegen A auf Ersatz der Inseratskosten i.H.v. 150,- €

Fraglich ist, ob die bestehende Ehe der A den Anspruch aus §§ 1298, 1299 BGB entfallen lässt. Dies wäre dann der Fall, wenn das für §§ 1298, 1299 BGB zwingend erforderliche Verlöbnis bereits wegen § 138 BGB nichtig wäre.

Ein Verlöbnis während bestehender Ehe ist – ebenso wie ein Doppelverlöbnis – i.d.R. sittenwidrig i.S.d. § 138 BGB und damit nichtig. In Konsequenz würde jedoch M, trotz eigener Integrität den Schutz der §§ 1298 ff. BGB verlieren. § 138 BGB soll aber gerade nicht zu Lasten des redlichen Vertragspartners gehen, sondern von seinem Sinn und Zweck her nur den Missbrauch der Vertragsfreiheit verhindern.

Nach h.M. finden in einem solchen Fall §§ 1298 ff. BGB daher trotz Sittenwidrigkeit des Verlöbnisses analoge Anwendung, soweit es nicht um einen Anspruch der Person geht, in der ein Nichtigkeitsgrund vorliegt. Auch die a.A., die § 138 BGB nur bei beiderseitiger Kenntnis der bestehenden Ehe bzw. eines Doppelverlöbnisses anwenden will, kommt hier – mangels Kenntnis des M von der Ehe der A – zum gleichen Ergebnis. Einziger Unterschied ist, dass nach letzterer Ansicht die §§ 1298 ff. BGB direkte Anwendung finden.

Die bestehende Ehe hat demnach im Ergebnis hier keinerlei Einfluss auf den Anspruch aus §§ 1298, 1299 BGB des M gegen A i.H.v. 150,- €.

2. Anspruch der A gegen den M auf Herausgabe der Manschettenknöpfe gem. § 1301 BGB

Nachdem ein Anspruch der A gegen M auf Herausgabe der Manschettenknöpfe hier ohnehin an § 815 Alt. 2 BGB scheitert, ergibt sich auch hier keinerlei Abweichung zum oben gefundenen Ergebnis

hemmer-Methode: Anders wäre dies zu beurteilen, wenn im Fall keine Vereitelung der Eheschließung wider Treu und Glauben i.S.v. § 815 Alt. 2 BGB durch A anzunehmen wäre. Dann würde man bei Frage 1 zu dem Ergebnis kommen, dass ein Anspruch auf Herausgabe nach § 1301 BGB besteht. Fallentscheidend bzgl. Frage 2 wäre dann, ob man die Anwendbarkeit von § 138 BGB von der beiderseitigen Kenntnis des Bestehens einer Ehe abhängig macht oder mit der h.M. § 138 BGB zwar zur Anwendung kommen lässt, die §§ 1298 ff. BGB aber analog zugunsten des redlichen Partners eingreifen. Da A hier nicht redlich ist, würde ihr Anspruch aus § 1301 BGB dann mangels wirksamen Verlöbnisses entfallen; eine analoge Anwendung zu ihren Gunsten wäre ausgeschlossen.

V. Lösung Frage 3

Anspruch der A gegen die Erben des M auf Herausgabe der Manschettenknöpfe aus § 1301 BGB

Fraglich ist, ob A einen Anspruch aus § 1301 BGB gegen den/die Erben des M hat (§ 1922 I BGB), wenn dieser tödlich verunglückt ist, ohne dass es zuvor zu einem Rücktritt vom Verlöbnis gekommen ist.

Nach dem im Fall 1 Gesagten kann A die Manschettenknöpfe nicht herausverlangen.

Hier liegt der Fall jedoch anders. Die Voraussetzungen des § 1301 BGB sind hier ebenso wie in Fall 1 gegeben. Für § 1301 BGB ist es zunächst unerheblich, wodurch das Verlöbnis endet. Anders als §§ 1298, 1299 BGB stellt § 1301 BGB gerade nicht auf einen erfolgten Rücktritt ab. Die Tatsache, dass M vor seinem Tod keinen Rücktritt vom Verlöbnis erklärt hat, lässt also den Anspruch aus § 1301 BGB grundsätzlich nicht entfallen.

hemmer-Methode: Beachten Sie den Unterschied zwischen §§ 1298 f. BGB und § 1301 BGB. Während §§ 1298 f. BGB nur eingreifen, wenn ein Verlobter zurücktritt, greift § 1301 BGB grundsätzlich bei jeglicher Beendigung des Verlöbnisses, also auch beim Tod eines der Verlobten ein. Dies ergibt sich auch aus dem Charakter von § 1301 BGB als Ergänzung des § 812 I S. 2 Alt. 2 BGB. Eine Eheschließung erfolgte gerade nicht, womit der Zweck verfehlt ist.

Anders als in Fall 1 greift hier jedoch § 815 Alt. 2 BGB nicht ein.

Selbst wenn A hier eine wochenlange Affäre mit K hat, ist der fehlende Erfolgseintritt jedenfalls nicht auf das Verhalten der A zurückzuführen.

Die Beendigung des Verlöbnisses beruht hier ausschließlich auf dem Tod des M. Eine Vereitelung des Erfolgseintritts wider Treu und Glauben i.S.v. § 815 Alt. 2 BGB durch A liegt hier nicht vor.

Allerdings ist hier die Zweifelsregelung des § 1301 S. 2 BGB zu berücksichtigen; demnach soll die Rückforderung im Zweifel ausgeschlossen sein, wenn das Verlöbnis durch den Tod eines der Verlobten aufgelöst wird. So liegt der Fall hier. Diese Zweifelsregelung kann hier auch keinesfalls widerlegt werden. Allenfalls könnte sich M im umgekehrten Fall auf die Affäre der A mit K berufen und somit die Herausgabe seiner Geschenke bei Tod der A von deren Erben fordern. Da A aber nach o.g. trotz ihrer Affäre an der Beziehung zu M festhalten wollte, ist die Rückforderung der Manschettenknöpfe hier aufgrund § 1301 S. 2 BGB ausgeschlossen.

VI. Zusammenfassung

- Nach der herrschenden Vertragstheorie folgt das Verlöbnis den allgemeinen Vertragsregeln nach §§ 104 ff. BGB.

- § 1298 BGB begründet eine Schadensersatzpflicht d. vom Verlöbnis Zurücktretenden.

- § 1299 BGB begründet eine Schadensersatzpflicht auch des anderen Teils, soweit dieser einen wichtigen Grund für den Rücktritt bereitet hat.

- § 1301 BGB stellt nach h.M. eine Ergänzung zu § 812 I S. 2 Alt. 2 BGB dar. Einem Herausgabeanspruch aus § 1301 BGB kann somit § 815 BGB entgegengehalten werden.

- § 1301 BGB greift grds. in allen Fällen der Beendigung des Verlöbnisses ein.

VII. Zur Vertiefung

Ausführlich zum Verlöbnis und den Folgeproblemen
- Hemmer/Wüst, Familienrecht, Rn. 7 ff.

Zu § 815 BGB
- Hemmer/Wüst, Bereicherungsrecht, Rn. 438 ff.

Zur condictio ob rem
- Hemmer/Wüst, Bereicherungsrecht, Rn. 438 ff.

Kapitel II: Allgemeine Ehewirkungen

Fall 2:   Der rechtliche Schutz der ehelichen Lebensgemeinschaft

Sachverhalt:

M und F sind miteinander verheiratet. Sie haben zwei Kinder A und B, die ein bzw. drei Jahre alt sind. Vor kurzem hat F herausgefunden, dass M „fremdgeht". Weitere Nachforschungen seitens der F haben ergeben, dass M bereits seit der letzten Schwangerschaft der F mit G eine außereheliche Beziehung führt und beide sich regelmäßig bei G treffen. F möchte wissen, ob sie von M verlangen kann, die außereheliche Beziehung mit G zu unterlassen. An einer Scheidung ist sie aufgrund der beiden Kinder nicht interessiert.

Sollte eine Möglichkeit bestehen würde sie auch in Erwägung ziehen, gegen G vorzugehen.

Frage 1:

Wie ist die Rechtslage?

Abwandlung:

M sieht es gar nicht ein, dass er neben dem ohnehin langweiligen Eheleben nicht auch mit G eine außereheliche Beziehung führen kann. Er ist der Ansicht, dass dies auch dem Eheleben mit F einen gewissen „Pepp" gibt. Deshalb ist er mittlerweile auch überhaupt nicht mehr daran interessiert, dass F nichts von der Beziehung mitbekommt. Vielmehr kommt es des Öfteren dazu, dass M die G mit in die eheliche Wohnung bringt und dort – aus Rücksicht auf die Kinder zumeist während F mit A und B beim Einkaufen o.Ä. ist – mit G im ehelichen Schlafzimmer die außereheliche Beziehung intensiviert.

F, die aufgrund ihrer streng religiösen Erziehung ein anderes Vorstellungsbild von einem ehelichen Leben hat, möchte nun wissen, ob sie M zumindest den Umgang mit G in der ehelichen Wohnung untersagen kann bzw. gegen G vorgehen kann. An einer Scheidung hat sie allerdings immer noch kein Interesse.

Frage 2:

Was kann F gegen M bzw. G unternehmen.

I. Einordnung

Die Eingehung der Ehe bringt für die Ehepartner einige Pflichten mit sich. Das Gesetz beinhaltet dazu – mit Ausnahme der Unterhaltspflicht – allerdings keine konkreten Ausführungen.

Vielmehr enthält § 1353 I S. 2 BGB diesbezüglich eine Generalklausel, nach deren Wortlaut die Ehegatten einander zur ehelichen Lebensgemeinschaft verpflichtet sind.

Im Einzelnen sind die folgenden Kategorien ehelicher Pflichten anerkannt:

Pflicht zur häuslichen Gemeinschaft, zur Wahrung der ehelichen Treue, zur Beistandsleistung, Hilfe- und Gefahrenabwehr.

Weiterhin zur einvernehmlichen Regelung gemeinsamer Angelegenheiten, zur Gewährung der Mitbenutzung von Haushaltsgegenständen durch den anderen Ehegatten, zur gegenseitigen Rücksichtnahme, zur Haushaltsführung und Erwerbstätigkeit, zu Mitarbeit in Beruf und Geschäft.

Fall 2 befasst sich nun insbesondere mit der Klagbarkeit und Durchsetzbarkeit dieser ehelichen Pflichten. Dabei ist zu unterscheiden:

Handelt es sich um höchstpersönliche Ansprüche kann die Erfüllung mittels eines Leistungsantrags, dem sog. Eheherstellungsantrag verlangt werden. Dieser ist wegen § 120 III FamFG jedoch nicht vollstreckbar.

hemmer-Methode: Beachten Sie die besonderen Begrifflichkeiten nach § 113 V FamFG. In Familiensachen ist nicht von einer Klage, sondern von einem Antrag die Rede, vgl. § 113 V Nr. 2 FamFG.

Geht es um die Verletzung vermögensrechtlicher Streitigkeiten, kann der mittels Leistungsantrag geltend gemachte Schadenersatzanspruch dagegen ohne weiteres gem. § 120 I FamFG i.V.m. § 112 FamFG vollstreckt werden.

hemmer-Methode: Das gerichtliche Verfahren und die Vollstreckung gerichtlicher Beschlüsse sind für Familiensachen seit dem 01.09.2009 nicht mehr (direkt) in der ZPO geregelt, sondern im FamFG. Für die klausurrelevanten Fälle der sog. Familienstreitsachen, vgl. § 112 FamFG, verweist allerdings § 113 I FamFG in weitem Umfang auf die ZPO-Vorschriften.

Anders kann ein Ehepartner das ihm unter den Voraussetzungen des § 1353 II BGB zustehende Recht zum Getrenntleben mittels Feststellungsantrag (sog. negativer Herstellungsantrag) geltend machen.

Äußerst umstritten ist, ob bzw. inwieweit Beeinträchtigungen des ungestörten Fortbestands der Ehe quasi-negatorische Unterlassungs- und Beseitigungsansprüche auslösen.

Daneben ist immer auch an Ansprüche gegen den ehestörenden Dritten zu denken.

hemmer-Methode: Bei derartigen Klausuren ist es wichtig, dass Sie die verschiedenen Anspruchsziele und Anspruchsgegner sauber auseinander halten: Wie aufgezeigt, kommt als Anspruchsgegner zum einen der untreue Ehepartner und zum anderen der ehestörende Dritte in Betracht. Hinsichtlich der Anspruchsziele ist insbesondere zwischen den quasi-negatorischen Unterlassungs- bzw. Beseitigungsansprüchen einerseits und Schadenersatzansprüchen andererseits zu differenzieren.

Eheherstellungs- und negativer Herstellungsantrag müssen in der Klausur zwar auch erwähnt werden, sind aufgrund der fehlenden Vollstreckbarkeit aber von untergeordneter Bedeutung.

II. Gliederung

Frage 1:

Ansprüche der F gegen M bzw. G auf Unterlassung der außerehelichen Beziehung

1. Ansprüche F gegen M

Eheherstellungsantrag aus § 1353 I S. 2 BGB (+), aber wegen § 120 III FamFG nicht vollstreckbar

Quasi-negatorischer Unterlassungsanspruch gem. §§ 1004, 823
BGB analog

⇨ nach h.M. Ehe als absolutes Recht
i.S.v. § 823 I BGB (-)

⇨ §§ 1004, 823 BGB analog (-)

2. Ansprüche F gegen G

Anspruch aus § 1353 I S. 2 BGB (-)

Quasi-negatorischer Unterlassungsanspruch aus §§ 1004, 823
BGB analog (-) s.o.; darüber hinaus
auch hier Rechtsgedanke des
§ 120 III FamFG

Frage 2:
**Ansprüche der F gegen M bzw. G auf
Unterlassung der ehewidrigen Be-
ziehung in der Ehewohnung**

1. Ansprüche F gegen M

§ 1353 I S. 2 BGB (+), s.o.

Quasi-negatorischer Unterlassungsanspruch gem. §§ 1004, 823 BGB
analog

⇨ nach h.M. räumlich-
gegenständlicher Bereich der Ehe
als absolutes Recht i.S.v. § 823 I
BGB (+)

⇨ §§ 1004, 823 BGB analog (+)

2. Ansprüche F gegen G

Anspruch aus § 1353 I S. 2 BGB (-)

Quasi-negatorischer Unterlassungsanspruch gem. §§ 1004, 823
BGB analog

⇨ absolutes Recht (+)

⇨ Anspruch auch gegen Dritten, nicht
nur Ehepartner

⇨ §§ 1004, 823 BGB analog (+)

III. Lösung Frage 1

In Frage stehen Unterlassungsansprüche der F gegen M und G.

1. Ansprüche F gegen M

**a) § 1353 I S. 2 BGB, Eheherstel-
lungsantrag**

F könnte gegen M einen Anspruch auf
Unterlassung der ehewidrigen Beziehung mit G aus § 1353 I S. 2 BGB haben.

**aa) Pflicht zur ehelichen Lebensge-
meinschaft**

Gem. § 1353 I S. 2 BGB sind die Ehegatten einander zur ehelichen Lebensgemeinschaft verpflichtet. Zu diesem
abstrakt formulierten Pflichtenkreis gehört nach, im Wesentlichen unbestrite-
ner Ansicht, auch die Pflicht, ehewidrige Beziehungen zu unterlassen. Demnach besteht grundsätzlich ein Unterlassungsanspruch gegen M, den die F
im Wege eines Antrags auf Herstellung
des ehelichen Lebens (sog. Eheherstellungsantrag) geltend machen kann.

**bb) Kein Ausschluss dieser Pflicht,
§ 1353 II BGB**

Die Pflicht zur Unterlassung ehewidri-
ger Beziehungen findet jedoch dann
seine Grenzen, wenn sich das Verlangen des anderen Ehegatten als Missbrauch darstellt bzw. wenn die Ehe gescheitert ist; § 1353 II BGB.

Für einen Missbrauch ist hier jedoch
nichts ersichtlich. Fraglich ist allerdings,
ob die Ehe nicht als gescheitert anzusehen ist.

Gem. § 1565 I S. 2 BGB ist die Ehe gescheitert, wenn die Lebensgemeinschaft der Ehegatten nicht mehr besteht und nicht erwartet werden kann,
dass die Ehegatten sie wiederherstellen.

Grundsätzlich bedarf die Frage des
Scheiterns demnach einer Einzelfallprüfung.

Dies ist aber dann verzichtbar, wenn eine der beiden unwiderleglichen Vermutungen des § 1566 I, II BGB einschlägig ist. Die Ehegatten wohnen hier aber überhaupt noch nicht getrennt, sodass weder Absatz 1 noch Absatz 2 einschlägig ist. Eine unwiderlegliche Vermutung des Scheiterns der Ehe liegt somit gerade nicht vor.

Vielmehr ist eine Einzelfallprüfung vorzunehmen, wobei hier jedoch eindeutig im Ergebnis ein Scheitern abzulehnen ist. § 1565 I S. 2 BGB setzt zum einen voraus, dass die Lebensgemeinschaft der Ehegatten nicht mehr besteht. Dies ist hier jedoch trotz der ehewidrigen Beziehung des M noch der Fall. Darüber hinaus sind auch keinerlei Anhaltspunkte dafür ersichtlich, dass die Ehegatten selbst die Ehe als gescheitert ansehen würden.

Dem M geht es gerade darum „Pepp" in sein Eheleben zu bringen und auch F will schon alleine wegen ihrer Kinder eine Scheidung nicht herbeiführen. Somit kann auch aus diesen Gründen nicht von einem Scheitern der Ehe ausgegangen werden.

Es besteht demnach weiterhin die Verpflichtung des M auf Wiederherstellung des ehelichen Lebens und somit auf Unterlassung der ehewidrigen Beziehung.

hemmer-Methode: Immer, wenn im Gesetz vom Scheitern der Ehe die Rede ist, müssen Sie an §§ 1565 ff. BGB denken. Diese stehen zwar im Titel 7 des 4. Buchs (Scheidung der Ehe), können aber als Legaldefinition des Scheiterns der Ehe auch in anderen Fällen herangezogen werden.

cc) Vollstreckbarkeit

Problematisch erscheint allerdings die Effizienz eines solchen Vorgehens.

Gem. § 120 III FamFG ist ein stattgebender Beschluss gerade nicht vollstreckbar. Ein Beschluss, der die Pflicht zur Unterlassung einer ehewidrigen Beziehung ausspricht, betrifft die personalen Ehepflichten.

Eine Vollstreckung in diesem Bereich würde sich mit dem Charakter des Rechtsverhältnisses Ehe nicht vereinbaren lassen. Dieses beruht dem Grunde nach auf Zuneigung und ehelicher Gesinnung und muss im Bereich der personalen Ehepflichten von staatlichen Zwangsmaßnahmen frei gehalten werden. Ein dem Eheherstellungsantrag stattgebender Beschluss hat somit lediglich Appellwirkung.

dd) Zwischenergebnis

F hat zwar gegen M einen Anspruch auf Unterlassung der ehewidrigen Beziehung mit G; dieser ist allerdings gem. § 120 III FamFG nicht vollstreckbar.

b) Anspruch aus §§ 1004, 823 I BGB analog (sog. Ehestörungsantrag)

Ferner könnte F aber ein quasi-negatorischer Unterlassungsanspruch gem. §§ 1004, 823 I BGB analog zustehen.

Ein solcher quasi-negatorischer Unterlassungsanspruch ist in Analogie zu § 1004 BGB zwischenzeitlich weitestgehend anerkannt. Demnach gibt jeder Eingriff in die absolut geschützten Rechtsgüter des § 823 I BGB einen Unterlassungsanspruch, soweit gem. § 1004 I S. 2 BGB weitere Eingriffe zu besorgen sind.

aa) Absolut geschütztes Recht

Problematisch erscheint dabei zunächst, ob die Ehe als sonstiges absolutes Recht i.S.v. § 823 I BGB anzusehen ist. Während von einer teilweise in der Literatur vertretenen Ansicht zwar nicht die Ehe als solche, sondern das Recht der Ehegatten auf ungestörten Fortbestand der ehelichen Lebensgemeinschaft als sonstiges Recht i.S.v. § 823 I BGB anerkannt wird, gehen die h.L. und die Rspr. davon aus, dass die Ehe kein absolutes Recht i.S.v. § 823 I BGB darstellt.

Das Recht auf die eheliche Lebensgemeinschaft ist vielmehr Auswirkung des § 1353 I S. 2 BGB, der gerade das Rechtsverhältnis zwischen den beiden Ehegatten betrifft. Somit liegt ein lediglich zwischen den Ehegatten wirkendes Rechtsverhältnis vor. § 823 I BGB schützt solche relativen Verhältnisse aber gerade nicht.

hemmer-Methode: Etwas anderes gilt in Bezug auf den räumlich-gegenständlichen Bereich der Ehe (vgl. Frage 2).

bb) Wertungen des § 120 III FamFG

Darüber hinaus erscheint eine deliktsrechtliche Unterlassungsklage auch im Hinblick auf die gesetzlichen Wertungen des § 120 III FamFG äußerst problematisch. Insoweit ist zweifelhaft, ob hier überhaupt eine planwidrige Gesetzeslücke vorliegt, die Voraussetzung für eine analoge Anwendung der §§ 1004, 823 I BGB ist.

Selbst wenn man die Ehe als absolut geschütztes Rechtsgut ansehen wollte, so ist mit der auf § 1353 I S. 2 BGB basierenden Eheherstellungsklage gerade eine Möglichkeit gegeben, gegen den untreuen Ehepartner vorzugehen.

Die Nicht-Vollstreckbarkeit eines stattgebenden Beschlusses nach § 120 III FamFG ist eine gesetzliche Wertung im Hinblick auf den o.g. besonderen Charakter des ehelichen Rechtsverhältnisses und darf im Hinblick auf die personalen Ehepflichten auch nicht mit einer Anwendung der deliktsrechtlichen Vorschriften umgangen werden.

hemmer-Methode: Da man bereits vorher zu dem Ergebnis kommt, dass ein absolutes Recht i.S.v. § 823 I BGB in der Ehe nicht zu sehen ist, sind diese Ausführungen eigentlich überflüssig. Eine „Darüber-hinaus–Argumentation" ist aber in jedem Fall nicht falsch und insbesondere dann erforderlich, wenn aus dem Sachverhalt ersichtlich ist, dass der Klausurersteller auch auf dieses Problem hinaus wollte oder es sich wie hier um einen absoluten Klassiker handelt.

cc) Zwischenergebnis

Ein Anspruch der F gegen M aus §§ 1004, 823 I BGB besteht nicht.

2.   Ansprüche F gegen G

Soweit dies möglich ist, möchte F aber auch gegen die Geliebte G vorgehen. Fraglich ist demnach, ob gegen G durchsetzbare Unterlassungsansprüche bestehen.

a)   Anspruch aus § 1353 I S. 2 BGB

Zunächst könnte man auch hier an einen Unterlassungsanspruch aus § 1353 I S. 2 BGB denken.

Seinem klaren Wortlaut nach betrifft § 1353 I S. 2 BGB allerdings nur die Pflichten der beiden Ehegatten; eine Verpflichtung außenstehender Dritte wird durch § 1353 I S. 2 BGB nicht begründet, womit ein Unterlassungsanspruch von vornherein ausscheidet.

b) Anspruch aus §§ 1004, 823 I BGB analog

Möglicherweise könnte hier jedoch die sog. Ehestörungsklage aufgrund des quasi-negatorischen Unterlassungsanspruchs aus §§ 1004, 823 I BGB durchgreifen. Auch hierbei ist jedoch erneut äußerst zweifelhaft, ob die Ehe als absolut geschütztes Rechtsgut i.S.v. § 823 I BGB anzusehen ist (s.o.).

Eine deliktsrechtliche Unterlassungsklage muss hier jedoch noch aus einem ganz anderen Grund scheitern. Sinn und Zweck des § 120 III FamFG ist es, gerade hinsichtlich personaler Ehepflichten keinerlei Zwang auf den untreuen Ehegatten auszuüben. Würde man nun einen Unterlassungsanspruch gegen G konstruieren, würde dies zu einer mittelbaren Unterlaufung von § 120 III FamFG führen. Zwar wäre dann nicht der Ehegatte selbst zur Unterlassung verpflichtet. Die Durchsetzung eines Anspruchs gegen den außerehelichen Partner hätte aber für den Ehegatten faktisch die gleiche Wirkung, wie eine Vollstreckung gegen ihn selbst. Ein Anspruch gegen F aus §§ 1004, 823 I BGB muss deshalb jedenfalls aus diesem Grund von vornherein ausscheiden.

3.   Ergebnis zu Frage 1

F hat gegen M zwar einen Unterlassungsanspruch nach § 1353 I S. 2 BGB. Dieser ist jedoch nicht vollstreckbar.

Gegen G besteht kein Anspruch auf Unterlassung

IV. Lösung Frage 2

In Frage steht, ob sich durch die Tatsache, dass M die G mit nach Hause bringt und im ehelichen Schlafzimmer Geschlechtsverkehr mit dieser hat, am gefundenen Ergebnis zu Frage 1 etwas ändert.

1.   Ansprüche F gegen M

a)   Anspruch aus § 1353 I S. 2 BGB

Hinsichtlich des Anspruchs aus § 1353 I S. 2 BGB ergeben sich keinerlei Unterschiede zu o.G. Auch dieser fällt aber unter das Vollstreckungsverbot des § 120 III FamFG und ist daher wenig effektiv.

b)   Anspruch aus §§ 823 I, 1004 BGB analog

aa) Absolut geschütztes Recht

Erneut stellt sich hier zunächst die Frage nach der Verletzung eines absolut geschützten Rechts i.S.v. § 823 I BGB. Nach o.G. stellt die Ehe an sich ein solches gerade nicht dar.

Möglicherweise greift das ehewidrige Verhalten hier aber dadurch zugleich in ein absolut geschütztes Rechtsgut ein, dass M mit G Geschlechtsverkehr in der gemeinsamen Ehewohnung hat.

Aus dem allgemeinen Persönlichkeitsrecht wurde vom BGH das Recht des Ehegatten auf den Schutz des **räumlich-gegenständlichen Bereichs der Ehe** als absolutes Recht i.S.v. § 823 I BGB entwickelt.

Zu diesem gehören jedenfalls auch die gemeinsame Ehewohnung und insbesondere das eheliche Schlafzimmer.

Die Verletzung eines absolut geschützten Rechts liegt hier somit vor.

bb) Anspruchsgegner als Störer

Ferner müsste der M als Anspruchsgegner als Störer anzusehen sein.

Nach dem BGH ist Störer jeder, auf dessen Willen die Beeinträchtigung des absoluten Rechts zurückgeht und von dessen Willen die Beseitigung abhängt. In diesem Zusammenhang ist zwischen **Handlungs- und Zustandsstörer** zu unterscheiden: Handlungsstörer ist derjenige, welcher die Beeinträchtigung durch sein Verhalten, sei es durch aktives Tun oder pflichtwidriges Unterlassen, adäquat kausal verursacht.

Zustandsstörer ist dagegen jeder, der die Herrschaft über eine gefahrbringende Sache ausübt, durch welche die Störung allein oder mitverursacht wird, wenn die Beseitigung der Störung vom Willen des Störers abhängt.

M hat dadurch, dass er der G das Betreten der Wohnung gestattet hat, den räumlich-gegenständlichen Bereich der Ehe verletzt. Er ist somit Handlungsstörer.

cc) Wiederholungsgefahr

In der Zukunft ist in der Tat mit weiteren Verletzungen durch M zu rechnen, da er sein Verhalten und den sexuellen Kontakt mit der G in der Ehewohnung als besonderen Anreiz ansieht. Eine Wiederholungsgefahr i.S.v. § 1004 I S. 2 BGB liegt somit vor.

dd) Duldungspflichten i.S.v. § 1004 II BGB

Eine Duldungspflicht der F nach § 1004 II BGB ist nicht ersichtlich.

ee) Vollstreckbarkeit

Problematisch erscheint allerdings erneut, ob ein Anspruch aus §§ 1004, 823 I BGB analog gegen den Ehegatten, es zu unterlassen, dem Dritten das Betreten der Wohnung zu gestatten, vollstreckbar ist.

Teilweise wird hier die Vollstreckbarkeit im Hinblick auf § 120 III FamFG verneint. Nach wohl zustimmungswürdiger Ansicht ist die Vollstreckbarkeit allerdings zu bejahen.

§ 120 III FamFG bezieht sich gerade nur auf die Verurteilung zur Herstellung des ehelichen Lebens. Hier steht aber gerade nicht eine Verletzung dieser Pflicht in Frage.

Das absolute Recht auf Schutz des räumlich-gegenständlichen Bereichs der Ehe ist Auswirkung des allgemeinen Persönlichkeitsrechts. Nur die Verletzung dieses Rechts kann hier den Unterlassungsanspruch begründen. Die Beseitigung der Verletzung des allgemeinen Persönlichkeitsrechts eines Ehegatten hat aber Vorrang vor dem Interesse, das eheliche Leben von staatlichem Zwang fern zu halten.

c)   Zwischenergebnis

F hat somit gegen M einen durchsetzbaren Anspruch aufgrund §§ 1004, 823 I BGB analog, es zu unterlassen, der G das Betreten der Wohnung zu gestatten.

hemmer-Methode: Eine andere Ansicht ist hier sicherlich vertretbar. Wichtig ist jedoch, dass Sie das vertretene Ergebnis auf eine fundierte Argumentation stützen können. Solange diese schlüssig und überzeugend ist, ist es letztlich egal, für welches Ergebnis Sie sich bei einem so kontrovers diskutierten Problem entscheiden.

2. Anspruch F gegen G

a) Anspruch aus § 1353 I S. 2 BGB

Ein Anspruch der F gegen den außerhalb der Ehe stehenden Dritten aus § 1353 I S. 2 BGB scheidet nach o.G. aus.

b) Anspruch aus §§ 1004, 823 I BGB

Der Schutz des räumlich-gegenständlichen Bereichs der Ehe wirkt als absolutes Recht gegenüber jedermann und somit insbesondere auch gegen den Ehestörer bzw. die Ehestörerin.

G ist als Ehestörerin auch Handlungsstörerin und somit neben dem M richtige potenzielle Anspruchsgegnerin.

Hinsichtlich der Wiederholungsgefahr und Duldungspflicht kann auf die obigen Ausführungen verwiesen werden.

Die Vollstreckbarkeit des Unterlassungsanspruchs ist hier – im Gegensatz zum Unterlassungsanspruch gegen den Ehepartner – im Wesentlichen unumstritten. Der gegen den Dritten als Ehestörer gerichtete Anspruch auf Räumung der Ehewohnung ist nach § 120 FamFG i.V.m. § 888 I ZPO, der Anspruch auf Unterlassung des Betretens der ehelichen Wohnung nach § 890 ZPO vollstreckbar.

hemmer-Methode: Der Anspruch gegen den Ehestörer ist eine Familiensache i.S.d. § 111 Nr. 10 FamFG i.V.m. § 266 Nr. 2 FamFG.

3. Ergebnis zu Frage 2

F hat gegen M demnach einen Anspruch darauf, es zu unterlassen, der G das Betreten der ehelichen Wohnung zu gestatten.

Ebenso steht ihr ein Anspruch gegen G auf Räumung und auf Unterlassung des Betretens der ehelichen Wohnung zu.

VII. Zusammenfassung

- Im Fall der „Verurteilung" zur Herstellung des ehelichen Lebens ist eine Vollstreckung gem. § 120 III FamFG ausgeschlossen.

- § 1353 I S. 2 BGB begründet nur Pflichten zwischen den Ehepartnern; ein Anspruch aus § 1353 I S. 2 BGB gegen den Ehestörer/die Ehestörerin ist von vornherein ausgeschlossen.

- Die Ehe an sich ist nach h.M. kein absolut geschütztes Rechtsgut i.S.v. § 823 I BGB.

- Selbst wenn man die Ehe als absolut geschütztes Rechtsgut sehen will, hat die Wertung des § 120 III FamFG Vorrang, womit in Konsequenz weder ein deliktischer Unterlassungsanspruch vollstreckbar ist, noch mittelbarer Druck durch einen Anspruch gegen den Dritten denkbar ist.

- Der räumlich-gegenständliche Bereich der Ehe ist als Ausfluss des allgemeinen Persönlichkeitsrechts von § 823 I BGB geschützt.

- Unterlassungsansprüche, die neben der Verletzung von § 1353 I S. 2 BGB auf der Verletzung eines absoluten Rechts basieren, sind nach h.M. vollstreckbar.

VIII. Übersicht über die Rechtsprechung

- Rechtlicher Schutz der ehelichen Lebensgemeinschaft:
- Schutz des räumlich-gegenständlichen Bereichs und anderer absoluter Rechte BGHZ 6, 360; BGHZ 26, 217; BGH, FamRZ 1956, 50; 1963, 553; 1973, 295; 1990, 846; Herleitung von Schadenersatzansprüchen bei Verletzung personaler Ehepflichten: BGH, FamRZ 1977, 38; 1988, 143.

- Eheliche Pflichten i.S.v. § 1353 I BGB:
- BGH, NJW 1988, 2032; BGHZ 34, 80; 37, 38; Zusammenleben in häuslicher Gemeinschaft: RG 53, 340; Gebrauchsüberlassung von Hausrat: BGHZ 12, 380; BGH, NJW 1978, 1529; Gegenseitige Beistandspflicht: RG 70,50; BGHSt 2, 150; BGH, FamRZ 67, 324; BGH, NJW 1995, 1486; Gegenseitige Rücksichtnahme: RG 95, 330; BGHZ 43, 331; 33, 145; 38, 317.

IX. Zur Vertiefung

Zu den ehelichen Pflichten und § 1353 BGB
- Hemmer/Wüst, Familienrecht, Rn. 48 ff.

Zum rechtlichen Schutz der ehelichen Lebensgemeinschaft
- Hemmer/Wüst, Familienrecht, Rn. 72 ff.

Über den Eigentumsschutz nach § 1004 I BGB
- Hemmer/Wüst, Sachenrecht I, Rn. 422 ff.

Zum quasi-negatorischen Unterlassungsanspruch nach §§ 1004, 823 I BGB analog
- Hemmer/Wüst, Deliktsrecht II, Rn. 98 ff.

Fall 3: Schlüsselgewalt

Sachverhalt:

M und F sind miteinander verheiratet. Als M sich im Januar 2014 wieder einmal auf Geschäftsreise in München befindet sieht er eine Mini-CD-Anlage, wie er und F sie schon immer für die Küche wollten, im Sonderangebot für 75,- € bei V. Ohne sich mit F abzustimmen, kauft er diese sofort auf Rechnung. F, die zum Zeitpunkt des Kaufs ihre Wahlstation im Rahmen ihres Rechtsreferendariats in Moskau verbringt, erfährt davon erst, als Sie nach Rückkehr im April 2011 die unbezahlte Rechnung vorfindet.

Da M auch in der Folgezeit nicht zahlt, möchte V gegen F vorgehen.

Frage 1:

Hat V Ansprüche gegen F?

Abwandlung:

Beim Kauf der Mini-CD-Anlage bei V trat M ausdrücklich als „Vertreter der F" auf.

Frage 2:

Welche Ansprüche hat V gegen M und F?

I. Einordnung

Gem. § 1357 BGB hat jeder Ehegatte unabhängig vom Güterrecht das Recht, Geschäfte zur angemessenen Deckung des Lebensbedarfs der Familie mit Wirkung auch für und gegen den anderen Ehegatten zu tätigen. Im Bereich der mit dieser Vorschrift in Zusammenhang stehenden Rechtsgeschäfte wird die Ehe somit zur Rechts- und Haftungsgemeinschaft. Sinn und Zweck des § 1357 BGB ist es, jeden Ehegatten in die Lage zu versetzen, seinen Pflichten nachkommen zu können, ohne ständig mit dem Ehepartner Rücksprache halten zu müssen. Dies ist insbesondere bei der Einzelverdienerehe für den haushaltsführenden Ehegatten von Bedeutung.

§ 1357 BGB hat konkret folgende Voraussetzungen:

- Bei Vertragsschluss wirksame Ehe und kein Getrenntleben i.S.v. § 1357 III BGB.

- Geschäft zur angemessenen Deckung des Lebensbedarfs.

- Es darf sich aus den Umständen gem. § 1357 I S. 2 BGB a.E. nichts anderes ergeben.

- Kein wirksamer Ausschluss bzw. Beschränkung gem. § 1357 II BGB

II. Gliederung

Frage 1:

Ansprüche des V gegen F gem. § 433 II BGB i.V.m. § 1357 I BGB

1. Wirksamer Vertragsschluss

2. Geschäft zur Deckung des Lebensbedarfs i.S.d. § 1357 BGB (+)

⇨ Anwendbarkeit (+) da kein Fall des § 1357 III BGB;
§ 1357 I BGB als Verpflichtungsermächtigung (+);
Geschäft zur Deckung des Lebensbedarfs (+), Angemessenheit (+)

3. Ergebnis: Anspruch aus §§ 433, 1357 I BGB (+)

Frage 2:

Ansprüche des V gegen M und F

1. Anspruch V gegen F aus §§ 433 II, 164 ff. BGB

⇨ Wirksamer Vertragsschluss

⇨ Vertretung gem. § 164 I BGB: Offenkundigkeit (+), Vertretungsmacht aus § 1357 BGB (+)

2. Anspruch V gegen M aus §§ 433 II, 1357 BGB

⇨ § 1357 I BGB (+); Ausnahmetatbestand des § 1357 I S. 2 BGB a.E. greift bei bloßem Vertreterhandeln aus Gläubigerschutzgesichtspunkten nicht ein

III. Lösung Frage 1

Ansprüche des V gegen F aus § 433 II BGB i.V.m. § 1357 BGB

Ansprüche des V gegen F aus einem Geschäft mit dieser selbst sind nicht ersichtlich. V ist mit F selbst nicht in direkten geschäftlichen Kontakt getreten.

Auch liegt ein gewöhnliches Vertreterhandeln i.S.d. §§ 164 ff. BGB mangels Handelns in fremdem Namen nicht vor.

Allerdings könnten die Voraussetzungen von § 1357 I BGB gegeben sein, sodass F für die von M begründete Kaufpreisschuld haften würde.

1. Wirksamer Vertragsschluss

Dann müsste aber zunächst überhaupt eine Kaufpreisschuld des M i.S.v. § 433 II BGB vorliegen.

Zwischen M und V kam ein wirksamer Kaufvertrag über den Mini-CD-Player zustande.

Korrespondierende Willenserklärungen, die auf den Abschluss des Kaufvertrags abzielen, sind nach dem Sachverhalt unproblematisch vorhanden.

Nach den Umständen ist auch davon auszugehen, dass M selbst verpflichtet wurde. Vertretung scheitert nach oben Genanntem bereits an der fehlenden Offenkundigkeit i.S.v. § 164 II BGB.

2. Voraussetzungen des § 1357 BGB

a) Anwendbarkeit des § 1357 BGB

Für die Frage nach der Anwendbarkeit des § 1357 BGB ist unerheblich, wie die Eheleute ihre Haushaltsführung geregelt haben, da die Regelung hierauf nicht (mehr) abstellt.

Allerdings könnte von vornherein § 1357 III BGB der Anwendung von § 1357 I BGB entgegenstehen, da M und F zum Zeitpunkt des Kaufs nicht zusammenleben, weil sich F für mehrere Monate im Ausland aufhält.

§ 1357 III BGB meint jedoch nur das Getrenntleben im juristischen Sinne, also i.S.v. § 1567 BGB. Voraussetzung ist demnach, dass keine häusliche Gemeinschaft zwischen den Ehegatten mehr besteht und ein Ehegatte sie auch erkennbar ablehnt. Vorübergehende, insbesondere aber durch berufliche oder sonstige äußere Umstände erzwungene Trennungen erfüllen daher nicht den Tatbestand des § 1357 III BGB.

Auch liegt kein Ausschluss oder eine Beschränkung der **Schlüsselgewalt** gem. § 1357 II BGB vor. Diese würde gegenüber V ohnehin nur Wirkung entfalten, wenn sie gem. § 1412 BGB i.V.m. § 1357 II S. 2 BGB in das Güterrechtsregister eingetragen worden wäre oder V hiervon anderweitig Kenntnis erlangt hätte.

b) § 1357 BGB als Verpflichtungs-ermächtigung

§ 1357 BGB könnte jedoch wegen Verletzung des im Recht der Stellvertretung geltenden Offenkundigkeitsprinzips ausscheiden. M hat nach dem Sachverhalt ja gerade nicht als Stellvertreter der F gehandelt.

Allerdings handelt es sich bei § 1357 BGB nicht um einen gewöhnlichen Fall gesetzlicher Stellvertretung, sondern dann, wenn nicht in fremdem Namen gehandelt wird, um eine **gesetzliche Verpflichtungsermächtigung**, also eine Konstruktion, wie sie ansonsten dem BGB fremd ist.

§ 1357 BGB ersetzt in einem solchen Fall nicht nur die erforderliche Vertretungsmacht, sondern verzichtet auch auf das Erfordernis der Offenlegung der Stellvertretung. Es handelt sich also um eine systemwidrige Durchbrechung des Offenkundigkeitsgrundsatzes aus Gläubigerschutzgründen.

c) Geschäft zur Deckung des Lebensbedarfs

Ferner müsste es sich beim Kauf des CD-Players der Art nach um ein Geschäft handeln, das der Deckung des Lebensbedarfs dient. Nach h.M. gehören dazu alle zum Familienunterhalt im weiteren Sinne erforderlichen Geschäfte, worunter auch Ausgaben für geistige, kulturelle oder politische Zwecke fallen. Ein CD-Player als vorwiegend kulturelle und freizeitgestalterische Investition lässt sich daher problemlos unter diesen weiten Begriff des Lebensbedarfs subsumieren.

Der CD-Player war auch zur Deckung dieses Lebensbedarfs der Familie bestimmt.

d) Angemessenheit

Das Geschäft muss aber auch eine angemessene Bedarfsdeckung darstellen. Maßgeblich ist dabei die Angemessenheit im konkreten Fall und nicht nach generellen Maßstäben. Es muss sich demnach um eine Bedarfsdeckung handeln, die nach Art und Umfang den durchschnittlichen Lebensgewohnheiten von Familien in vergleichbarer sozialer Lage entspricht.

Bei der Anschaffung einer Mini-CD-Anlage zum Preis von 75,- € kann unproblematisch davon ausgegangen werden. Zwar enthält der Sachverhalt keinerlei konkrete Angaben über die Höhe des Verdienstes beider Ehegatten. Es ist jedoch davon auszugehen, dass sowohl F als Rechtsreferendarin als auch M als Geschäftsmann über geregelte Einkommen verfügen. So scheint es unzweifelhaft, dass sich der Kauf einer Mini-CD-Anlage zum Preis von 75,- € als angemessene Bedarfsdeckung darstellt.

Das Tatbestandsmerkmal der Angemessenheit ist jedoch noch unter einem weiteren Aspekt zu prüfen. Neben der Rücksichtnahme auf das finanzielle Leistungsvermögen der Eheleute bezweckt dieses Tatbestandsmerkmal auch die Aufrechterhaltung der familiären Eintracht. Ein eigenmächtiges Vorgehen eines Ehegatten soll demnach auf solche Geschäfte beschränkt werden, die für eine fachgerechte Haushaltsführung erforderlich sind.

Geschäfte, die von größerem Ausmaß sind und ohne Schwierigkeiten nicht sofort abgewickelt werden können, sind daher nicht mehr als angemessen i.S.v. § 1357 I BGB anzusehen. Maßgebliches Kriterium hierfür ist nach überwiegender Auffassung, ob es sich um Geschäfte handelt, deren Abschluss **nicht ohne vorherige Verständigung** der Eheleute vorgenommen zu werden pflegt.

Beim Kauf einer Mini-CD-Anlage zum Preis von 75,- € muss nicht davon ausgegangen werden, dass eine vorherige Verständigung erfolgt. Anders wäre dies allenfalls zu beurteilen, wenn es sich um eine multifunktionale HiFi-Anlage handeln würde, die sich zum einen preislich in einem ganz anderen Bereich bewegt und zum anderen durchaus auch als Blickfang, etwa im Wohnzimmer, dienen kann. Eine Mini-CD-Anlage stellt aber aufgrund des niedrigen Preises heute nahezu einen Konsumartikel dar, der ohne größere Verständigungen oder Abstimmungen mit dem Partner gekauft wird.

hemmer-Methode: Natürlich könnte man hier auch eine andere Ansicht vertreten. Letztendlich sollten Sie aber frühzeitig darauf achten, auch klausurtaktisch vorzugehen. Wenn Sie hier die Ansicht vertreten, dass die Voraussetzungen des § 1357 BGB nicht vorliegen, verliert die Abwandlung mit Frage 2 völlig ihren Reiz und Sie schreiben sich „aus der Klausur heraus". Das Ziel des Klausurerstellers ist es sicher nicht, mit der Abwandlung die Prüfung einer ganz normalen Stellvertretung und eine Ablehnung der Ansprüche gegen M zu provozieren.

An der Absprachebedürftigkeit scheitert im Normalfall die Anwendung des § 1357 BGB auf sog. Grundlagengeschäfte wie die Anmietung einer Wohnung (OLG Brandenburg, NJW-RR 2007, 221 ff.; **Life&Law 2007, 314**; OLG Oldenburg, FamRZ 2011, 37).

3. Ergebnis

Gem. § 1357 I BGB wirkt der Kaufvertrag somit auch gegenüber F; diese wird ebenso wie M gem. § 1357 I S. 2 BGB zur Kaufpreiszahlung gem. § 433 II BGB verpflichtet.

V kann somit aus § 433 II BGB i.V.m. § 1357 I BGB auch gegen F vorgehen.

Anmerkung: Die Mitverpflichtung nach § 1357 I S. 2 BGB entfällt nicht im Nachhinein dadurch, dass die Ehegatten sich trennen BGH, Urteil vom 24.04.2013, XII ZR 159/12 = **juris**byhemmer. Nur wenn die Eheleute schon bei Vornahme des Rechtsgeschäfts getrennt leben, entfällt die Mithaftung, § 1357 III BGB.

IV. Lösung Frage 2

Ansprüche des V gegen M und F

Nach dem Sachverhalt ist M ausdrücklich als Vertreter der F aufgetreten. Eine Verpflichtung des M unmittelbar aus dem Kaufvertrag muss daher schon deswegen entfallen, weil M eindeutig in fremdem Namen handelte und offenkundig die Rechtsfolge des § 164 I S. 1 BGB herbeiführen wollte.

hemmer-Methode: Achten Sie auf die Prüfungsreihenfolge. Während oben zur Klärung der Frage, ob eine Mitverpflichtung der F bestand, zwingend zunächst die Wirksamkeit der Verpflichtung des M vorab geprüft werden musste, ist hier zunächst zu erörtern, ob F durch das Vertreterhandeln des M verpflichtet wurde. Erst dann kann in einem zweiten Schritt geklärt werden, ob sich die Verpflichtung über § 1357 I BGB auch auf M selbst erstreckt.

1. Anspruch des V gegen F aus § 433 II BGB

M könnte somit F beim Abschluss des Kaufvertrags dem V gegenüber wirksam gem. §§ 433 II, 164 I S. 1 BGB verpflichtet haben.

a) Eigene Willenserklärung des Vertreters

Zwei korrespondierende, auf den Abschluss des Kaufvertrags gerichtete Willenserklärungen lagen zwischen M und V eindeutig vor.

b) Offenkundigkeit

M hat ausdrücklich betont im Namen der F zu handeln. Offenkundigkeit liegt somit vor.

c) Vertretungsmacht

Problematisch erscheint jedoch, ob M Vertretungsmacht hatte.

Weder wurde eine rechtsgeschäftliche Vollmacht i.S.v. § 167 I BGB erteilt, noch sind irgendwelche gesetzlichen Vertretungsmachtvorschriften ersichtlich.

Möglicherweise könnte sich die Vertretungsmacht aus § 1357 I BGB ergeben.

Nach o.G. ist für § 1357 I BGB aber gerade kein ausdrückliches Handeln im fremden Namen erforderlich. Allerdings kann ein solches natürlich auch nicht schaden, soweit es dennoch vorhanden ist. Während § 1357 I BGB bei Frage 1 einen Fall der gesetzlichen Verpflichtungsermächtigung darstellt, handelt es sich in dieser Konstellation um einen Fall gesetzlicher Vertretungsmacht i.S.v. § 164 I BGB.

Erneut kommt es also darauf an, ob die Tatbestandsmerkmale des § 1357 I BGB vorliegen. Ansonsten hätte M gem. § 177 BGB als Vertreter ohne Vertretungsmacht gehandelt.

Nach o.G. liegen die Voraussetzungen des § 1357 I BGB aber gerade vor. Änderungen zu Frage 1 sind hier nicht ersichtlich.

Somit hat M mit Vertretungsmacht gehandelt.

d) Ergebnis

M hat F wirksam gem. § 164 I BGB vertreten. Der abgeschlossene Kaufvertrag wirkt demnach unmittelbar für und gegen F.

V hat gegen diese einen Anspruch aus § 433 II BGB.

2. Anspruch des V gegen M aus § 433 II BGB i.V.m. § 1357 I BGB

Da eine unmittelbare Verpflichtung des M aus dem Kaufvertrag aus o.g. Gründen ausscheidet, könnte sich eine Verpflichtung des M nur aus § 1357 I BGB ergeben.

Wie oben bereits ausgeführt, sind dessen Voraussetzungen im vorliegenden Fall gegeben. Somit tritt gem. § 1357 I BGB grundsätzlich eine Verpflichtung auch des M ein.

a) Ausnahmetatbestand des § 1357 I S. 2 BGB a.E.

Fraglich ist jedoch, ob sich hier nicht gem. § 1357 I S. 2 BGB a-E. aus den Umständen etwas anderes ergibt.

Dies deshalb, weil M hier ausdrücklich als Vertreter der F aufgetreten ist.

Zum einen könnte man daran denken, dass das Auftreten als Vertreter des Ehepartners konkludent einen Ausschlusswillen bezüglich der eigenen Mitverpflichtung beinhaltet. Auch erscheint es fraglich, ob sich ein Handeln als Vertreter gem. §§ 164 ff. BGB einerseits, mit der familienrechtlichen Mitverpflichtung gem. § 1357 BGB andererseits überhaupt vereinbaren lässt.

Dies würde aber dazu führen, dass es die Ehegatten durch ihre gegenseitige Vertretung in der Hand hätten, den Gläubigerschutz des § 1357 BGB zu unterlaufen.

Bei risikoreichen Geschäften bestünde so v.a. die Möglichkeit, die Haftung auf den vermögenslosen bzw. weniger liquiden Ehegatten abzuwälzen.

Auch fordert die h.M. schon aufgrund des Wortlauts des § 1357 I S. 2 BGB, der eindeutig auf einen Ausnahmefall hindeutet, eine eindeutige Offenlegung des fehlenden Haftungswillens.

Aus Gläubigerschutzgründen kann das bloße Auftreten als Vertreter demnach die Mithaftung des Ehegatten nicht entfallen lassen.

b) Ergebnis

Somit greift § 1357 I BGB auch hier ein, weshalb V auch gegen den als Vertreter handelnden Ehegatten M einen Anspruch aus § 433 BGB i.V.m. § 1357 I BGB hat.

V. Zusammenfassung

▪ § 1357 BGB stellt bei fehlender Offenkundigkeit und fehlender Vollmacht eine ansonsten dem BGB fremde Verpflichtungsermächtigung dar.

▪ Liegt Offenkundigkeit vor, so stellt § 1357 I BGB lediglich einen Fall gesetzlicher Vertretungsmacht dar.

▪ Für die Angemessenheit der Bedarfsdeckung i.S.v. § 1357 I BGB ist erforderlich, dass es sich um eine Bedarfsdeckung handelt, die nach Art und Umfang den durchschnittlichen Lebensgewohnheiten von Familien in vergleichbarer sozialer Lage entspricht und dass es sich nicht um ein Geschäft größeren Ausmaßes handelt, dessen Abschluss nicht ohne vorherige Verständigung der Eheleute vorgenommen zu werden pflegt.

▪ Eine Mithaftung entfällt nach § 1357 I S. 2 BGB a.E. nur dann, wenn eine eindeutige Offenlegung des fehlenden Haftungswillens erfolgt. Das bloße Handeln als Vertreter für den anderen Ehegatten genügt hierfür i.d.R. nicht.

▪ Eine vorübergehende oder durch äußere Umstände erzwungene Trennung erfüllt nicht den Tatbestand des § 1357 III BGB.

VI. Zur Vertiefung

Zur Schlüsselgewalt gem. § 1357 BGB
▪ Hemmer/Wüst, Familienrecht, Rn. 95 ff.

Zur Vertretung
▪ Hemmer/Wüst, BGB AT I, Rn. 182 ff.

Einschlägige Rechtsprechung
▪ Zur Verfassungsmäßigkeit der wechselseitigen Verpflichtungsermächtigung: BverfG, NJW 1990, 175; RG 61, 78; BGH, FamRZ 1985, 576; BGH, NJW 1991, 2283. = **juris**byhemmer (Wenn dieses Logo hinter einer Fundstelle abgedruckt wird, finden Sie die Entscheidung online unter „juris by hemmer": www.hemmer.de. Zur Arbeit mit juris befindet sich vorne im Skript eine ausführliche Anleitung.)

▪ Abschluss eines Telefonvertrags als Fall des § 1357 BGB: BGH, FamRZ 2004, 778 = NJW 2004, 1593 = **Life&Law 7/2004, 456 ff.** = **juris**byhemmer

▪ Anmietung einer Wohnung i.d.R. kein Fall des § 1357 BGB: OLG Brandenburg, NJW-RR 2007, 221 ff. = **Life&Law 5/2007, 314**; OLG Oldenburg, FamRZ 2011, 37.

Fall 4: Die Eigentumsvermutung gem. § 1362 I S. 1 BGB

Sachverhalt:

M und F sind im gesetzlichen Güterstand verheiratet. M frönt leider seiner Wettleidenschaft. Da allerdings aufgrund der Manipulation durch Schiedsrichter einige todsichere Tipps danebengehen, muss er sich bei seinem Freund S 10000,- € „leihen", um die Ausfälle zu kompensieren. Doch als S nach Fälligkeit das Geld zurückfordert, stellt sich heraus, dass M seinen Zahlungsverbindlichkeiten nicht nachkommen kann. Der S wendet sich deswegen an die staatlichen Vollstreckungsorgane, um sein Recht zu erlangen. Der Gerichtsvollzieher pfändet daraufhin in der gemeinsamen Ehewohnung einen Perserteppich und eine Vase. F ist empört über diese Vorgänge, schließlich stünden diese Einrichtungsgegenstände doch in ihrem Eigentum.

Frage:

Stehen der F Rechtsbehelfe zur Verfügung, um sich gegen die Pfändung zu wehren?

Abwandlung:

Ändert sich etwas, wenn der Gerichtsvollzieher eine wertvolle Halskette der F pfändet, die diese in ihrer Bettkommode aufbewahrte und häufig bei gesellschaftlichen Anlässen trug?

I. Einordnung

Eine weitere allgemeine Ehewirkung stellt die **Eigentumsvermutung des § 1362 I S. 1 BGB** dar. Allgemein bedeutet dies, dass die Vermutung des § 1362 I S. 1 BGB auf alle drei Güterstände des BGB Anwendung findet.

§ 1362 BGB stellt eine Sonderregelung zu der allgemeinen Eigentumsvermutung des § 1006 BGB dar. Aufgrund der häufigen Vermengung des Vermögens der Eheleute und der damit einhergehenden Unübersichtlichkeit der Besitzlage, wäre die allgemeine Eigentumsvermutung des § 1006 BGB allein unzureichend. Diese Unübersichtlichkeit ist aber unabhängig vom jeweilig gewählten Güterstand, sodass aus diesem Grunde § 1362 I S. 1 BGB eben für alle Güterstände gelten muss.

Diese Motivation des Gesetzgebers spiegelt sich dann auch in der gesetzlichen Systematik wieder, wonach § 1362 BGB eben im Bereich der allgemeinen Ehewirkungen der §§ 1353 ff. BGB angesiedelt ist.

Inhalt des § 1362 I S. 1 BGB ist, dass vermutet wird, dass die beweglichen, im Besitz eines oder beider Ehegatten befindlichen Sachen im Eigentum des jeweiligen Schuldners stehen. Sinn des § 1362 I S. 1 BGB ist folglich der **Schutz der Gläubiger** der einzelnen Ehegatten, da diesen ansonsten ein Vorgehen im Wege der Zwangsvollstreckung übermäßig erschwert wäre.

Eine weitere Vermutung stellt § 1362 II BGB für Gegenstände des persönlichen Gebrauchs dar, die sogar im Verhältnis zwischen den Ehegatten Anwendung findet.

II. Gliederung

Einwände der F

1. Erinnerung gem. § 766 ZPO

Gewahrsamsfiktion gem. § 739 ZPO i.V.m. § 1362 I S. 1 BGB

2. Drittwiderspruchsklage gem. § 771 ZPO

Vermutung des § 1362 I S. 1 BGB

Abwandlung

Sachen des persönlichen Gebrauchs

Vermutung des § 1362 II BGB

III. Lösung

Möglicherweise stehen der F im Ausgangsfall Rechtsbehelfe gegen die Zwangsvollstreckung hinsichtlich der Vase und des Teppichs zu.

1. Dritterinnerung gem. § 766 ZPO

Möglicherweise könnte F gegen die Zwangsvollstreckung im Wege der Dritterinnerung gem. § 766 ZPO vorgehen.

Gem. § 766 I S. 1 ZPO müsste sich F also gegen die **Art und Weise** der Zwangsvollstreckung wenden.

Anmerkung: Für die Erinnerung gem. § 766 ZPO sei hier ein kurzes Prüfungsschema gegeben. Für vertiefte Hinweise beachten Sie bitte **Hemmer/Wüst, ZPO II, Rn. 296 ff.**

1. Zulässigkeit

- Statthaftigkeit:
  Art und Weise der ZwV gem. § 766 I S. 1 ZPO

- Zuständigkeit:
  sachlich und örtlich gem. §§ 766 I S. 1, 764 I, 802 ZPO

- Beschwer:
  grds. Berufung auf schützende Verfahrensvorschrift

- Beachte: bei Dritterinnerung Rüge einer drittschützenden Verfahrensvorschrift

2. Begründetheit
Verletzung der Verfahrensvorschrift

a) Verletzung einer drittschützenden Norm

F ist nicht Schuldnerin der Zwangsvollstreckung. Somit kann die Dritterinnerung gem. § 766 I S. 1 ZPO nur dann begründet sein, wenn eine Verletzung einer drittschützenden Norm vorliegt.

Drittschützend ist eine Norm dann, wenn sie gerade dazu bestimmt ist, den Dritten zu schützen.

Hier kommt ein Verstoß gegen § 809 ZPO in Betracht. Diese Norm vermittelt grundsätzlich dem nicht herausgabebereiten Dritten Schutz, der über § 766 ZPO geltend gemacht werden kann. Da hier F wenigstens Mitgewahrsam an den fraglichen Gegenständen hatte, liegt somit, da sie ersichtlich nicht herausgabebereit war, ein Verstoß gegen § 809 ZPO vor, der grundsätzlich zur Begründetheit der Dritterinnerung gem. § 766 I S. 1 BGB führt.

b) Gewahrsamsfiktion gem. § 739 ZPO i.V.m. § 1362 I S. 1 BGB

Fraglich ist aber, ob hier nicht wegen der Gewahrsamsfiktion des § 739 ZPO i.V.m. § 1362 I S. 1 BGB ein Verstoß gegen den Mitgewahrsam der F ausscheiden muss.

Hiernach gilt für die Zwangsvollstreckung nur der Schuldner als Gewahrsamsinhaber und Besitzer, wenn zugunsten des Gläubigers die Vermutung des § 1362 I S. 1 BGB eingreift.

§ 739 ZPO konstatiert dabei im Gegensatz zu der alleinigen Anwendung des § 1362 I S. 1 BGB gerade keine Vermutung, sondern stellt eine Fiktion („ … gilt … ") auf. Der Gerichtsvollzieher hat also damit keinen Verstoß gegen § 809 ZPO begangen, sodass die Dritterinnerung gem. § 766 I S. 1 ZPO folglich unbegründet ist.

Allerdings könnte man einwenden, dass § 739 ZPO über die Verweisung auf § 1362 BGB mittelbar auch eine Vermutung enthält, die damit im Wege des § 292 S. 1 BGB entkräftet werden kann. Nach h.M. ist diese Möglichkeit nur im Wege des § 771 I ZPO gegeben.

Grund hierfür ist, dass das Erinnerungsverfahren für die Klärung materiell-rechtlicher Fragen weder geeignet noch bestimmt ist.

Anmerkung: Beachten sie nämlich hier auch die Stellung des Gerichtsvollziehers, dem weder die Möglichkeit noch die Kenntnis zu einer vertieften materiellen Prüfung zur Verfügung stehen. Ansonsten wäre ein Verstoß gegen § 809 ZPO trotz der gesetzlich gewollten Verfahrensvereinfachung des § 739 ZPO eher der Regelfall denn die Ausnahme.

Im Wege des Erinnerungsverfahrens kann also keine mittelbare Entkräftung der Fiktion über § 292 S. 1 ZPO geführt werden; dies ist nur mit der Drittwiderspruchsklage gem. § 771 I ZPO möglich, um das Verfahren des § 766 ZPO vor umfangreichen materiell-rechtlichen Prüfungen frei zu halten.

Anmerkung: Einen Ausnahmefall stellt zwar evidentes Dritteigentum dar, was hier aber gerade nicht der Fall ist.

Im Ergebnis ist die Dritterinnerung gem. § 766 I S. 1 ZPO unbegründet, da wegen der Gewahrsamsfiktion gem. § 739 I ZPO i.V.m. § 1362 I S. 1 BGB kein Verstoß gegen § 809 ZPO vorliegt.

2. Drittwiderspruchsklage gem. § 771 ZPO

Weiterhin könnte eine Drittwiderspruchsklage gem. § 771 ZPO Erfolg haben.

Anmerkung: An dieser Stelle sei hier nur ein kurzer Überblick über die Voraussetzungen der Drittwiderspruchsklage gegeben. Vertiefte Hinweise entnehmen Sie bitte **Hemmer/Wüst, ZPO II, Rn. 254 ff.**
1. **Zulässigkeit**
- allgemeine Sachurteilsvoraussetzungen
- Statthaftigkeit: Behaupten eines die Veräußerung hindernden Rechts
- örtliche Zuständigkeit gem. §§ 771, 802 ZPO
- sachliche Zuständigkeit: allgemeine Vorschriften der §§ 23, 71 GVG, maßgeblich folglich Streitwert gem. § 6 S. 1 ZPO
- Antrag, vgl. § 253 II S. 2 ZPO
- Rechtsschutzbedürfnis: liegt vor, wenn ZVS bereits begonnen hat, aber noch nicht beendet ist
2. **Begründetheit** Vorliegen eines die Veräußerung hindernden Rechts

Voraussetzung für die Begründetheit einer Drittwiderspruchsklage ist, dass der F ein **die Veräußerung hinderndes Recht** zusteht, vgl. § 771 I ZPO.

a) Vorliegen des Rechts i.S.d. § 771 I ZPO

Diese Formulierung eines die Veräußerung hindernden Rechts ist abstrakt gesehen nicht in der Lage darüber Auskunft zu geben, was hier unter § 771 I ZPO fallen soll. Dies ergibt sich schon daraus, dass es ein „die Veräußerung hinderndes Recht" als solches gar nicht gibt, da selbst das Eigentum als stärkstes dingliches Recht im Wege des gutgläubigen Erwerbs nach §§ 892 f., 932 ff., 2366 f. BGB überwindbar ist. Gemeint ist damit vielmehr, dass die Vollstreckungshandlung in den Zuweisungsgehalt eines Drittrechts eingreift. Dies ist wiederum der Fall, wenn die Veräußerung des Vollstreckungsgegenstandes durch den Schuldner selbst oder den Gläubiger zivilrechtswidrig wäre, weil sie in den Rechtskreis eines Dritten eingreifen würde.

Anmerkung: Die Drittwiderspruchsklage gem. § 771 I ZPO ist damit überaus klausurrelevant, da sich hier ideal die Zwangsvollstreckungsrechtsbehelfe mit dem materiellen Recht verbinden lassen.

Hier nun bringt F vor, dass die Einrichtungsgegenstände in ihrem Eigentum stünden. Unterstellt, diese Behauptung entspräche der Wahrheit, würde ihr ein die Veräußerung hinderndes Recht i.S.d. § 771 I ZPO zustehen, da dann eine Veräußerung des Freundes S in den Zuweisungsgehalt des Eigentumsrechts der F eingreifen würde.

b) Vermutung des § 1362 BGB

Allerdings greift hier nun grundsätzlich die Vermutung des § 1362 I S. 1 BGB ein, wonach zugunsten des Gläubigers des M vermutet wird, dass dieser auch Eigentümer der fraglichen Gegenstände ist.

Konsequenz daraus ist, dass F ihrerseits mit der Drittwiderspruchsklage aus § 771 I ZPO nur dann Erfolg haben kann, wenn ihr die Entkräftung der Vermutung des § 1362 I S. 1 BGB gelingt.

Anmerkung: Gesetzliche Vermutungen können nämlich durch den Beweis des Gegenteils widerlegt werden, sofern dies aufgrund Gesetzes nicht unzulässig ist, vgl. § 292 S. 1 ZPO.

Diesen Beweis kann sie damit führen, dass sie nachweist, sie habe an den fraglichen Gegenständen im eigenen Namen Eigentum erworben bzw. diese Gegenstände bereits mit in die Ehe eingebracht. Dies ist nämlich bereits ausreichend, da dann bereits vor der Eheschließung die allgemeine Eigentumsvermutung des § 1006 BGB eingreift, deren Fortbestehen durch die Eheschließung selbst wegen § 1363 II BGB nicht beeinträchtigt wird.

Ob F nun diesen Beweis des Gegenteils antreten kann, um die Vermutung des § 1362 I S. 1 BGB zu entkräften, kann hier mangels Sachverhaltsangaben nicht abschließend geklärt werden.

Somit fragt sich, ob F noch ein anderer Weg offen steht, die weitere Zwangsvollstreckung zu verhindern.

3. Ergebnis zum Ausgangsfall

Ein Vorbringen der F gegen die Zwangsvollstreckung in die besagten Gegenstände im Wege der Dritterinnerung gem. § 766 I S. 1 ZPO verspricht mangels Verstoß gegen eine drittschützende Verfahrensnorm also keine Aussicht auf Erfolg.

Die Aussichten einer Drittwider-spruchsklage gem. § 771 I ZPO hängen davon ab, ob ihr im Wege des § 292 S. 1 ZPO eine Widerlegung der Vermutung des § 1362 I S. 1 BGB gelingt.

Anmerkung: § 1362 BGB darf nach Ansicht des BGH auf eine nichteheliche Lebensgemeinschaft nicht analog angewendet werden. Es fehlt an der planwidrigen Regelungslücke, da mehrfach eine entsprechende Gesetzesänderung diskutiert wurde (BGH, ZIP 2007, 352 ff. = **Life&Law 4/2007, 237**) Allerdings könnte § 1362 BGB in Folge dieser BGH-Rechtsprechung wegen einer Verletzung des Art. 6 I GG verfassungswidrig sein: Ehepartner sind nämlich im Vergleich zu den Partnern einer nichtehelichen Lebensgemeinschaft benachteiligt, da bei diesen eine Pfändung wegen § 809 ZPO ausgeschlossen ist.

IV. Lösung Abwandlung:

Fraglich ist nun, welche Veränderungen sich in der Abwandlung bezüglich der Pfändung der Halskette ergeben.

1. § 766 I S. 1 ZPO

F könnte die Dritterinnerung des § 766 I S. 1 ZPO gegen die Art und Weise der Zwangsvollstreckung geltend machen. Fraglich ist, ob wie im Grundfall eine Verletzung des § 809 ZPO aufgrund des § 739 ZPO ausscheidet. § 739 ZPO streitet nur soweit für den Gläubiger S, wie nach § 1362 I S. 1 BGB das Eigentum des M vermutet wird. Möglicherweise wird hier aber die Vermutung des § 1362 I S. 1 BGB durch die Vermutung des § 1362 II BGB verdrängt.

Hiernach wird im Verhältnis der Gatten zueinander wie auch im Verhältnis zu den Gläubigern vermutet, dass die ausschließlich zum persönlichen Gebrauch eines Ehegatten bestimmten Sachen auch dem Ehegatten gehören, für dessen Gebrauch sie bestimmt sind.

Konsequenz wäre also, wenn es sich bei der Halskette um einen solchen persönlichen Gebrauchsgegenstand handelt, dass gem. § 1362 II BGB auch ihr Eigentum vermutet wird, sodass § 739 ZPO nicht mehr den Alleingewahrsam des M fingieren würde.

Anmerkung: Der Gläubiger S seinerseits müsste dann diese Vermutung widerlegen, um die Zwangsvollstreckung in die Halskette weiter betreiben zu können, vgl. § 292 S. 1 ZPO. Dazu müsste der Gläubiger dann nachweisen, dass der Ehegatte, zu dessen persönlichem Gebrauch die Gegenstände bestimmt sind, kein Eigentum an diesen erworben hat.

Entscheidend ist also, ob die Halskette einen Gegenstand zum ausschließlich persönlichen Gebrauch der F darstellt, vgl. § 1362 II BGB.

Die Bestimmung für den ausschließlich persönlichen Gebrauch kann sich dabei sowohl aus der Natur des Gegenstandes wie auch aus dem faktischen Gebrauch zu solchen Zwecken ergeben.

Die Halskette stellt Damenschmuck dar, sodass bereits aus der Natur der Sache folgt, dass es sich hierbei um einen Gegenstand zum ausschließlich persönlichen Gebrauch der F handelt. Ein tägliches Tragen etc. ist darüber hinausgehend nicht erforderlich.

Anmerkung: Ein weiteres Kriterium kann aber oftmals der Zweck der Anschaffung sein.

Wenn die Kette beispielsweise haupt-sächlich als Kapitalanlage erworben worden ist, so führt ein gelegentliches Tragen gerade nicht dazu, dass die Kette zum Gegenstand i.S.d. § 1362 II BGB „mutiert".

Im Ergebnis spricht also die Vermutung des § 1362 II BGB im Verhältnis zum Gläubiger S für die F, sodass die Fiktion des § 739 ZPO nicht mehr eingreift.

Konsequenz daraus ist aber, dass es sich bei der F um eine nicht herausga-bebereite Dritte i.S.d. § 809 ZPO han-delt. Gegen diese drittschützende Norm ist auch verstoßen worden, sodass die Dritterinnerung gem. § 766 I S. 1 ZPO begründet ist.

2. § 771 I ZPO

Daneben könnte sich F auch in der Abwandlung mittels einer Drittwider-spruchsklage zur Wehr setzen.

Es müsste der F also wiederum ein die Veräußerung hinderndes Recht zu-stehen, vgl. § 771 I ZPO. Auch hier könnte das Eigentum an der Halskette als ein solches Recht in Betracht kom-men. Hier spricht die Vermutung des § 1362 II BGB im Verhältnis zum Gläu-biger S für die F (s. oben), sodass sie sich auf ein die Veräußerung hindern-des Recht gem. § 771 I ZPO berufen kann, da dem S eine Widerlegung der Vermutung hier nicht gelingt.

Anmerkung: Der Unterschied zwi-schen Grundfall und Abwandlung liegt in der Beweislast.

Im Grundfall muss F die Vermutung des § 1362 I BGB widerlegen, in der Ab-wandlung S die Vermutung des § 1362 II BGB.

Wichtig wird dies in einer sog. „non-liquet"-Situation, wenn sich die tatsäch-liche Eigentumslage nicht mehr klären lässt.

Beachten Sie aber nochmals, dass § 1362 II BGB die Vermutung im Ge-gensatz zu § 1362 I S. 1 BGB auch im Verhältnis zwischen den Ehegatten auf-stellt. Dies kann im Falle einer Schei-dung von erheblicher Bedeutung sein.

3. Ergebnis Abwandlung

Wegen des Eingreifens der Vermutung des § 1362 II BGB, sind in der Abwand-lung die Rechtsbehelfe aus §§ 771 I, 766 I S. 1 ZPO begründet.

V. Zusammenfassung

- § 1362 I S. 1 BGB stellt eine Vermu-tung zugunsten der Gläubiger der Ehegatten auf.
- § 739 ZPO ergänzt verfahrensrecht-lich die Vermutung des § 1362 I S. 1 BGB.
- § 739 ZPO stellt keine Vermutung, sondern eine Fiktion dar.
- Gegen diese Fiktion kann nicht im Wege der Dritterinnerung gem. § 766 I S. 1 BGB, sondern nur durch Drittwiderspruchsklage gem. § 771 I ZPO vorgegangen werden.
- § 1362 II BGB stellt eine Vermutung für Gegenstände des persönlichen Gebrauchs dar, die sowohl im Ver-hältnis zu Gläubigern, wie auch zwi-schen den Ehegatten selbst gilt.

VI. Zur Vertiefung

Zu den Rechtsbehelfen in der Zwangsvollstreckung
- Hemmer/Wüst, ZPO II, Rn. 254 ff.

Zu den Vermutungen des § 1362 I S. 1, II BGB
- Hemmer/ Wüst, Familienrecht, Rn. 123 ff.

Fall 5: Der Besitzschutz unter Ehegatten

Sachverhalt:

M und F sind miteinander verheiratet. Die einst glücklichen Zeiten sind aber lange vorbei. Die beiden leben bereits getrennt. F wohnt weiterhin in der früheren gemeinsamen Wohnung, während sich M ein neues schmuckes Appartement gesucht hat. Allerdings ist er der Meinung, dass seine neue Wohnung durchaus noch gewisser Ausstattung und Einrichtung bedarf. Da die neue Wohnung recht hohe Mietkosten verschlingt, besinnt er sich, dass in der früheren Ehewohnung noch sein Fernsehapparat, sowie die gemeinsam angeschafften Wohnzimmermöbel stehen. M, der nicht mehr über die Schlüssel zur alten Wohnung verfügt, begibt sich am nächsten Tag mit einem Kleintransporter dorthin. Er findet die Terrassentür geöffnet vor und verbringt wegen der beruflichen Abwesenheit der F die obigen Gegenstände kurzerhand in seine neue Wohnung. Nach ihrer Rückkehr in die Wohnung erkennt F sofort die Zusammenhänge und kontaktiert umgehend den ihr bekannten Rechtsanwalt Liebling mit der Anfrage, ob sie die Gegenstände möglichst schnell von M herausverlangen kann.

Frage:

Welche Antworten wird RA L der F erteilen können?

I. Einordnung

Im Mittelpunkt dieses Falles steht die Frage, inwieweit allgemeine Ansprüche auch zwischen den Ehegatten gelten. Insbesondere soll die Problematik beleuchtet werden, ob der **Besitzschutz** der §§ 858 ff. BGB uneingeschränkte Anwendung im Verhältnis zwischen den getrennt lebenden Ehegatten finden kann.

Fraglich ist dies vor allem auch deswegen, da das Eherecht in **§ 1361a BGB** eine eigene Vorschrift hinsichtlich der Verteilung des Hausrats bei Getrenntleben bereithält.

II. Gliederung

Rückgabeverlangen der F:

1. Anspruch aus § 861 I BGB

a) Verbotene Eigenmacht gem. § 858 BGB

b) Weitere Voraussetzungen des § 861 I BGB

c) Keine petitorischen Einwendungen, vgl. § 863 BGB

d) Ausschluss wegen § 1361a BGB **(P): Verhältnis zu §§ 858 ff. BGB**

2. Ergebnis

     kein Ausschluss der §§ 858 ff. BGB durch § 1361a BGB

III. Lösung

Fraglich ist, ob die Antworten des RA L für F positiv ausfallen werden. Dies wäre dann der Fall, wenn sich das Herausgabeverlangen auf eine Rechtsgrundlage stützen ließe und diese auch voll durchgreift.

1. Anspruch aus § 861 I BGB

Möglicherweise steht der F gegen M wegen vorheriger Besitzentziehung ein Anspruch aus § 861 I BGB auf Wiedereinräumung des Besitzes an den Möbeln und dem Fernsehapparat zu.

> **§ 861 I BGB hat dabei grundsätzlich folgende Voraussetzungen:**
>
> - Besitzentziehung **durch verbotene Eigenmacht**, vgl. **§ 858 I BGB**
> - Anspruchssteller war **Besitzer**
> - Anspruchsgegner ist **fehlerhafter Besitzer,** vgl. § 858 II BGB
> - Kein Ausschluss nach **§ 861 II BGB**
> - Kein Erlöschen nach **§ 864 BGB**

a) Verbotene Eigenmacht gem. § 858 I BGB

Zunächst müsste also verbotene Eigenmacht gem. § 858 I BGB vorliegen. Hiernach ist diese definiert als Besitzentziehung oder Besitzstörung **ohne** (Beachte: nicht notwendig gegen) den Willen des Besitzers und ohne Gestattung durch das Gesetz.

Besitzentziehung liegt mithin dann vor, wenn der Besitzer vollständig und nicht nur vorübergehend von der Ausübung der **tatsächlichen Gewalt ausgeschlossen** ist. In allen anderen Fällen der Besitzbeeinträchtigung liegt eine Besitzstörung vor.

Während der Dauer des Zusammenlebens der Ehegatten M und F, waren sie hinsichtlich des gemeinsamen Hausrats Mitbesitzer. Bei Mitbesitz findet der Besitzschutz der §§ 861 f. BGB nur eingeschränkte Anwendung.

Gem. **§ 866 BGB** kommt der Besitzschutz nur dann in Betracht, wenn es sich nicht nur um die Grenzen des Gebrauchsrechts des einzelnen Mitbesitzers handelt.

Fraglich ist, ob hier eine solche Einschränkung überhaupt noch eingreifen kann. Voraussetzung hierfür wäre, dass M und F weiterhin Mitbesitzer i.S.d. § 866 BGB wären.

M ist endgültig ausgezogen und hat bereits eine neue Wohnung. Hinsichtlich der früheren gemeinsamen Ehewohnung verfügt er nicht einmal mehr über einen Schlüssel. Konsequenz daraus ist, dass die Einrichtungsgegenstände, also auch die Möbel und das Fernsehgerät; im Alleinbesitz der F standen. Eine Einschränkung des Besitzschutzes über § 866 BGB ist damit bereits dem Grunde nach ausgeschlossen.

Indem M aber nun nach Eindringen in die Wohnung die fraglichen Gegenstände in seine Wohnung verbrachte, hat er die F dauerhaft von der tatsächlichen Ausübung der Sachgewalt ausgeschlossen.

Dies geschah auch ohne den Willen der F, sowie ohne Gestattung des Gesetzes.

Anmerkung: Beachten Sie, dass als gesetzliche Gestattung **nicht** schon ein schuldrechtlicher oder dinglicher Anspruch ausreicht. Zur Durchsetzung dieser Ansprüche muss sich der Gläubiger der staatlichen Zwangsmittel bedienen. Wichtig sind hier vor allem Notwehr- und Selbsthilferechte, vgl. §§ 227, 229, 859, 904 BGB.

Damit hat M also hinsichtlich der Möbel und des Fernsehgerätes verbotene Eigenmacht i.S.d. § 858 I BGB als Fall einer Besitzentziehung ausgeübt.

b) Weitere Voraussetzungen des § 861 I BGB

Darüber hinaus müssten die in der obigen Übersicht aufgeführten weiteren Voraussetzungen des Anspruchs gegen Besitzentziehung aus § 861 I BGB vorliegen.

F war selbst unmittelbare Alleinbesitzerin. Der Besitz des M stellt sich ihr gegenüber auch als fehlerhaft dar, vgl. §§ 861 I, 858 II S. 1 BGB.

Ein Ausschluss des Anspruches wegen **§ 861 II BGB** ist nicht ersichtlich. F selbst war nicht im fehlerhaften Besitz der fraglichen Einrichtungsgegenstände.

Weiterhin dürfte der Anspruch aus § 861 I BGB nicht gem. **§ 864 I BGB** erloschen sein. Für einen Ablauf der Jahresfrist ist aber nichts ersichtlich, insbesondere hat sich F ja umgehend an den RA Liebling gewandt.

Anmerkung: Beachten Sie, dass § 864 I BGB keinen Fall der Verjährung darstellt. Dieser ordnet vielmehr das unmittelbare Erlöschen der Ansprüche aus §§ 861, 862 BGB an. Diese Frist ist auch von Amts wegen zu beachten und muss daher nicht als Einrede in den Prozess eingeführt werden.

Somit liegen auch die weiteren grundsätzlichen Voraussetzungen des Anspruches aus § 861 I BGB vor.

c) Keine petitorischen Einwendungen, vgl. § 863 BGB

Fraglich ist, wie es nun auswirkt, dass sich M insbesondere hinsichtlich des Fernsehgeräts auf sein Eigentum beruft. Möglicherweise kann er dies dem Anspruch der F aus § 861 I BGB entgegenhalten.

§ 863 BGB schränkt aber die Einwendungsmöglichkeiten im Rahmen des Besitzschutzes ein. Hiernach kann sich ein Entzieher gegen den Anspruch aus § 861 I BGB nur damit verteidigen, dass die Entziehung gerade keine verbotene Eigenmacht gem. § 858 I BGB gewesen ist. Alle **petitorischen Einwendungen**, also eben solche, die sich nicht aus dem Besitz selbst ergeben, sind dagegen durch § 863 BGB ausgeschlossen. Die petitorischen Einwendungen sind solche, die sich aus einem Recht zum Besitz ergeben. Damit ist aber im Rahmen des Besitzschutzes eine Berufung auf das Eigentum ausgeschlossen.

Anmerkung: Die Abschneidung petitorischer Einwendungen durch § 863 BGB beruht auf dem Charakter des Besitzschutzes. Dieser ist nämlich auf die schnelle Rückgängigmachung eines durch verbotene Eigenmacht beeinträchtigten Besitzstandes gerichtet. Damit würde sich die umfangreiche Prüfung petitorischer Einwendungen nicht vertragen.

M kann sich hier also insbesondere nicht auf sein Eigentum an dem Fernseher berufen. Petitorische Einwendungen stehen ihm nicht zur Verfügung, da er, wie oben dargestellt, verbotene Eigenmacht i.S.d. § 858 I BGB ausgeübt hat.

Anmerkung: M kann aber nach h.M. einen anderen Verteidigungsweg einschlagen. Er kann einen petitorischen Widerantrag gem. § 33 ZPO erheben. Im Regelfall besteht hier keine Gefahr der Umgehung des § 863 BGB, da der Besitzschutzantrag zuerst entscheidungsreif ist und damit vorab per Teilurteil gem. § 301 ZPO zu entscheiden ist.

Entsprechend § 864 II BGB ist aber zur Vermeidung widersprüchlicher Entscheidungen bei gleichzeitiger Entscheidungsreife der Besitzschutzantrag abzuweisen.

d) Ausschluss wegen § 1361a BGB

Möglicherweise werden aber die allgemeinen Besitzschutznormen der §§ 861 f. BGB durch spezielle Regelungen des Familienrechts verdrängt.

§ 1361a BGB enthält nämlich für die Verteilung des Hausrats bei Getrenntleben der Ehegatten eine eigene Regelung. Hiernach kann gem. § 1361a I S. 1 BGB jeder Ehegatte die ihm gehörenden Gegenstände herausverlangen. Somit könnte der M hier nun zumindest hinsichtlich des Fernsehapparates berechtigt sein, da ein Ausschluss wegen § 1361a I S. 2 BGB nicht in Betracht kommt.

Anmerkung: Hinsichtlich der M und F gemeinsam gehörenden Möbel wäre dann § 1361a II BGB einschlägig, sodass eine Verteilung nach Billigkeit die Rechtsfolge wäre. Auswirkung auf die Eigentumsverhältnisse haben die Regelungen des § 1361a BGB aber nicht, vgl. § 1361a IV BGB.

Fraglich ist folglich nun, wie sich das Verhältnis des § 1361a BGB zu den allgemeinen Besitzschutzvorschriften der §§ 858 ff. BGB darstellt.

Zum einen lässt sich vertreten, dass § 1361a BGB die §§ 858 ff. BGB als **lex specialis** verdrängt. Dies beruht vor allem auf den Erwägungen der Prozessökonomie, da bei getrennten Verfahren eben auch unterschiedliche Ergebnisse erfolgen könnten, so dass die Folge ein mehrmaliges Hin- und Herschaffen der Hausratsgegenstände wäre.

Allerdings lässt sich auf der anderen Seite auch die gegenteilige Ansicht vertreten. Zu beachten ist, dass die Besitzschutzansprüche, da eben durch § 863 BGB petitorische Einwendungen ausgeschlossen sind, nicht zu einer dauerhaften Zuordnung führen müssen.

Ausgeschlossen werden soll eben nur ein Bruch des Rechtsfriedens durch „Selbstjustiz". Eine Veränderung der materiellen Lage gewähren diese Ansprüche nicht. Wenn man nun diesen Schutzzweck in Betracht zieht, ist es aber nicht einzusehen, warum unter getrennt lebenden Ehegatten die §§ 858 ff. BGB nicht gelten sollen, da auch hier der Rechtsfrieden bedroht ist.

Anmerkung: Wie Sie sich nun in diesem Streit entscheiden ist letztlich gleichgültig. Wenn Sie das Spannungsverhältnis zwischen den §§ 858 ff. BGB und § 1361a BGB erkannt haben und die jeweiligen Argumente sorgsam abwägen, wird die Klausur jedenfalls erfolgreich verlaufen.

Zur Vermeidung gewaltsamer Auseinandersetzungen zwischen den getrennt lebenden Ehegatten um den Hausrat, soll hier der letztgenannten Ansicht gefolgt werden. Auch die Verfahrensökonomie ist als solches kein „Totschlagargument", um gewaltsames Vorgehen im Ergebnis zu legitimieren.

Damit ist der Anspruch aus § 861 I BGB nicht wegen der Regelung des § 1361a BGB ausgeschlossen.

2. Ergebnis

F kann somit gem. § 861 I BGB die Herausgabe sowohl der Möbel als auch des Fernsehgeräts verlangen.

Anmerkung: Beachten Sie im Zusammenhang mit § 1361a BGB auch die Norm des § 1361b BGB, die zur Vermeidung unbilliger Härten eine Regelung hinsichtlich der früheren gemeinsamen Ehewohnung bei Getrenntleben enthält.

IV. Zusammenfassung

- Durch den endgültigen Auszug aus der gemeinsamen Ehewohnung endet der vorherige Mitbesitz i.S.d. § 866 BGB am Hausrat.

- Dem Anspruch aus § 861 I BGB kann nicht die Berufung auf das Eigentum entgegengesetzt werden, vgl. § 863 BGB.

- Strittig ist, ob die §§ 858 ff. BGB durch die Regelung des § 1361a BGB ausgeschlossen ist.

V. Zur Vertiefung

Zu possessorischen Besitzschutzansprüchen
- Hemmer/Wüst, Sachenrecht I, Rn. 218 ff.

Fall 6: Haushaltsführung und Erwerbstätigkeit

Sachverhalt:

M und F sind miteinander verheiratet. M ist als Versicherungsangestellter tätig, während F den Haushalt „schmeißt". Diese Regelung haben sie zusammen wegen der besseren Erwerbsaussichten des M bereits zu Beginn der Ehe getroffen, um auch für einen baldigen Familiennachwuchs gerüstet zu sein.

Auf dem Weg zu ihrem wöchentlichen Großeinkauf im Supermarkt wird F von Autofahrer A angefahren und dabei so schwer verletzt, dass sie für drei Monate nicht im Haushalt arbeiten kann. Daraufhin stellt M eine Haushaltshilfe ein. Da er auch zuvor bereits die Krankenhauskosten bezahlt hat, fragt er sich nun, ob er diese Ausgaben von A ersetzt bekommen kann.

Abwandlung:

M ist als Versicherungsmitarbeiter im Außendienst häufig unterwegs. F ist ausgebildete Sekretärin und Bürofachkraft. Sie führt die notwendige Korrespondenz und erledigt auch die Terminvereinbarungen sowie die Absprachen mit der Versicherungszentrale. Vom Umfang her entsprach dies einer Halbtagstätigkeit einer Versicherungsangestellten; am restlichen Tag erledigt F auch noch die Haushaltsführung.

Auf dem Weg zu einem Außentermin kam es zu einem tragischen Unfall: Ausgerechnet an diesem Tag begleitete F ihren Mann. Durch das Verschulden des Rasers R kam F zu Tode, während M zwar schwer verletzt wurde, aber wenigstens keine Spätfolgen davontrug. Nach der Genesungszeit konnte M seine frühere Tätigkeit wieder aufnehmen, allerdings musste M jetzt zusätzlich die von F erledigte Arbeit mit übernehmen.

Frage:

M möchte nun wissen, ob er R wegen der „entgangenen Dienste" der F in Anspruch nehmen kann.

I. Einordnung

Sie haben bereits in Fall 2 die Generalklausel des § 1353 I S. 2 BGB hinsichtlich der Pflicht zur ehelichen Lebensgemeinschaft kennengelernt. Hinsichtlich der Haushaltsführung und der Erwerbstätigkeit konkretisiert **§ 1356 BGB** diese Generalklausel.

Wird insoweit einvernehmlich die Haushaltsführung einem Ehegatten überlassen, vgl. § 1356 I S. 2 BGB, so folgt dann aber für den anderen Ehe-gatten eine Mithilfepflicht im gemeinsamen Haushalt aus § 1353 I S. 2 BGB.

Wird durch Drittverschulden der haushaltführende Ehegatte verletzt oder gar getötet, sind die Regelungen der **§§ 844 f. BGB** zu beachten. Eine weitere Problematik kann sich daraus ergeben, dass dieser verletzte Ehegatte bei dem anderen Ehegatten mitgearbeitet hat.

II. Gliederung

Ausgangsfall:

1. Ansprüche des M bzgl. Haushaltshilfe

a) Anspruch aus § 823 I BGB (-)

b) Anspruch aus § 845 S. 1 BGB (-), Haushaltsführung keine Dienste

2. Ansprüche des M bzgl. Krankenhauskosten:

eigene Ansprüche (-), aber gegen F analog § 255 BGB

Abwandlung:

1. Anspruch aus § 845 S. 1 BGB (-), s.o.

2. Anspruch aus § 844 II BGB

3. Anspruch aus § 10 StVG

III. Lösung

Fraglich ist zunächst, ob M im Ausgangsfall Ersatzansprüche gegen A zustehen.

1. Ansprüche des M bzgl. Haushaltshilfe

M macht hinsichtlich der Haushaltshilfe in erster Linie eigene Ansprüche geltend. Fraglich ist, ob solche hier in Betracht kommen.

a) Anspruch aus § 823 I BGB

Ein eigener Anspruch des M gem. § 823 I BGB muss schon mangels eigener Rechtsgutverletzung ausscheiden.

b) Anspruch aus § 845 S. 1 BGB

Möglicherweise steht M gegen A aber ein Anspruch aus § 845 S. 1 BGB zu.

Voraussetzung für diesen Ersatzanspruch ist, dass die verletzte Person **kraft Gesetzes zur Leistung von Diensten verpflichtet** ist, sodass der Schädiger dem Dienstberechtigten den Ausfall ersetzen muss, vgl. § 845 S. 1 BGB.

A hat F unstreitig i.S.d. § 823 I BGB an ihrem Körper verletzt.

Fraglich ist aber, ob F dem M kraft Gesetzes zur Leistung von Diensten verpflichtet ist. In den Zeiten vor dem Gleichberechtigungsgesetz war die Ehefrau zu unentgeltlichem Arbeiten im Hauswesen und Betrieb des Ehemanns verpflichtet (§ 1356 II BGB a.F.). Entsprechendes galt für die Haushaltsführung, vgl. § 1356 I BGB a.F. Unter diesem Verständnis war für den M ein Anspruch aus § 845 S. 1 BGB anzuerkennen.

Heute herrscht im Hinblick auf die Gleichberechtigung ein anderes Eheverständnis wie auch eine andere Gesetzeslage. Nunmehr ist die Ehefrau nicht mehr zur unentgeltlichen Haushaltsführung verpflichtet, sondern der haushaltsführende Ehegatte kommt hierdurch seiner Unterhaltsverpflichtung gem. § 1360 S. 2 BGB nach. Eine Dienstverpflichtung i.S.d. § 845 S. 1 BGB besteht nach dem BGH gerade nicht mehr.

Ein eigener Schaden des M ist somit nicht gegeben, sodass ein Anspruch aus § 845 S. 1 BGB ausscheiden muss.

Anmerkung: Eine Dienstverpflichtung i.S.d. § 845 S. 1 BGB wird damit nunmehr nur noch für die Fälle des § 1619 BGB anerkannt. Hiernach ist ein Kind, das im elterlichen Hausstand lebt, in gewissem Umfange zu Diensten verpflichtet.

c) Zwischenergebnis

Hinsichtlich der Haushaltshilfe hat M keine Ansprüche gegen den Schädiger A.

Anmerkung: Nach heutiger Gesetzeslage besteht somit ein **eigener** Schaden der F, den sie nach **§§ 823 I, 842, 843 I BGB** von dem Schädiger A ersetzt verlangen kann. Hierfür ist es unerheblich, ob auch wirklich eine Haushaltshilfe engagiert wurde; dies unterliegt einzig und allein der Disposition des Geschädigten. Die durch die Verletzung unmöglich gewordene Haushaltsführung stellt nach § 1360 S. 2 BGB eine geldwerte (Unterhalts-)Leistung dar, die der Schädiger A der geschädigten F zu ersetzen hat.
Strittig ist, ob auch die unmöglich gewordene Haushaltsführung für den nichtehelichen Lebensgefährten einen Vermögensschaden darstellen kann. Dies wird überwiegend verneint, da hier auch keine Unterhaltspflichten bestehen, also § 1360 S. 2 BB gerade nicht zur Anwendung kommt.

2. Ansprüche des M hinsichtlich der Krankenhauskosten

Fraglich ist aber, ob dem M eigene Ansprüche hinsichtlich der Krankenhauskosten zustehen.

a) Anspruch aus §§ 683, 677, 670 BGB

Zunächst kommt ein Aufwendungsersatzanspruch aus §§ 683, 677, 670 BGB in Betracht.

Grundvoraussetzung hierfür wäre aber, dass es sich bei der Zahlung der Krankenhauskosten entweder um ein objektiv fremdes oder wenigstens um ein sog. „auch-fremdes" Geschäft des M für A handelt.

Zwar ist M aufgrund seiner Unterhaltspflicht gegenüber F auch zu einer Tragung der Kosten verpflichtet. Dies allein führt aber nicht zu einem „auch-fremden" Geschäft, da diese Zahlung aufgrund des **§ 843 IV BGB** keine Auswirkungen auf die Stellung des A hat. Dieser führt nämlich dazu, dass sich die F eine Zahlung ihres unterhaltsverpflichteten Ehegatten nicht anspruchsmindernd auf eigene Ansprüche anrechnen lassen muss. Damit hat die Zahlung des M aber auch keine Tilgungswirkung für A, sodass folglich auch kein Geschäft des A vorliegt. M erledigt damit kein fremdes, sondern ein eigenes Geschäft.

Anmerkung: Beachten Sie die wichtige Bestimmung des § 843 IV BGB in schadensrechtlichen Klausuren. Diese kann in analoger Anwendung auch in Problemfällen bei der Vorteilsausgleichung von examensrelevanter Bedeutung sein.

Ein Anspruch aus §§ 683, 677, 670 BGB besteht somit nicht.

b) Anspruch aus § 812 I S. 1 Alt. 2 BGB

Fraglich ist, ob M im Wege der Rückgriffskondiktion gem. § 812 I S. 1 Alt. 2 BGB gegen A vorgehen kann.

Dazu müsste A etwas in sonstiger Weise auf Kosten des M erlangt haben.

Hier aber hat A schon nichts erlangt. Da die Zahlungen des M wegen der Regelung des § 843 IV BGB gerade keine Auswirkungen für A haben, hat A insbesondere **keine Befreiung von einer Verbindlichkeit erlangt**.

Damit besteht kein Anspruch aus § 812 I S. 1 Alt. 2 BGB auf Zahlung der Krankenhauskosten.

c) Anspruch aus § 426 I, II BGB

Auch ein Ausgleichsanspruch unter Gesamtschuldnern gem. § 426 I, II BGB scheidet schon mangels Vorliegen einer Gesamtschuld von M und A gegenüber F aus.

Die Verpflichtung des M beruht auf seiner Unterhalts- und Beistandspflicht aus §§ 1360, 1353 I S. 2 BGB. A hingegen haftet der F aus § 823 I BGB. Wie dargestellt, tritt aber gar keine gegenseitige Tilgungswirkung ein. Ebenso fehlt es an einer gleichstufigen Haftung.

d) Zwischenergebnis

Somit besteht also kein direkter Anspruch gegen A.

Allerdings ist F in analoger Anwendung des § 255 BGB verpflichtet, eigene Ansprüche hinsichtlich der Krankenhauskosten abzutreten. Hintergrund dieser Analogie ist, dass ansonsten ein Unterhaltsverpflichteter schlechter stünde als ein Schädiger.

Anmerkung: Beachten Sie nochmals: Die Zahlung durch M wird auf den Anspruch der F aus § 823 I BGB nicht im Wege der Vorteilsausgleichung angerechnet. § 843 IV BGB ist insoweit analog anzuwenden, um den Schädiger nicht unbillig zu entlasten.

3. Ergebnis zum Ausgangsfall

Eigene Ansprüche wegen der Verletzung der F stehen M nicht zu. Allerdings kann er gem. § 255 BGB analog hinsichtlich der Krankenhauskosten die Abtretung der Ansprüche der F gegen A aus § 823 I BGB von seiner Ehefrau verlangen.

IV. Lösung Abwandlung

Fraglich ist nun, ob M in der Abwandlung Ansprüche gegen den Raser R zustehen.

1. Anspruch aus § 845 S. 1 BGB

Wegen der Tötung der Ehefrau könnte wiederum ein Anspruch aus § 845 S. 1 BGB in Betracht kommen.

Wie bereits im Ausgangsfall dargestellt, ist dies hinsichtlich der Haushaltsführung nicht der Fall.

Fraglich ist aber, ob sich hier aus dem Umstand etwas anderes ergibt, dass F im Geschäft des M tätig war.

Der BGH gewährt aber entsprechend der Rspr. im Ausgangsfall bei **Verletzung des mitarbeitenden Ehegatten** diesem einen eigenen Schadensersatzanspruch. Auch für die Fälle der Tötung des mitarbeitenden Ehegatten lehnt der BGH aber eine Anwendung des § 845 S. 1 BGB als Anspruchsgrundlage ab. Für familiäre Arbeitspflichten zwischen Ehegatten sei § 845 S. 1 BGB generell nicht mehr anzuwenden.

Ein Anspruch aus § 845 S. 1 BGB steht dem M folglich auch in der Abwandlung nicht zu.

2. Anspruch aus § 844 II BGB

Ein Anspruch des M könnte sich aber aus § 844 II BGB ergeben. Zu trennen ist insoweit aber hinsichtlich der Haushaltsführung und der Mitarbeit im Betrieb.

a) Haushaltsführung

Voraussetzung des Anspruchs aus § 844 II BGB ist die Tötung einer dem Dritten gegenüber zum Unterhalt verpflichteten Person.

Wie sich nun aus § 1360 S. 2 BGB ergibt, wird die Haushaltsführung in der Regel zwischen den Ehegatten als Unterhalt geschuldet. Hier war der Ehefrau F gem. § 1356 I S. 2 BGB auch die Haushaltsführung überlassen, sodass dies ihre Unterhaltsverpflichtung darstellte, die nun dem M infolge der Tötung entzogen wurde, vgl. § 844 II S. 1 BGB.

Damit steht M jedenfalls insoweit ein Anspruch aus § 844 II BGB zu. Eine Anspruchskürzung wegen eines Mitverschuldens der getöteten F gem. § 846 BGB i.V.m. § 254 BGB kommt hier nicht in Betracht.

Anmerkung: Der Anspruch besteht so lange, wie die voraussichtliche Unterhaltsdauer beträgt, vgl. § 844 II S. 1 HS 1 BGB a.E.
Über die Verweisung des § 844 II S. 1 HS 2 BGB auf § 843 II - IV BGB ergibt sich, dass dieser Anspruch grundsätzlich, vgl. Abs. 2, in Form einer Rente zu leisten ist.

b) Mitarbeit im Betrieb

Fraglich ist aber nun, wie die Mitarbeit der F i.R.d. § 844 II BGB zu beurteilen ist.

Berücksichtigung kann diese Mitarbeit schon dem Tatbestand des § 844 II BGB nach nur dann finden, wenn diese Mitarbeit in Erfüllung einer Unterhaltsverpflichtung erfolgt ist.

Anmerkung: Aufgrund § 1356 I S. 1, II S. 1 BGB, wonach jeder Ehegatte grundsätzlich frei seine Erwerbstätigkeit bestimmen kann, kommt eine Pflicht zur Mitarbeit nur noch in gewissen Grenzen in Betracht:

- Erfüllung der Unterhaltspflicht gem. § 1360 BGB, wenn der Betrieb die wesentliche Einnahmequelle darstellt, die ohne die Mitarbeit gefährdet wäre
- Aufgrund familienverträglicher Wahl gem. § 1356 II S. 2 BGB
- Aus der Beistandspflicht des § 1353 I S. 2 BGB bei Notsituationen(e contrario - Argument aus § 1356 BGB a.F.)

Fraglich ist also, ob F bei der Bürotätigkeit in der Erfüllung einer Unterhaltsverpflichtung gehandelt hat. Dies hängt wiederum von der konkreten Aufteilung innerhalb der Ehegemeinschaft ab. Da F aber den Haushalt allein geführt hat, ist sie insoweit bereits ihrer Unterhaltspflicht nachgekommen, vgl. § 1360 S. 2 BGB. Die Bürotätigkeit selbst stellte damit keine Unterhaltsleistung im Sinne des § 844 II BGB dar, sodass insoweit etwa die Kosten einer Ersatzkraft nicht verlangt werden können.

c) Ergebnis zu § 844 II BGB

M hat gegen den Schädiger R einen Anspruch aus § 844 II BGB wegen des Wegfalls der unterhaltsverpflichteten Ehefrau F bzgl. der Haushaltsführung.

Für den Ausfall in seinem Geschäft kann er dagegen keinen Schadensersatz aus § 844 II BGB verlangen. Der Anspruch ist wiederum für die mutmaßliche Dauer der Unterhaltspflicht der F in Form einer Geldrente zu gewähren, vgl. §§ 844 II S. 1, 843 II BGB.

3. Anspruch aus § 10 II StVG

Ein inhaltsgleicher Anspruch steht dem M ferner aus § 10 II StVG zu.

Auch dieser ist gem. §§ 10 II, 13 I StVG in Form einer Geldrente zu gewähren.

Anmerkung: Beachten Sie, dass Ansprüche nach dem StVG nicht anderweitige Ansprüche verdrängen, vgl. § 16 StVG.

Wenn M nach dieser Anspruchsgrundlage vorgeht, sollte er beachten, dass dieser Anspruch durch Höchstbeträge gem. § 12 StVG begrenzt ist. Diesen Beschränkungen ist er bei einem Vorgehen nach § 844 II BGB nicht ausgesetzt.

4. Ergebnis zur Abwandlung

M hat wegen der Tötung der F Ansprüche aus § 844 II BGB sowie § 10 II StVG.

V. Zusammenfassung

- Die Haushaltsführung stellt keine Dienstleistung mehr i.S.d. § 845 BGB dar.

  Der haushaltsführende Ehegatte hat vielmehr einen eigenen Ersatzanspruch aus §§ 823 I, 842, 843 I BGB.

- § 843 IV BGB kann analog angewandt werden, wenn es sonst zu einer unbilligen Entlastung des Schädigers kommen würden.

- Auch bei Mitarbeit im Betrieb des Ehegatten kommt keine Anwendung des § 845 S. 1 BGB in Betracht.

- Die Mitarbeit im Betrieb führt nur dann zu Ersatzansprüchen aus § 844 II BGB, § 10 II StVG, wenn sie als Erfüllung der Unterhaltspflicht erfolgt.

VI. Zur Vertiefung

- Hemmer/Wüst, Familienrecht, Rn. 56 ff. (Haushaltsführung und Erwerbstätigkeit)
- Hemmer/Wüst, Familienrecht, Rn. 61 ff. (Pflicht zur Mitarbeit)
- OLG Nürnberg, FamRZ 2005, 2069 = **Life&Law 5/2006, 320 ff.**

Kapitel III: Eheliches Güterrecht

Fall 7: Verfügungsbeschränkungen der §§ 1365 ff. BGB

Sachverhalt:

M und F sind verheiratet. Einen Ehevertrag haben sie nicht geschlossen.

Ohne Wissen des M übereignet F Ihrem Jugendfreund J ihr Grundstück am Starnberger See, welches einen Verkehrswert von 110.000,- € hat. Das gesamte Vermögen der F beläuft sich auf rund 120.000,- €. Da F vor J keinerlei Geheimnisse hat, ist diesem die Vermögenssituation der F bestens bekannt.

Wenig später erfolgt die Eintragung des J als Eigentümer im Grundbuch. M erfährt davon durch Zufall und ist wenig begeistert. Er verlangt von J die Zustimmung zur Berichtigung des Grundbuchs. J beruft sich darauf, dass er aufgrund der Tatsache, dass F nach der Heirat Ihren Geburtsnamen beibehalten hat, davon ausgehen musste, dass F nicht verheiratet ist, sondern mit M nur in nichtehelicher Lebensgemeinschaft zusammenlebt.

Frage 1:

Kann M von J Berichtigung des Grundbuchs verlangen?

Frage 2:

M und F leben seit über einem Jahr getrennt. Als M erfährt, dass F wieder mit ihrem Jugendfreund J zu tun hat, lässt er sich umgehend scheiden. Erst nach Rechtskraft der Scheidung erfährt er von der Übertragung des Grundstücks.

I. Einordnung

Fall 7 befasst sich mit der Verpflichtungs- und Verfügungsbeschränkung des § 1365 BGB. Diese bezweckt sowohl die Erhaltung der wirtschaftlichen Lebensgrundlage der Familie als auch die Sicherung des Zugewinns.

Anwendung findet § 1365 BGB, wie sich schon aus der Stellung im Gesetz ergibt, nur beim gesetzlichen Güterstand der Zugewinngemeinschaft.

hemmer-Methode: Verschaffen Sie sich einen Überblick über den Aufbau der familienrechtlichen Normen im BGB:

Unter Titel 5 des 4. Buches (§§ 1353 - 1362 BGB) finden Sie die Wirkungen der Ehe im Allgemeinen; Titel 6 Untertitel 1 (§§ 1363 -1390 BGB) befasst sich hingegen nur mit dem gesetzlichen Güterrecht.

Nur für die Frage der Anwendbarkeit der §§ 1363 ff. BGB kommt es daher darauf an, ob die Ehepartner einen Ehevertrag geschlossen haben. §§ 1353 ff. BGB gelten unabhängig vom Güterstand.

Ebenso wie § 1369 I BGB beinhaltet § 1365 I BGB eine **Verpflichtungsbeschränkung** (Satz 1) und eine **Verfügungsbeschränkung** (Satz 2).

Die Folgen der Unwirksamkeit können i.R. des **Revokationsrechts** (§ 1368 BGB) auch vom anderen Ehepartner im eigenen Namen geltend gemacht werden.

II. Gliederung

Frage 1:

Anspruch auf Berichtigung des Grundbuchs

A) Berichtigungsanspruch nach §§ 1368, 894 BGB

1. § 894 BGB ist Anspruch i.S.d. § 1368 BGB

2. Anspruch der F aus § 894 BGB

⇨ Unrichtigkeit des Grundbuchs, wenn F noch Eigentümerin

⇨ Prüfung von § 1365 BGB: Verfügung über Vermögen im Ganzen (+)

⇨ auf Gutgläubigkeit kommt es nicht an, da absolutes Verfügungsverbot

⇨ zunächst schwebende Unwirksamkeit der Übereignung; mit Verweigerung der Genehmigung durch M Nichtigkeit

⇨ F daher noch Eigentümerin
F ist Anspruchsberechtigte
J ist Anspruchsgegner

3. Unwirksamkeit aufgrund Verfügung ohne Zustimmung des M i.S.d. § 1368 BGB (+)

4. Ergebnis: §§ 894, 1368 BGB (+)

B) Berichtigungsanspruch aus §§ 1368, 812 I S. 1 Alt. 1 BGB

⇨ **Anspruch der F aus § 812 I S. 1 Alt. 1 BGB**
Erlangtes Etwas: Grundbuchposition (+); Ohne rechtlichen Grund: wegen § 1365 I S. 1 BGB (+)

⇨ **§ 812 I BGB als Anspruch i.S.d. § 1368 BGB (+)**

Ergebnis:
§§ 1368, 812 I S. 1 Alt. 1 BGB (+)

Frage 2:

Anspruch auf Berichtigung des Grundbuchs nach Scheidung

Ausgangssituation wie in Frage 1

Keine Konvaleszenz bzw. Heilung durch Scheidung

⇨ Verfügung bleibt unwirksam

⇨ keine Änderung des Ergebnisses

III. Lösung Frage 1

A) Anspruch auf Berichtigung des Grundbuchs aus §§ 1368, 894 BGB

Ein Anspruch des M auf Berichtigung des Grundbuchs aus § 894 BGB ist von vornherein ausgeschlossen, da M offensichtlich niemals Eigentümer des Grundstücks war.

1. § 894 BGB von § 1368 BGB erfasst

F könnte jedoch ein Anspruch aus § 894 BGB zustehen, den M möglicherweise gem. § 1368 BGB geltend machen kann.

Da ein Ehevertrag nicht geschlossen wurde, leben M und F gem. § 1363 I BGB im gesetzlichen Güterstand der Zugewinngemeinschaft. § 1368 BGB findet somit grundsätzlich Anwendung.

Auch ist der Anspruch von § 894 BGB von § 1368 BGB erfasst. Es handelt sich gerade um einen Anspruch, der sich aus der Unwirksamkeit einer Verfügung in Form einer Grundstücksübereignung ergeben kann.

2. Anspruch der F aus § 894 BGB

Ein solcher Anspruch aus § 894 BGB auf Berichtigung des Grundbuchs, müsste der F zustehen.

a) Unrichtigkeit des Grundbuchs

Insbesondere müsste dann zunächst das Grundbuch unrichtig sein. Dies ist dann der Fall, wenn der Inhalt des Grundbuchs, der nunmehr J als Eigentümer des Grundstücks ausweist, nicht der wahren Rechtslage entspricht. Fraglich ist daher, ob die Übereignung der F an J wirksam war. Dann wäre J tatsächlich Eigentümer des Grundstücks geworden.

Die Voraussetzungen der §§ 873, 925 BGB sind nach dem Sachverhalt ganz offensichtlich erfüllt. Auch war F Alleineigentümerin und handelte somit als Berechtigte.

Die Verfügung könnte aber gem. § 1365 I S. 2 BGB zustimmungsbedürftig sein.

hemmer-Methode: Hier gilt es, die zwei Sätze von § 1365 I BGB strikt auseinander zu halten. § 1365 I S. 1 BGB behandelt die Zustimmungsbedürftigkeit des Verpflichtungsgeschäfts; § 1365 I S. 2 BGB hingegen die Zustimmungsbedürftigkeit des Verfügungsgeschäfts. Letzteres ist demnach nicht mehr zustimmungsbedürftig, wenn bereits die nach § 1365 I S. 1 BGB erforderliche Zustimmung zum Verpflichtungsgeschäft erteilt wurde. Werden S. 1 und S. 2 hier nicht strikt auseinander gehalten, kann Ihnen dies in einer Klausur u.U. als Verstoß gegen das Abstraktions- und Trennungsprinzip angekreidet werden.

Eine Zustimmung zum Verpflichtungsgeschäft nach § 1365 I S. 1 BGB, die eine Zustimmung zum Verfügungsgeschäft nach § 1365 I S. 2 BGB entbehrlich machen würde, ist hier nicht ersichtlich.

aa) Verfügung über Vermögen im Ganzen

Fraglich ist daher, ob eine Verfügung der F über das Vermögen im Ganzen vorliegt.

Fraglich ist jedoch, wann eine Verfügung über das Vermögen im Ganzen vorliegt. Nach der sog. **Gesamttheorie** fällt darunter nur das Gesamtvermögen als solches, nicht aber ein einzelner Gegenstand. Der Parteiwille muss auf die Übertragung des Vermögens in seiner Gesamtheit gerichtet sein. Die heute **ganz herrschende Einzeltheorie** stellt jedoch in erster Linie auf den Zweck des § 1365 BGB ab. Dieser dient gerade dem Schutz wirtschaftlicher Interessen und soll dabei insbesondere die finanzielle Lebensgrundlage der Familie, sowie den potentiellen Zugewinnausgleichsanspruch des Ehepartners schützen. Insofern macht es dann aber keinerlei Unterschied, ob ausdrücklich über das Vermögen als Ganzes oder über einen einzelnen Gegenstand verfügt wird, der dem gesamten Vermögen so gut wie gleichkommt. Dabei ist es eine Frage des Einzelfalls, wie hoch das verbleibende Restvermögen sein muss, um das Vorliegen des § 1365 BGB auszuschließen.

Bei kleineren Vermögen findet § 1365 BGB i.d.R. keine Anwendung, wenn mindestens 15 % Restvermögen verbleiben, wohingegen bei größeren Vermögen sich dieser minimale Restwert auf 10 %, bezogen auf das ursprüngliche Gesamtvermögen, reduziert.

Gleichgültig, ob man bei einem Gesamtvermögen von 120.000,- € von einem großen oder kleinen Vermögen ausgeht, kommt man zu dem Ergebnis, dass § 1365 I S. 2 BGB hier Anwendung findet.

Mit der Verfügung über das Grundstück im Wert von 110.000,- € bleiben nur noch 10.000,- € Restvermögen übrig, mithin weniger als 10 % bzw. 15 % vom ursprünglichen Gesamtvermögen i.H.v. 120.000,- €.

Somit liegt eine Verfügung über das Vermögen im Ganzen vor.

bb) Positive Kenntnis des Erwerbers

Nach herrschender Meinung bedarf die Einzeltheorie allerdings eines Korrektivs in subjektiver Hinsicht („subjektive Einzeltheorie"). Dies deshalb, weil sonst § 1365 BGB, der systematisch eine Ausnahmevorschrift zu § 1364 BGB darstellt, ausufern würde.

Erforderlich ist demnach, dass der Erwerber positive Kenntnis von der Tatsache hat, dass es sich bei dem Einzelgegenstand um nahezu das ganze Vermögen handelt bzw. zumindest von den Umständen, aus denen sich dies ergibt.

Laut Sachverhalt ist dies der Fall, da F und J voreinander keinerlei Geheimnisse haben.

hemmer-Methode: In einer Klausur ist es nicht nur ratsam, sondern schon fast zwingend, der subjektiven Einzeltheorie zu folgen. Nur diese ist in der Lage, den beiden Schutzzwecken des § 1365 BGB – Erhalt der wirtschaftlichen Lebensgrundlage und Erhalt des Zugewinns – gerecht zu werden. Die Fälle, in denen eine Vermögensveräußerung en bloc vorliegt, sind in der Praxis dagegen kaum vorhanden und kommen auch in einer Klausur eher selten vor.

In der Praxis ist der Beweis der positiven Kenntnis des Erwerbs meist das Hauptproblem im Rahmen des § 1365 BGB. Dieser Beweis gelingt meist nur bei Veräußerungen an enge Verwandte oder Freunde des Veräußerers.

cc) Zwischenergebnis

Somit ist nach § 1365 I S. 2 BGB die Verfügung genehmigungsbedürftig und zunächst gem. § 1366 I BGB schwebend unwirksam.

dd) Gutgläubigkeit des J

Fraglich ist, ob sich hieran dadurch etwas ändert, dass J vorgibt, hinsichtlich der Tatsache gutgläubig gewesen zu sein, F sei unverheiratet.

Anmerkung: Diese Behauptung ist natürlich äußerst zweifelhaft, da laut Sachverhalt F und J ja gerade keinerlei Geheimnisse voreinander haben. Wie sich im Folgenden zeigen wird, kommt es hierauf jedoch gar nicht an. Vielmehr wäre es verfehlt, hier an den Angaben im Sachverhalt zu zweifeln.

In Betracht käme hier eine Überwindung der Unwirksamkeit über § 135 II BGB i.V.m. § 892 BGB. § 135 II BGB ist jedoch nur dann anwendbar, wenn es sich bei § 1365 I BGB um ein relatives Verfügungsverbot handeln würde.

Dem steht jedoch entgegen, dass § 1365 BGB die Erhaltung der wirtschaftlichen Grundlage der Familie bezweckt. Würde es sich bei § 1365 BGB um ein relatives Verfügungsverbot handeln, würde dieser Zweck durch die Möglichkeit des gutgläubigen Erwerbs weitgehend vereitelt. Auch der Wortlaut des § 1365 BGB spricht allgemein von der Unwirksamkeit der Verfügung und nicht von der lediglich gegenüber bestimmten Personen.

Demnach handelt es sich bei **§ 1365 I BGB** um ein **absolutes Verfügungsverbot**. § 135 II BGB findet keine Anwendung.

Ein gutgläubiger Erwerb wäre demnach nur möglich, wenn dies ausdrücklich in § 1365 BGB angeordnet wäre, was aber nicht der Fall ist.

hemmer-Methode: Auch bei einem absoluten Veräußerungsverbot ist ein gutgläubiger Erwerb möglich. Allerdings nicht über § 135 II BGB, sondern nur wenn dies ausdrücklich im Verfügungsverbot angeordnet ist.
Ein Beispiel hierfür ist § 2113 BGB. Bei den Verboten des Abs. 1 und Abs. 2 handelt es sich um absolute Veräußerungsverbote und dennoch ist nach § 2113 III BGB ein gutgläubiger Erwerb möglich.

Die Gutgläubigkeit des J ist somit irrelevant.

ee) Ergebnis

Das Verlangen des M nach Grundbuchberichtigung stellt konkludent die Verweigerung der Genehmigung dar, womit die Verfügung gem. § 1366 IV BGB endgültig unwirksam ist. F ist somit weiterhin Eigentümerin des Grundstücks. Das Grundbuch, welches bereits J als Eigentümer ausweist, ist somit falsch.

b) F als Anspruchsberechtigte

F als tatsächliche Eigentümerin ist auch anspruchsberechtigt.

c) J als Anspruchsgegner

J ist richtiger Anspruchsgegner, da dessen vermeintliches Eigentumsrecht von der Berichtigung betroffen wäre.

3. Unwirksamkeit aufgrund Verfügung ohne Zustimmung

Den Anspruch der F gegen J könnte M gem. § 1368 BGB im eigenen Namen (Fall der **gesetzlichen Verfahrensstandschaft**) geltend machen, wenn sich die Unwirksamkeit der Verfügung gerade aus der fehlenden Genehmigung ergibt.
Dies ist nach o.G. der Fall.

hemmer-Methode: § 1368 BGB setzt also voraus, dass die Unwirksamkeit der Verfügung auf der fehlenden, aber nach § 1365 BGB bzw. § 1369 BGB erforderlichen Genehmigung durch den Ehegatten beruht.
Ist eine Genehmigung nicht erforderlich – etwa weil im Fall des § 1365 BGB die positive Kenntnis des Erwerbers von den Vermögensverhältnissen fehlt – so kommt eine gesetzliche Verfahrensstandschaft bei Unwirksamkeit aus einem anderen Grunde, z.B. Formmangel, nicht in Betracht. Anders wiederum, wenn sich die Unwirksamkeit sowohl aus der fehlenden Genehmigung als auch aus einem weiteren Grund ergibt.

4. Ergebnis

M kann somit gem. § 1368 BGB den Anspruch der F gegen J aus § 894 BGB auf Berichtigung des Grundbuchs geltend machen.

hemmer-Methode: Lassen Sie beim Korrektor Ihrer Klausur keine Zweifel aufkommen: Der M selbst hat keinen Anspruch; er kann nur den Anspruch der F geltend machen.
Dieser geht dann natürlich auch nur auf Berichtigung des Grundbuchs zugunsten der F.

Zuständiges Gericht ist das Familienge-richt nach § 111 FamFG i.V.m. § 261 I FamFG, da es um eine Streitigkeit aus § 1365 BGB, also aus dem ehelichen Güterrecht geht.

B) Anspruch auf Berichtigung des Grundbuchs aus §§ 1368, 812 I S. 1 Alt. 1 BGB

Daneben ist ein schuldrechtlicher An-spruch der F aus § 812 I S. 1 Alt. 1 BGB denkbar, den M möglicherweise ebenso gem. § 1368 BGB geltend ma-chen kann.

1. Anspruch der F aus § 812 I S. 1 Alt. 1 BGB

Bereicherungsgegenstand, also „er-langtes Etwas" i.S.v. § 812 I S. 1 Alt. 1 BGB ist die Grundbuchposition. Auch diese ist ein vermögenswertes Gut und als Bereicherungsposition anerkannt.

Diese hat F auch dem J geleistet, da sie ziel- und zweckgerichtet in Erfüllung einer vermeintlichen Verbindlichkeit das Vermögen des J mehren wollte. Ferner dürfte auch kein Rechtsgrund vorhanden sein.

Auch die Verpflichtung zur Verfügung ist nach § 1365 I S. 1 BGB durch das Berichtigungsverlangen des M gem. § 1366 IV endgültig unwirksam gewor-den, womit ein Rechtsgrund fehlt.

Damit hat F auch einen Berichtigungs-anspruch aus Bereicherungsrecht.

2. § 812 I BGB als Anspruch i.S.v. § 1368 BGB

Problematisch erscheint jedoch, ob § 812 I BGB tatsächlich von § 1368 BGB umfasst ist. Nach Sinn und Zweck des § 1368 BGB müsste auch der An-spruch aus § 812 I BGB von diesem er-fasst sein, da es keinen Unterschied machen kann, ob es sich um schuld-

rechtliche oder dingliche Ansprüche handelt. Dem eindeutigen Wortlaut nach muss sich das geltend gemachte Recht aus der Unwirksamkeit der Ver-fügung ergeben, sodass nur § 894 BGB, nicht aber auch § 812 BGB er-fasst wird, der sich aus der Unwirksam-keit der Verpflichtung ergibt.

3. Ergebnis

M kann von J Grundbuchberichtigung zugunsten der F nicht auch aus § 812 I S. 1 Alt. 1 BGB i.V.m. § 1368 BGB ver-langen.

IV. Lösung Frage 2

Wie in Frage 1 kommen auch hier An-sprüche der F aus § 894 BGB in Be-tracht, die M gem. § 1368 BGB in eige-nem Namen geltend machen kann.

Ausgangssituation ist auch hier eine genehmigungsbedürftige Verfügung nach § 1365 I S. 2 BGB, da diese noch zu Ehezeiten erfolgte.

Fraglich ist jedoch, ob durch die Tatsa-che, dass die Ehe im Zeitpunkt der Gel-tendmachung des Anspruchs durch M gem. § 1368 BGB bereits rechtskräftig geschieden war, etwas ändert.

In Betracht käme hier eine Heilung der zunächst eingetretenen schwebenden Unwirksamkeit bzw. **Konvaleszenz** gem. § 185 II BGB analog, da F mit Rechtskraft der Scheidung die alleinige Verfügungsbefugnis zurückerhielt und der Zweck der Erhaltung der wirtschaft-lichen Lebensgrundlage der Familie mit der Scheidung entfallen ist.

Es gilt jedoch ebenfalls zu beachten, dass § 1365 I BGB auch dem Schutz des jeweils anderen Partners vor Ge-fährdung des Zugewinnausgleichs dient. Dieser Zweck besteht auch über die Scheidung hinaus.

Eine Heilung bzw. Konvaleszenz kommt demnach nicht in Frage.

Anders kann dies nur in Ausnahmefällen sein, in denen eine Gefährdung des Zugewinns eindeutig ausgeschlossen werden kann. Allerdings genügt bereits die Möglichkeit einer Gefährdung. Diese kann auch hier nicht ausgeschlossen werden.

Da keine Heilung erfolgt ist, bleibt die Verfügung unwirksam. Am gefundenen Ergebnis zu Frage 1 ändert sich insoweit nichts.

Anmerkung: Ebenso ist zu entscheiden, wenn der verfügende Ehegatte stirbt. Würde man hier § 185 II BGB analog anwenden, wenn der andere Ehegatte ihn alleine beerbt, könnte die Veräußerung des gesamten Vermögens mit dem Tod wirksam werden und der erbende Ehegatte würde leer ausgehen.

V. Zusammenfassung

▪ § 1368 BGB ermöglicht die Geltendmachung fremder Ansprüche im eigenen Namen (Fall der gesetzlichen Prozessstandschaft)

▪ §§ 1363 ff. BGB geltend nur im gesetzlichen Güterstand der Zugewinngemeinschaft

▪ § 1365 BGB enthält eine Verpflichtungs- und Verfügungsbeschränkung

▪ Nach der herrschenden Einzeltheorie können auch einzelne Gegenstände das Vermögen im Ganzen i.S.v. § 1365 I BGB darstellen, soweit sie nahezu das gesamte Vermögen ausmachen.

▪ Die Einzeltheorie ist in subjektiver Hinsicht dahingehend einzuschränken, dass der Erwerber positive Kenntnis von der Vermögenssituation bzw. von den Umständen haben muss.

▪ § 1365 I S. 2 BGB stellt ein absolutes Verfügungsverbot dar, auf das § 135 II BGB keine Anwendung findet.

▪ Sowohl bei Tod des Verfügenden als auch bei Scheidung, tritt keine Konvaleszenz nach § 185 II BGB analog ein, da i.d.R. der Schutz des Zugewinns weiter erforderlich ist.

VI. Zur Vertiefung

Zur Verpflichtungs- und Verfügungsbeschränkung des § 1365 BGB

▪ Hemmer/Wüst Familienrecht, Rn. 141 ff.

Zum Revokationsrecht, § 1368 BGB

▪ Hemmer/Wüst, Familienrecht, Rn. 151 ff.

Einschlägige Rechtsprechung

▪ Einzeltheorie: BGHZ 35, 135; 43, 174; 123, 93;
subjektive Einzeltheorie: BGHZ 43, 174; 123, 93;
BGH, FamRZ 1996, 792; BGH, Urteil vom 16.01.2013, XII ZR 141/10
= **Life&Law 8/2013, 601 ff.** = **juris**byhemmer

Fall 8: Veräußerung von Haushaltsgegenständen

Sachverhalt:

M und F sind seit dem 02.02.2002 glücklich miteinander verheiratet. Allein ein Thema führt immer wieder zum Streit: Fußball! Insbesondere bei großen Turnieren kann es passieren, dass M für mehrere Wochen nicht ansprechbar ist. Als Vorbereitung auf die WM 2014 kauft er sich bei der X-GmbH nun auch noch einen LED-Fernseher für 999,- €, auf dem er die Spiele der Deutschen Mannschaft gemeinsam mit seinen Kumpels schauen möchte. Der Kaufpreis wird wenige Tage später vom Konto des M abgebucht. Um F zu besänftigen, schenkt er dieser großzügig den Fernseher.
Für F kommt es aber noch schlimmer. Nach dem überragenden Abschneiden der Deutschen Elf in der Vorrunde beschließt die Männerrunde um M, das Achtelfinale live in Brasilien im Stadion zu verfolgen. Alleingelassen mit dem neuen Fernseher beschloss F, sich an M zu rächen. Da ihr Bruder B ebenso bereits seit einiger Zeit mit der Anschaffung eines solchen Fernseher liebäugelte, verkaufte sie ihm den Fernseher zum regulären Preis von 999,- €. Dieser holte das Gerät auch umgehend ab, damit er sich das Spiel gleich auf dem neuen Gerät ansehen konnte.

Als M aus Brasilien zurückkehrte, war dieser verständlicherweise von der ganzen Aktion nicht sehr begeistert.

Frage:

Kann M von B die Herausgabe des Fernsehers aus § 985 BGB verlangen?

I. Einordnung

Fall 8 befasst sich insbesondere mit der Verfügung über Haushaltsgegenstände. § 1369 BGB enthält hierfür spezielle Regeln, die jedoch nur im gesetzlichen Güterstand der Zugewinngemeinschaft gelten.

§ 1369 I BGB enthält ebenso wie § 1365 BGB sowohl eine Verpflichtungs- als auch eine Verfügungsbeschränkung.

Ergänzt wird § 1369 I BGB von § 1368 BGB, der einen Fall der gesetzlichen Prozessstandschaft darstellt und es dem Ehegatten möglich macht, die sich aus der Unwirksamkeit der Verfügung ergebenden Rechte des Ehegatten gegen den Dritten im eigenen Namen geltend zu machen.

II. Gliederung

1. Herausgabeanspruch des M gegen B aus § 985 BGB

a) B unmittelbarer Besitzer (+)
b) Eigentümerstellung des M (-); § 929 S. 1 BGB (+); hier nichts anderes über Geschäft für den, den es angeht
aber: Schenkung und Übereignung an F wirksam, § 1369 BGB steht nicht entgegen
c) Ergebnis: § 985 BGB (-)

2. Herausgabeanspruch der F gegen B aus § 985 BGB, den M geltend machen kann

a) B unmittelbarer Besitzer (+)
b) Eigentümerstellung der F (+)
⇨ Übereignung an B wegen §§ 1369 I, III, 1366 IV BGB unwirksam

⇨ Verfügung über Haushaltsgegenstand (+), Einwilligung (-)

c) Recht zum Besitz des B (-)

d) Zwischenergebnis: § 985 BGB (+)

e) Geltendmachung durch M im Wege
gesetzlicher Prozessstandschaft,
§ 1368 BGB (+)

f) Zurückbehaltungsrecht des B gem.
§ 273 I BGB (-)

⇨ § 273 BGB bei § 1368 BGB nicht
anwendbar

III. Lösung

1. Ansprüche des M gegen B auf Herausgabe des Fernsehers aus § 985 BGB

In Frage steht, ob M gegen B einen
Anspruch auf Herausgabe des Fernsehers gem. § 985 BGB hat.

Dann müsste M Eigentümer und B unberechtigter Besitzer des Fernsehers
sein.

a) B unmittelbarer Besitzer

B ist mit Abholung des Geräts bei F
unmittelbarer Besitzer geworden.

b) M Eigentümer?

Fraglich ist jedoch, ob M Eigentümer
des Fernsehers ist.

Ursprünglich stand der Fernseher im
Eigentum der X-GmbH. Diese ist nach
§ 13 I GmbHG rechtsfähig und kann
somit Trägerin von Rechten und Pflichten sein.

aa) Übereignung gem. § 929 S. 1 BGB

M könnte das Eigentum von der X-
GmbH nach § 929 S. 1 BGB erlangt
haben.

Von einer wirksamen Einigung der Parteien, insbesondere einer wirksamen
Vertretung der GmbH und einer wirksamen Übergabe des Fernsehers, sowie von der Berechtigung der X-GmbH
ist mangels gegenteiliger Anhaltspunkte im Sachverhalt auszugehen. M könnte somit durchaus Eigentümer des
Fernsehers geworden sein.

Etwas anderes ergibt sich auch nicht
aus der Tatsache, dass M verheiratet
ist. Soweit keine Gütergemeinschaft
i.S.d. §§ 1415 ff. BGB vereinbart wurde, ändert die Ehe nach § 1363 II BGB
an den Eigentumsverhältnissen nichts.

M und F schlossen hier keinen Ehevertrag i.S.d. §§ 1408 ff. BGB und leben
somit gem. § 1363 I BGB im Güterstand der Zugewinngemeinschaft. F
wird somit jedenfalls nicht alleine aufgrund der Ehe Miteigentümerin am
Fernseher.

bb) § 1357 BGB

Fraglich ist jedoch, ob § 1357 BGB zu
einem anderen Ergebnis führt. Dies wäre dann der Fall, wenn § 1357 BGB
auch dingliche Wirkung entfalten würde. Während dies von Teilen der Literatur so gesehen wird, lehnt die h.M. eine
dingliche Wirkung mit Verweis auf das
Publizitätsprinzip des Sachenrechts ab.

Andernfalls würde § 1357 BGB die Ei-
gentumszuordnung nach § 1363 II BGB
unterlaufen.

hemmer-Methode: Soweit die Eigentumslage an Gegenständen in Frage
steht, die von einem der Ehegatten gekauft wurden, ist stets an § 1357 BGB
und an eine mögliche dingliche Wirkung zu denken. Selbst wenn diese im
Ergebnis nach h.M. abzulehnen ist,
sollte dieser kurz angesprochen werden. Zu den Problemen um § 1357
BGB vgl. auch Fall 3.

Die Vorschrift des § 1357 BGB kommt hier also nicht zu Anwendung.

Allerdings kann bei der Anschaffung von Hausratsgegenständen oft davon ausgegangen werden, dass hier nach dem Willen der Eheleute beide Eigentümer werden sollen, vgl. auch § 1568b II BGB, der für während der Ehe angeschaffte Haushaltsgegenstände Miteigentum der Ehegatten vermutet. Dies kann dann über ein Geschäft für den, den es angeht umgesetzt werden. Der nicht bei der Übereignung anwesende Ehegatte wird von dem anderen unter Verzicht auf die Offenkundigkeit vertreten.

Voraussetzung wäre aber ein Bargeschäft des täglichen Lebens. Hiervon kann angesichts des Kaufpreises nicht ausgegangen werden, v.a. aber hat M den Kaufpreis nicht bar bezahlt, dieser wurde erst einige Tage später von seinem Konto abgebucht.

Zwischenergebnis: M ist durch das Rechtsgeschäft mit der X-GmbH Alleineigentümer des Fernsehers geworden.

cc) Schenkung an F

Allerdings hat M den Fernseher seiner Frau F „geschenkt" und übereignet. Für die Wirksamkeit der Übereignung nach § 929 S. 1 BGB ist es dabei völlig unerheblich, ob das schuldrechtliche Geschäft tatsächlich eine Schenkung i.S.d. § 516 BGB darstellt oder ob es sich um eine sog. unbenannten Zuwendung handelt.

dd) Übereignung an B

F könnte das Eigentum allerdings wieder durch Übereignung gem. § 929 S. 1 BGB an B verloren haben. Für den hier in Frage stehenden Anspruch aus § 985 BGB ist jedoch lediglich erheblich, dass der Anspruchsteller M jedenfalls nicht Eigentümer des Geräts ist, sodass die Frage der Übereignung an B hier unerheblich ist.

c) Ergebnis

M hat keinen eigenen Anspruch aus § 985 BGB.

2. Herausgabeanspruch der F gegen B aus § 985 BGB, den M geltend machen kann

M könnte jedoch gem. § 1369 III BGB i.V.m. § 1368 BGB auch einen Herausgabeanspruch der F aus § 985 BGB gegen B geltend machen, der sich daraus ergibt, dass F unter Verletzung des § 1369 I BGB über einen Haushaltsgegenstand verfügte.

a) B unmittelbarer Besitzer

Wie bereits oben festgestellt, ist B unmittelbarer Besitzer des Fernsehers.

b) F Eigentümerin?

Fraglich ist jedoch ob die F noch Eigentümerin ist.

Diese könnte ihr Eigentum mit der Übereignung an B gem. § 929 S. 1 BGB an diesen verloren haben

Einigung über den Eigentumsübergang und Übergabe des Fernsehers lagen vor. Wie oben festgestellt, war F auch Alleineigentümerin des Fernsehers und somit Berechtigte. Die Voraussetzungen einer wirksamen Übereignung liegen somit eigentlich vor.

Der Eigentumserwerb des B könnte jedoch an § 1369 I BGB scheitern.

Der Fernseher ist, wie oben ausgeführt, Haushaltsgegenstand i.S.v. § 1369 I BGB.

Auch gehört dieser, wie vom Wortlaut des § 1369 I BGB gefordert, der F und somit dem verfügenden Ehegatten.

hemmer-Methode: Strittig ist die Anwendbarkeit des § 1369 BGB, wenn ein Ehegatte Haushaltsgegenstände veräußert, die im Miteigentum beider bzw. im Alleineigentum des anderen Ehegatten stehen. Die h.M. bejaht im Hinblick auf den Schutzzweck des § 1369 BGB – Sicherstellung der materiellen Grundlage der Ehe – eine Analogie im Wege eines „Erst-Recht-Schlusses". Eine a.A. verneint eine Analogie aufgrund des klaren Wortlauts und aus Verkehrsschutzgesichtspunkten. Tatsächlich ist der Meinungsstreit i.d.R. irrelevant.
Verfügt der Ehegatte nämlich über im Miteigentum beider bzw. im Alleineigentum des anderen Ehegatten stehende Haushaltsgegenstände, liegt ein Abhandenkommen i.S.v. § 935 I BGB vor, womit ein gutgläubiger Erwerb des Dritten ohnehin ausscheidet.

Gem. § 1369 I BGB ist in einem solchen Fall zwingend die Einwilligung des M erforderlich. Eine solche liegt jedoch nicht vor; vielmehr gibt dieser mit seinem Herausgabeverlangen zum Ausdruck, dass er die Genehmigung verweigert. Gem. §§ 1366 I, IV, 1369 BGB gilt demnach das Rechtsgeschäft als unwirksam.

Anmerkung: Unerheblich ist in diesem Zusammenhang, ob B – was als Bruder wahrscheinlich ist – Kenntnis vom Bestehen der Ehe hatte oder nicht.
Selbst wenn der Dritte keine Kenntnis hatte, ändert dies nichts an dem Erfordernis der Genehmigung. Wie sich aus §§ 1369 III, 1366 II BGB ergibt, wird das Vertrauen auf das Nichtbestehen einer Ehe im Rechtsverkehr nicht geschützt.

Es handelt sich bei § 1369 I BGB um ein absolutes Veräußerungsverbot, das nicht durch guten Glauben überwunden werden kann.

F hat somit das Eigentum nicht an B verloren, sondern ist weiterhin Eigentümerin des Fernsehers geblieben.

c)   Recht zum Besitz des B

Ein Anspruch aus § 985 BGB würde jedoch scheitern, wenn B ein Recht zum Besitz nach § 986 I BGB gegenüber F hätte.

Allerdings bewirkt die verweigerte Genehmigung durch M nicht nur die Unwirksamkeit des dinglichen Geschäfts, sondern gem. §§ 1369 I, III, 1366 I, IV BGB auch die Unwirksamkeit des Kaufvertrags.

d)   Zwischenergebnis

F hat somit einen Herausgabeanspruch gegen B aus § 985 BGB.

e)   Gesetzliche Verfahrensstandschaft

Diesen Anspruch kann M gem. § 1368 BGB auch gegenüber B im Wege der gesetzlichen Verfahrensstandschaft geltend machen. M ist dazu berechtigt, den Anspruch der F in eigenem Namen geltend zu machen.

hemmer-Methode: Umstritten ist, ob M dazu berechtigt ist, Herausgabe an sich selbst zu verlangen. Grundsätzlich geht der Anspruch aus § 985 BGB auf Herausgabe an den Eigentümer. Somit kann M von B auch nur die Herausgabe an F verlangen.

Nach anderer Ansicht muss der Ehegatte die Herausgabe aber stets auch an sich selbst fordern können, um den Schutzzweck der §§ 1368, 1369 BGB ausreichend zu gewährleisten und die Rückabwicklung nicht zu gefährden. Analog § 986 I S. 2 BGB ist dies jedenfalls dann anerkannt, wenn F den Fernseher selbst nicht mehr zurücknehmen will oder kann.

f)   Zurückbehaltungsrecht des B

Möglicherweise kann B jedoch hinsichtlich des bezahlten Kaufpreises ein Zurückbehaltungsrecht nach § 273 I BGB geltend machen.

aa) Gegenanspruch des B gegen F

B könnte gegen F einen Anspruch aus § 812 I S. 1 Alt. 1 BGB haben.
B hat an F den Kaufpreis i.H.v. 999,- € entrichtet. Hinsichtlich der Übereignung des Geldes sind keinerlei Unwirksamkeitsgründe ersichtlich. F hat somit Eigentum und Besitz am Geld erlangt.
Dies geschah auch durch ziel- und zweckgerichtete Mehrung fremden Vermögens zur Erfüllung einer vermeintlichen Verbindlichkeit, mithin durch Leistung des B.
Die Leistung erfolgt jedoch auch ohne Rechtsgrund, da ein solcher aufgrund der in § 1369 I BGB angeordneten Unwirksamkeit des Kaufvertrags zwischen B und F nicht bestand.
Im Ergebnis hat F dem B gem. § 818 I BGB das Eigentum am Geld zurück zu übertragen. Soweit die konkreten Geldscheine und Münzen nicht mehr vorhanden sind, hat F gem. § 818 II BGB Wertersatz zu leisten. Für eine Entreicherung der F i.S.v. § 818 III BGB sind keinerlei Anhaltspunkte ersichtlich.
Somit steht B grundsätzlich ein Anspruch aus § 812 I S. 1 Alt. 1 BGB i.H.v. 999,- € zu.

bb) Gegenseitigkeit i.S.v. § 273 I BGB

Die gem. § 273 I BGB erforderliche Gegenseitigkeit der Ansprüche liegt vor, da M keinen eigenen Anspruch, sondern einen solchen der F geltend macht.

cc) Anwendbarkeit des § 273 I BGB

Fraglich ist jedoch, ob sich die Geltendmachung eines Zurückbehaltungsrechts mit dem Sinn und Zweck der §§ 1368, 1369 BGB vereinbaren lässt. Dem Familienschutz, insbesondere der Erhaltung der Familienbasis ist hier absoluter Vorrang vor den Interessen Dritter einzuräumen. Nur so können §§ 1368, 1369 BGB effektive Wirkung entfalten. Andernfalls könnte der durch § 1369 BGB geschützte Ehegatte die ihm zustehenden Rechte nur ausüben, wenn er auch das Zurückbehaltungsrecht durch eine Zug-um-Zug-Leistung überwindet. Da ihm hierfür unter Umständen die finanziellen Mittel fehlen, liefe § 1369 BGB leer.

IV. Zusammenfassung

- Soweit keine Gütergemeinschaft i.S.d. §§ 1415 ff. BGB vereinbart wurde, ändert die Ehe nach § 1363 II BGB an den Eigentumsverhältnissen nichts.

- § 1357 BGB hat nach h.M. keine dingliche Wirkung.

- §§ 1363 ff. BGB gelten nur für den gesetzlichen Güterstand der Zugewinngemeinschaft.

- Nach § 1369 BGB ist bei Verfügung über Haushaltsgegenstände Einwilligung des Ehegatten erforderlich; nach h.M. erst Recht, wenn Verfügung über Eigentum des anderen Ehegatten vorlag.

- § 1368 BGB ermöglicht Geltendmachung fremden Rechts im eigenen Namen (gesetzliche Verfahrensstandschaft).

VI. Zur Vertiefung

Zur Veräußerung von Haushaltgegenständen

- Hemmer/Wüst, Familienrecht, Rn. 166 ff.

Zu den Vermögensmassen der Ehegatten

- Hemmer/Wüst, Familienrecht, Rn. 138 ff.

Kapitel IV: Scheidungsrecht

Fall 9: Voraussetzungen der Scheidung

Sachverhalt:

M kommt am 27.01.2012 von einem viermonatigen Montageaufenthalt in Südafrika zurück. Seine Frau F, mit der er seit 2002 verheiratet ist, konnte ihn berufsbedingt nicht dorthin begleiten, sondern wohnte in dieser Zeit alleine in der gemeinsamen Ehewohnung. Nach einem heftigen Ehekrach am 01.02.2012 zieht diese jedoch aus. Am Abend des 15.05.2012 kam es nach einem zufälligen Treffen in der Disco zu einer intensiven Aussprache mit anschließendem Geschlechtsverkehr. Der Friede war jedoch nur von kurzer Dauer. Nach der gemeinsam verbrachten Nacht, kam es am späten Vormittag anlässlich verfänglicher Fotos von M aus seiner Zeit in Südafrika erneut zu einer verbalen Auseinandersetzung. F verließ daraufhin entmutigt die eheliche Wohnung und zog wieder in ihr zwischenzeitlich angemietetes Appartement.

In der Folgezeit wendeten sich sowohl M als auch F neuen Partnern zu. F – der vollen Überzeugung, nun endlich die Liebe ihres Lebens gefunden zu haben – reicht am 18.03.2013 die Scheidung ein, um ihren neuen Partner baldmöglichst ehelichen zu können. Auch M will die Scheidung, worauf der Anwalt der F im Scheidungsantrag auch hinweist. Allerdings herrscht noch vor Gericht offener Streit über das weitere Schicksal von Ehewohnung und Hausrat.

Frage 1:

Wie sind die Erfolgsaussichten des Scheidungsantrags?

Abwandlung:

F wird von M seit seiner Rückkehr aus Südafrika regelmäßig misshandelt und geschlagen. Infolgedessen entwickelt sie gegenüber M eine unüberwindliche Abneigung. Aufgrund Ihrer psychisch labilen Verfassung gelingt es ihr aber erst am 24.09.2012, M zu verlassen und auszuziehen. Dennoch will sie bereits am 18.03.2013 die Scheidung.

Eine erneute Beziehung mit M komme für sie keinesfalls in Betracht, da sie sich aufgrund der Vorfälle in der Ehe nunmehr sogar in psychischer Behandlung befindet und glücklich darüber ist, jegliche Bindung zu M abgebrochen zu haben.

M beharrt hingegen auf „Versöhnung" und ist der Ansicht, dass seine Frau gefälligst auch bei ihm leben müsse. In der Vergangenheit hat M bereits versucht dies der F deutlich zu machen. So hat er sich mehrmals zur neuen Wohnung der F begeben und dort „Sturm geklingelt". Nachdem F nicht geöffnet hat, kam es des Öfteren zu lautstarken Beleidigungen der übelsten Art sowie Gewaltausbrüchen im Treppenhaus. Ebenso wie bei den häuslichen Gewalttätigkeiten befand sich M dabei stets in stark alkoholisiertem Zustand.

Frage 2:

Wie sind die Erfolgsaussichten der Scheidungsantrags?

I. Einordnung

Eine Ehe kann auf Antrag eines oder beider Ehegatten durch Gestaltungsurteil geschieden werden, wenn sie gescheitert ist. (§ 1565 I S. 1 BGB)

Das Scheitern der Ehe ist dabei einziger Scheidungsgrund (sog. Zerrüttungsprinzip).

Auf die Frage der Schuld ist nicht (mehr) einzugehen.

§ 1565 I S. 2 BGB umschreibt näher, wann von einem Scheitern auszugehen ist. § 1566 I und II BGB enthalten hingegen unwiderlegbare Vermutungen für ein Scheitern der Ehe.

hemmer-Methode: Vorteilhaft ist es deshalb, in einer Klausur den folgenden Gedankengang nachzuvollziehen:
- § 1564 BGB Scheidung durch gerichtliche Entscheidung
- § 1565 I S. 1 BGB: Voraussetzung für Scheidung ist Zerrüttung bzw. Scheitern der Ehe
- Zerrüttungsvermutung des § 1566 II BGB? falls (-)
- Zerrüttungsvermutung des § 1566 I BGB? falls (-)
- Positive Feststellung des Scheiterns nach § 1565 I S. 2 BGB

Falls bereits eine Zerrüttungsvermutung eingreift, muss eine positive Feststellung des Scheiterns natürlich nicht mehr erfolgen. Das Verhältnis der Zerrüttungsvermutung zu § 1565 I S. 2 BGB sollte dann dennoch kurz aufgezeigt werden.

II. Gliederung

Frage 1:

Erfolgsaussichten der Scheidung

1. **Unwiderlegliche Vermutung des § 1566 II BGB:**
   (-) da Trennungszeit noch nicht abgelaufen

2. **Unwiderlegliche Vermutung des § 1566 I BGB:**
   (+) da Einigung über Scheidung
   ⇨ Zerrüttung (+)

3. **Härteklauseln:**
   sowohl § 1565 II BGB als auch § 1568 BGB (-)

4. **Ergebnis:** Scheidungsantrag hat Aussicht auf Erfolg

Frage 2:

Erfolgsaussichten der Scheidung

1. **Unwiderlegliche Vermutung des § 1566 II BGB:** (-) da Trennungszeit noch nicht abgelaufen

2. **Unwiderlegliche Vermutung des § 1566 I BGB:**
   (-) da keine Einigung und Trennungszeit noch nicht abgelaufen

3. **Grundtatbestand des § 1565 I S. 2 BGB:** Einzelfallprognose hinsichtlich Wiederherstellung der Lebensgemeinschaft (-)
   ⇨ Zerrüttung (+)

4. **Härtefallscheidung i.S.d. § 1565 II BGB:** unzumutbare Härte (+)

5. **Ergebnis:** Scheidungsantrag hat Aussicht auf Erfolg

III. Lösung Frage 1

Erfolgsaussichten der Scheidung

Der Scheidungsantrag hat Aussicht auf Erfolg, wenn die Ehe gem. § 1565 I S. 1 BGB gescheitert ist (Zerrüttungsprinzip). Die Ehe ist dann durch gerichtliche Entscheidung gem. § 1564 BGB zu scheiden.

Ein Scheitern bzw. eine Zerrüttung der Ehe liegt gem. § 1565 I S. 2 BGB vor, wenn die Lebensgemeinschaft nicht mehr besteht und nicht erwartet werden kann, dass die Ehegatten sie wiederherstellen, wobei diesbezüglich grundsätzlich eine Einzelfallprognose erforderlich ist.

Eine solche ist jedoch entbehrlich, wenn einer der beiden unwiderlegbaren Vermutungen des § 1566 BGB eingreift.

1. Unwiderlegliche Vermutung des § 1566 II BGB

Insoweit kommt zunächst die unwiderlegliche Vermutung des § 1566 II BGB in Betracht.

Es müsste also eine mindestens dreijährige Trennungszeit vorliegen. Eine Einigung der Parteien ist dann nicht erforderlich.

Eine Trennung liegt gem. § 1567 I BGB dann vor, wenn die häusliche Gemeinschaft nicht besteht und zusätzlich auch der Wille zu ihrer Wiederherstellung fehlt.

a) Aufenthalt in Südafrika

Während des beruflich veranlassten Aufenthalts in Südafrika lag zwar rein tatsächlich eine räumliche Trennung vor, ein Trennungswille war jedoch nicht vorhanden, so dass dieser Zeitraum keinesfalls in die Trennungszeit mit einzuberechnen ist.

Erforderlich ist vielmehr ein erkennbares Hervortreten der Trennungsabsicht, die jedenfalls dann nicht angenommen werden kann, wenn wie hier F den M – soweit ihr dies beruflich möglich gewesen wäre – sogar nach Südafrika begleitet hätte.

b) Auszug

Vielmehr liegt eine tatsächliche Trennung mit erkennbarem Trennungswillen erst ab dem Auszug am 01.02.2012 vor.

c) Vorfälle vom 15./16.05.2012

Fraglich ist jedoch, wie sich die Vorfälle vom 15.05.2012 auf den 16.05.2012 auf diese Trennungszeit auswirken.

Gem. § 1567 II BGB hemmt bzw. unterbricht ein Zusammenleben über kürzere Zeit, welches der Versöhnung der Ehegatten dienen soll, die in § 1566 BGB bestimmten Fristen nicht. Ein solches setzt voraus, dass der subjektive Wille vorliegt die Ehe zu retten, mag dies auch nicht der einzige Grund für das erneute Zusammenleben sein. Die Ehegatten müssen ferner einverständlich von der Trennung Abstand nehmen und dies durch die Wiederaufnahme einer zumindest eingeschränkten häuslichen Gemeinschaft manifestieren.

Hier erscheint nach dem Sachverhalt bereits die subjektive Seite äußerst fraglich.

Selbst wenn man eine intensive Aussprache als Indiz für den subjektiven Willen die Ehe zu retten ansehen will, liegt hier jedoch schon gar kein Zusammenleben i.d.S. vor. Die einmalige Übernachtung bzw. der einmalige Geschlechtsverkehr begründen noch keine Wiederaufnahme einer häuslichen Gemeinschaft, was insbesondere durch den erneuten Auszug am nächsten Tag deutlich wird.

Da somit schon kein Zusammenleben über kürzere Zeit i.S.v. § 1566 II BGB vorliegt, welches gerade zu keiner Hemmung oder Unterbrechung der Trennungsfrist führen würde, können a maiore ad minus die Ereignisse vom 15./16.05.2012 keine Auswirkung auf die Trennungszeit haben.

d) Zwischenergebnis

Die Trennungszeit beginnt somit am 01.02.2012. Diese liegt jedoch weit unter drei Jahren, womit die unwiderlegliche Vermutung des § 1566 II BGB nicht eingreift.

2. Unwiderlegliche Vermutung des § 1566 I BGB

Möglicherweise sind jedoch die Voraussetzungen der unwiderleglichen Vermutung des § 1566 I BGB gegeben.

Voraussetzung hierfür ist eine Trennungszeit von mehr als einem Jahr, sowie Einvernehmlichkeit der Eheleute.

a) Trennungszeit

Da der Scheidungsantrag nach dem 01. März 2013 eingereicht wurde, ist eine Trennungszeit nach o.G. von mehr als einem Jahr gegeben.

b) Einvernehmlichkeit

Fraglich ist jedoch, ob es sich hier um eine einvernehmliche Scheidung i.S.v. § 1566 I BGB handelt.

Erforderlich hierfür ist, dass beide Eheleute die Scheidung beantragen oder der Antragsgegner zustimmt.

Dies ist hier der Fall, da F die Scheidung beantragt und auch M die Scheidung will, also zustimmt.

Ein Konsens über Folgesachen wie hier die Hausratsverteilung bzw. die Zuweisung der Ehewohnung ist keine Voraussetzung für eine einvernehmliche Scheidung. § 133 I Nr. 2 FamFG fordert hier lediglich die Erklärung gegenüber dem Gericht, ob eine einvernehmliche Regelung getroffen wurde oder nicht.

hemmer-Methode: Bis zum Inkrafttreten des FamFG am 01.09.2009 mussten sich die Eheleute auch über die in § 630 ZPO a.F. bestimmten Folgesachen einigen, wenn sie eine einvernehmliche Scheidung wollten! Diese Voraussetzung ist mit der Einführung des FamFG weggefallen.

c) Zwischenergebnis

Die unwiderlegliche Vermutung für ein Scheitern der Ehe i.S.d. § 1566 I BGB greift ein.

3. Härtefallklauseln

Auch § 1565 II BGB steht einer Scheidung nicht entgegen, da nach o.G. die Trennungszeit jedenfalls mehr als ein Jahr beträgt.

Auch für § 1568 BGB sind keinerlei Anhaltspunkte ersichtlich.

4. Ergebnis

Der Scheidungsantrag der F hat Aussicht auf Erfolgt, da die Ehe gem. § 1565 I S. 2 BGB als gescheitert angesehen werden muss.

IV. Lösung Frage 2

Auch in der Fallabwandlung stehen die Erfolgsaussichten der Scheidung in Frage. Entsprechend der obigen Ausführungen kann eine Einzelfallprognose hinsichtlich des Scheiterns der Ehe unterbleiben, wenn einer der unwiderleglichen Vermutungen des § 1566 I, II BGB eingreift.

1. Unwiderlegliche Vermutung des § 1566 II BGB

Da F hier erst am 24.09.2012 ausgezogen ist, ist bis zur Einreichung des Scheidungsantrags am 18.03.2013 ganz offensichtlich die dreijährige Trennungszeit noch nicht erreicht, sodass § 1566 II BGB von vornherein ausscheidet.

2. Unwiderlegliche Vermutung des § 1566 I BGB

Auch § 1566 I BGB kann hier nicht eingreifen. Weder ist die einjährige Trennungszeit erreicht, noch liegt mangels Zustimmung des M eine einvernehmliche Scheidung i.d.S. vor.

3. Grundtatbestand d. § 1565 I S. 2 BGB

Fraglich ist hier demnach erneut, ob eine Einzelfallprognose ergibt, dass die Ehe gem. § 1565 I S. 2 BGB als gescheitert anzusehen ist. Eine Lebensgemeinschaft besteht jedenfalls nicht mehr.

Für die Frage, ob ein Scheitern vorliegt ist darauf abzustellen, ob erwartet werden kann, dass die Ehegatten die Lebensgemeinschaft wiederherstellen oder ob sich die Ehekrise als unüberwindbar darstellt. Auch eine einseitige Zerrüttung ist dabei ausreichend, etwa wenn ein völliger Verlust des Gefühls der inneren Bindung eingetreten ist.

Hier spricht alles dafür, dass diese Voraussetzungen vorliegen. Von einer kurzfristigen Meinungsverschiedenheit kann hier nicht die Rede sein. F hat aus nachvollziehbaren Gründen jegliche Verbindung mit M abgebrochen und will mit diesem nichts mehr zu tun haben.

Zwar ist die bloße Erklärung eines Ehegatten, er werde die eheliche Gemeinschaft nicht mehr herstellen i.d.R. für ein Scheitern der Ehe i.s.v. § 1565 I S. 2 BGB nicht ausreichend. Im Sachverhalt ist hier jedoch ausdrücklich von einer unüberwindlichen Abneigung die Rede, womit keinerlei ernsthafte Aspekte ersichtlich sind, die gegen ein Scheitern der Ehe sprechen.

Die tatrichterliche Prognose wird hier somit ein Scheitern der Ehe i.s.v. § 1565 I S. 2 BGB ergeben.

4. Härtefallscheidung i.S.v. § 1565 II BGB

Gem. § 1565 II BGB kann die Ehe jedoch bei einem Getrenntleben von weniger als einem Jahr, nur dann geschieden werden, wenn die Fortsetzung der Ehe für den Antragsteller aus Gründen, die in der Person des anderen Ehegatten liegen, eine unzumutbare Härte darstellen.

Diese muss sich auf das Eheband, also das „weiter-miteinander-verheiratet-sein" beziehen. Dem Antragsteller darf nicht zuzumuten sein, mit der Scheidung bis zum Ablauf des Trennungsjahres zu warten.

An diese unzumutbare Härte sind dabei strenge Anforderungen zu stellen; insbesondere ehetypische Zerwürfnisse reichen hierfür nicht aus.

Im vorliegenden Fall handelt es sich um eine darüber hinausgehende schwerwiegende Verfehlung in Form einer Gewaltanwendung. Diese endet auch nicht etwa nach räumlicher Trennung. Vielmehr belästigt M die F auch noch in ihrer neuen Wohnung mit Beleidigungen und Gewaltausbrüchen vor ihrer Wohnungstür. Hinzu kommt, dass F sich aufgrund der Gewalttätigkeiten des M in der Ehe auch in psychische Behandlung begeben musste.

Unter diesen Umständen ist es F keinesfalls zumutbar das Trennungsjahr abzuwarten, wobei es in keinster Weise darauf ankommt, ob der Alkoholkonsum des M bereits – was hier nahe liegt – das Stadium einer krankhaften Suchterscheinung angenommen hat.

5. Ergebnis

Trotz Nichteinhaltung des Trennungsjahres gem. § 1565 II BGB bestehen bezüglich des Scheidungsantrags gute Erfolgsaussichten.

V. Zusammenfassung

- Einzige Voraussetzung für die Scheidung ist grundsätzlich das Scheitern bzw. die Zerrüttung der Ehe.

- Die Feststellung des Scheiterns hat grundsätzlich mittels tatrichterlicher Einzelfallprognose im Hinblick auf die Erwartung des Wiederherstellens der Lebensgemeinschaft gem. § 1565 I S. 2 BGB zu erfolgen.

- Liegen die Voraussetzungen einer unwiderleglichen Vermutung nach § 1566 II BGB bzw. § 1566 I BGB vor, ist eine Einzelfallprognose entbehrlich.

- Eine Härtefallscheidung ohne Einhaltung des Trennungsjahres i.S.v. § 1565 II BGB kommt nur dann in Betracht, wenn sich die besondere Härte aus dem Umstand des „Weiter-miteinander-verheiratet-seins" ergibt.

VI. Zur Vertiefung

Zu den Scheidungsvoraussetzungen
- Hemmer/Wüst, Familienrecht, Rn. 278 ff.

Fall 10: Zugewinnausgleich/
Grundlagen der Berechnung

Sachverhalt:

M und F sind miteinander im gesetzlichen Güterstand der Zugewinngemeinschaft verheiratet. Bei Eheschließung im Jahr 1997 hatte F Schulden im Wert von umgerechnet 50.000,- €. M hat hingegen ein Vermögen von umgerechnet 10.000,- €.

Im Zeitpunkt der Zustellung des Scheidungsantrags am 03.01.2013, beträgt das Vermögen der F 30.000,- €. Das Vermögen des M ist auf 400.000,- € angewachsen.

Frage 1:

Kann F Zugewinnausgleich verlangen bzw. in welcher Höhe?

Abwandlung:

Das Vermögen des M im Zeitpunkt des Scheidungsantrags beinhaltet ein geerbtes Grundstück zum damaligen Wert von umgerechnet 250.000,- €. Hierfür musste er 20.000,- € Erbschaftssteuer zahlen. Der heutige Wert des Grundstücks beträgt 300.000,- €

Frage 2:

Ändert sich etwas an der Höhe eines etwaigen Zugewinnausgleichsanspruchs?

I. Einordnung

Die Berechnung des Zugewinns ist im Gesetz sehr unübersichtlich und teilweise missverständlich geregelt. Fall 10 befasst sich deshalb im Ausgangsfall mit einer unkomplizierten Zugewinnberechnung, um Ihnen die Grundstruktur zu vermitteln.

Die Abwandlung befasst sich mit der Hinzurechnung von während der Ehe erworbenem Vermögen zum Anfangsvermögen eines Ehegatten gem. § 1374 II BGB. § 1374 II BGB umfasst dabei als Ausnahmevorschrift nur Zuwendungen, die gerade aufgrund persönlicher Nähebeziehung zugeflossen sind und ist nicht analogiefähig. Auch Schmerzensgeld und Lottogewinn fallen deshalb in den Zugewinn. Eine Auszahlung einer Lebensversicherung an einen Ehegatten als Begünstigten der Lebensversicherung erfolgt dagegen i.d.R. aufgrund einer Nähebe-

ziehung und fällt durch eine anerkannte erweiterte Auslegung des § 1374 II BGB nicht in den Zugewinn, indem es dem Anfangsvermögen hinzugerechnet wird.

hemmer-Methode: Beachten Sie, dass Sie in Klausuren keinen Taschenrechner zur Verfügung haben. Die Berechnung des Zugewinns kann deshalb schon problematisch genug werden. Unerlässlich ist es dann aber, die Prüfungsschritte genau zu kennen:

1. Güterstand bestimmen
2. maßgeblichen Zeitpunkt für die Berechnung festlegen
3. Vermögen des einen Ehegatten berechnen
4. Vermögen des anderen Ehegatten berechnen
5. Ausgleichsanspruch berechnen
6. möglicherweise Anrechnung von Beträgen nach § 1380 BGB (s. Fall 11)

II. Gliederung

Frage 1:

Zugewinnausgleich nach § 1378 BGB

1. **Güterstand der Zugewinngemeinschaft** (+); § 1363 I BGB

2. **Maßgeblicher Zeitpunkt:**
   Zustellung der Antragsschrift; § 1384 BGB i.V.m. §§ 113 I, 124 S. 2 FamFG i.V.m. §§ 253 I, 261 I ZPO

3. **Berechnung des Zugewinns:**
   bei M gem. §§ 1372, 1376 I, II BGB:
   400.000,- € - 10.000,- €
   = 390.000,- €
   bei F gem. §§ 1372, 1376 I, II, 1374 I HS 2 BGB:
   30.000,- € - (50.000,- €)
   = 80.000,- €

4. **Ausgleichsanspruch gem. § 1378 I BGB:** (390.000,- € - 80.000,- €) : 2
   = 155.000,- €

5. **Verjährung gem. §§ 195, 199 (-)**

6. **Leistungsverweigerungsrecht wg. grober Unbilligkeit, § 1381 I BGB (-)**

7. **Ergebnis:** Ausgleichsanspruch der F i.H.v. 155.000,- €

Frage 2:

Zugewinnausgleich nach § 1378 BGB

1. **Güterstand i.S.d. § 1363 I BGB (+)**
   s.o.

2. **Berechnung des Zugewinns:**
   bei M Anfangsvermögen gem. §§ 1376, 1374 II BGB: 10.000,- € + (250.000,- € - 20.000,- €)
   = 240.000,- €
   Endvermögen: 400.000,- €
   Zugewinn: 400.000,- € - 240.000,- €
   = 160.000,- €
   bei F 80.000,- € (s.o.)

3. **Ausgleichsanspruch gem. § 1378 I BGB:** (160.000,- € - 80.000,- €) : 2
   = 40.000,- €

III. Lösung Frage 1

Anspruch auf Zugewinnausgleich nach § 1378 BGB

Ein Anspruch auf Zugewinnausgleich könnte sich aus § 1378 I BGB ergeben.

1. Güterstand

Grundvoraussetzung hierfür ist, dass die Ehegatten im gesetzlichen Güterstand der Zugewinngemeinschaft gem. § 1363 I BGB leben. Dies ist laut Sachverhalt der Fall.

2. Maßgeblicher Zeitpunkt

Gem. § 1375 I S. 1 BGB ist grundsätzlich der Vermögensstand bei Beendigung des Güterstandes, also eigentlich zum Zeitpunkt der rechtskräftigen Scheidung gem. § 129 II FamFG maßgeblich.

Allerdings wird für die Beendigung des Güterstandes durch Scheidung gem. § 1384 BGB der maßgebliche Zeitpunkt auf die Rechtshängigkeit vorverlagert. Somit kommt es gem. §§ 113 I, 124 S. 2 FamFG i.V.m. §§ 253 I, 261 I ZPO auf den Zeitpunkt der Zustellung der Antragsschrift an. § 167 ZPO findet hier keine Anwendung, da es nicht um eine Fristwahrung oder Hemmung der Verjährung geht.

3. Berechnung

Geschuldet wird nach § 1378 I BGB die Hälfte der Differenz zwischen Zugewinn des Mannes und Zugewinn der Frau. Der Zugewinn errechnet sich jeweils nach § 1373 BGB

a) Berechnung bei M

Das Anfangsvermögen gem. §§ 1374 I, 1376 I BGB belief sich nach dem Sachverhalt auf 10.000,- €.

Für eine Zurechnung von Vermögen nach § 1374 II BGB ist im Ausgangsfall nichts ersichtlich.

Das Endvermögen des M gem. § 1375 I BGB im Zeitpunkt der Zustellung der Antragsschrift beläuft sich auf 400.000,- €.

Der Zugewinn des M beträgt somit gem. § 1373 BGB 390.000,- €.

b) Berechnung bei F

Nach § 1374 III BGB ist das Anfangsvermögen der F mit − 50.000,- € anzusetzen.

Das Endvermögen der F gem. § 1375 I BGB beträgt nach dem Sachverhalt 30.000,- €.

Somit ergibt sich ein Zugewinn i.S.v. § 1373 BGB von 80.000,- €.

hemmer-Methode: Die Möglichkeit von negativem Anfangs- und Endvermögen ist eine der wesentlichen Neuerungen, die die Reform des Güterrechts zum 01.09.2009 mit sich brachte! Bis zu diesem Zeitpunkt konnte das Anfangsvermögen grundsätzlich nicht negativ sein! Dies stellte einen großen, nicht gerechtfertigten Vorteil für den Ehegatten dar, der mit Schulden in die Ehe hineinging. Im vorliegenden Fall wäre nach der alten Rechtslage das Anfangsvermögen der F mit Null anzusetzen gewesen, ihr Zugewinn hätte demnach nur 30.000,- € betragen!

4. Ausgleichsanspruch

Der Ausgleichsanspruch beträgt gem. § 1378 I BGB die Hälfte der Differenz aus höherem Zugewinn (hier des M) und niedrigerem Zugewinn (hier der F). Die Differenz beträgt 310.000,- € (390.000,- € abzgl. 80.000,- €), mithin beläuft sich der Ausgleichsanspruch auf 155.000,- €.

Die F hat somit gegen den M einen Ausgleichsanspruch aus § 1378 I BGB i.H.v. 155.000,- €.

5. Verjährung

Die Ausgleichsforderung verjährt in der regelmäßigen Verjährung von drei Jahren ab Entstehung der Forderung und Kenntnis des Gläubigers, §§ 195, 199 BGB. Eine solche kommt hier also nicht in Betracht.

hemmer-Methode: Bis zum 31.12.2009 gab es für die Verjährung des Zugewinns in § 1378 IV BGB eine Sondervorschrift, die allerdings ebenfalls eine dreijährige Verjährung vorsah. Diese Sondervorschrift war notwendig, da nach § 197 I Nr. 2 BGB a.F. familienrechtliche Ansprüche eigentlich in dreißig Jahren verjährten. Mit Streichung des § 197 I Nr. 2 BGB a.F. konnte auch § 1378 IV BGB gestrichen werden.

6. Leistungsverweigerungsrecht wegen grober Unbilligkeit

Auch für ein Leistungsverweigerungsrecht des M wegen grober Unbilligkeit aus § 1381 BGB sind keinerlei Anhaltspunkte ersichtlich. Im Übrigen handelt es sich dabei um eine Einrede. Diese ist nicht von Amts wegen zu berücksichtigen, sondern muss erhoben werden, wofür ebenfalls nichts ersichtlich ist.

7. Ergebnis

F hat einen durchsetzbaren Ausgleichsanspruch i.H.v. 155.000,- €.

hemmer-Methode: Der Ausgangsfall behandelt lediglich das Grundschema der Unterhaltsberechnung. Besonderheiten sind hier – bis auf die „Nullstellung" des Anfangsvermögens - keine enthalten. Beachten Sie daher im Folgenden insbesondere, wo sich die in den Abwandlungen liegenden Besonderheiten auswirken.
Wie Sie sehen werden, ist dies nicht nur an einem Prüfungspunkt der Fall.

IV. Lösung Frage 2

In der Abwandlung ist fraglich, wie sich die Tatsache auswirkt, dass sich im Endvermögen des M ein geerbtes Grundstück im Wert von 250.000,- € befindet, für das er 20.000,- € Erbschaftssteuer zahlen musste.

1. Güterstand

Die Ehegatten leben nach o.G. im Güterstand der Zugewinngemeinschaft gem. § 1363 I BGB.

2. Berechnung

Im für die Berechnung maßgeblichen Zeitpunkt der Zustellung des Scheidungsantrags stellen sich die Vermögensverhältnisse wie im Grundfall dar. Fraglich ist jedoch, ob sich bzgl. des geerbten Grundstücks hier Änderungen ergeben.

a) Berechnung bei M

Das Anfangsvermögen des M lag auch hier grundsätzlich bei 10.000,- €.
Allerdings ist gem. § 1374 II BGB der Wert des geerbten Grundstücks hinzuzurechnen, wobei maßgeblicher Zeitpunkt für die Wertbestimmung der Zeitpunkt der Erbschaft ist.

Hierdurch wird die Erbschaft quasi „neutralisiert", weil sie sowohl im Anfangs- als auch im Endvermögen Berücksichtigung findet. Im Ergebnis ist von der Erbschaft also nur die Wertsteigerung des Grundstücks ab Erbschaft bis zur Beendigung des Güterstandes ausgleichspflichtig.

Auch liegt hier nicht der in § 1374 II BGB a.E. normierte Ausnahmefall vor. Die Erbschaft ist gerade nicht den Umständen nach zu den Einkünften zu rechnen.

hemmer-Methode: Machen Sie sich hier die Systematik klar! Je niedriger das Anfangsvermögen, desto höher wird der Zugewinn. Sinn und Zweck des § 1374 II BGB ist es also, durch Hinzurechnung zum Anfangsvermögen solche Vermögensbestandteile einer Ausgleichspflicht zu entziehen, die in keinem Zusammenhang zur ehelichen Lebens- und Wirtschaftsgemeinschaft stehen, sondern einem Ehegatten von dritter Seite aufgrund persönlicher Beziehung o.Ä. zufließen, an der der andere Ehegatte keinerlei Anteil hat.

Der maßgebliche hinzuzurechnende Wert würde sich also auf 250.000,- € belaufen, da es nach § 1376 I BGB nicht auf den heutigen, sondern auf den damaligen Wert der Erbschaft ankommt.

Anmerkung: Die Folge ist, dass „echte", d.h. inflationsbereinigte Wertzuwächse des Hinzuerwerbs i.S.d. § 1374 II BGB Zugewinn i.S.d. § 1378 I BGB sind. Insoweit macht es keinen Unterschied, ob es sich um echtes Anfangsvermögen i.S.d. § 1374 I BGB oder fiktives Anfangsvermögen nach § 1374 II BGB handelt – Wertzuwächse sind Zugewinn!

Nach dem klaren Gesetzeswortlaut des § 1374 II BGB sind vor Hinzurechnung zum Anfangsvermögen allerdings Verbindlichkeiten abzuziehen, die mit dem Erwerb in Zusammenhang stehen. Grund dafür ist, dass – wie hier im Falle der Erbschaftssteuer – das Vermögen im Ergebnis nicht von dritter Seite erhöht wurde, sondern vielmehr durch die Bezahlung der Erbschaftssteuer rein faktisch eine Minderung des Endvermögens eintritt.

hemmer-Methode: Die Minderung des Endvermögens, die hier aus der Zahlung der Erbschaftssteuer resultiert, muss also wiederum Berücksichtigung beim Anfangsvermögen finden. Durch den Abzug der Erbschaftssteuer vor Hinzurechnung des Grundstückswertes zum Anfangsvermögen wird also das Anfangsvermögen im Vergleich zu einer gedachten vollumfänglichen Anrechnung gemindert. Hierdurch wird der gesamte Erbfall – sowohl der Erwerb des Grundstücks, als auch die Zahlung der Erbschaft – bei der Berechnung des Zugewinns ausgeblendet.

Vom Wert des Grundstücks zum maßgeblichen Zeitpunkt der Erbschaft i.H.v. 250.000,- € ist also die gezahlte Erbschaftssteuer i.H.v. 20.000,- € abzuziehen. Die sich daraus ergebende Differenz i.H.v. 230.000,- € ist als tatsächlich von dritter Seite aufgrund persönlicher Bindung zugeflossener Wert dem Anfangsvermögen gem. § 1374 II BGB hinzuzurechnen.

Das Anfangsvermögen beläuft sich demnach auf 240.000,- € (10.000,- € + 230.000,- €).

Das Endvermögen des M gem. § 1376 II BGB im Zeitpunkt der Zustellung der Antragsschrift beläuft sich auf 400.000,- €.

hemmer-Methode: Keinesfalls dürfen Sie hier den Wert des Grundstücks heraus rechnen. Die Wertberechnung des Endvermögens erfolgt nach § 1376 BGB und beinhaltet auch den Wert des geerbten Grundstücks. Nur mittels dieser Konstruktion (Hinzurechnung zum Anfangsvermögen und gleichzeitige Berücksichtigung beim Endvermögen) ist es möglich, die Wertsteigerung des Grundstücks der Ausgleichspflicht zu unterwerfen.

Der Zugewinn des M beträgt somit gem. § 1373 BGB 400.000,- € - 240.000,- € = 160.000,- €.

b)　Berechnung bei F

Bei F ergeben sich hingegen keinerlei Unterschiede zur Berechnung im Ausgangsfall. Diese hat also einen Zugewinn i.H.v. von 80.000,- €.

3.　Ausgleichsanspruch

Der Ausgleichsanspruch beträgt gem. § 1378 I BGB die Hälfte der Differenz aus höherem Zugewinn (M) und niedrigerem Zugewinn (F) Die Differenz beträgt hier 80.000,- € (160.000,- € abzgl. 80.000,- €), mithin beläuft sich der Ausgleichsanspruch auf 40.000,- €.

4.　Ergebnis

F hat gegen M einen Zugewinnausgleichanspruch aus § 1378 I BGB i.H.v. 40.000,- €.

V. Zusammenfassung

- § 1374 II BGB erfasst nur Zuwendungen von dritter Seite, die aufgrund einer besonderen Nähebeziehung erfolgen, die gerade zum anderen Ehegatten nicht besteht.

- Durch die Hinzurechnung zum Anfangsvermögen i.S.d. § 1374 II BGB fällt nur der Wertzuwachs während der Ehe in den Zugewinn.

- Für die Berechnung des Anfangsvermögens ist grds. der Wert bei Beginn der Zugewinngemeinschaft bzw. bei Hinzurechnung der Wert zum Zeitpunkt des Erwerbs heranzuziehen (§ 1376 I BGB).

- Für die Berechnung des Endvermögens ist gem. § 1375 I BGB grds. der Wert bei Ende des Güterstandes heranzuziehen. Im Falle der Scheidung bestimmt § 1384 BGB, dass der Zeitpunkt der Rechtshängigkeit der Scheidung an diese Stelle tritt.

VI. Zur Vertiefung

Zur Berechnung des Zugewinnanspruchs

- Hemmer/Wüst, Familienrecht, Rn. 174 ff.

Fall 11: Zugewinnausgleich/
Anrechnung von Vorausempfängen

Sachverhalt:

M und F sind miteinander seit 1990 verheiratet.

Während beide zunächst einen Ehevertrag schließen wollten, gab sich M – der Einfachheit halber und aufgrund der hohen Notarkosten – vor Eheschließung mit einem handschriftlichen Verzicht der F auf Zugewinnausgleich ab. Dementsprechend wurde auch kein Verzeichnis über das Anfangsvermögen der Ehegatten erstellt.

Das monatliche Einkommen des M beträgt ca. 2.500,- €. F führt den Haushalt.

Im Zeitpunkt der Zustellung des Scheidungsantrags am 03.01.2014 beträgt das Vermögen der F 30.000,- €. Das Vermögen des M ist auf 100.000,- € angewachsen.

M hat F im Jahr 2000 ein Collier im Wert von 25.000,- € geschenkt. Aufgrund eines Wohnungsbrandes wurde jedoch das nicht versicherte Collier so beschädigt, dass nur noch die Steine vorhanden sind. Deren Wert beläuft sich auf 20.000,- €.

Etwaige Unterlagen, aufgrund derer der Wert des Anfangsvermögens feststellbar ist, wurden bei dem Brand ebenfalls unwiederbringlich vernichtet.

Frage:

Kann F Zugewinnausgleich von M verlangen? Falls ja, in welcher Höhe?

I. Einordnung

Auch Fall 11 befasst sich mit dem Zugewinnausgleich. Speziell geht es dabei um die Anrechnung von Vorausempfängen i.S.v. § 1380 BGB. Ziel von § 1380 BGB ist es, den Ausgleichsberechtigten so zu stellen wie er stünde, wenn er die Zuwendung als Leistung auf die Ausgleichsforderung erhalten hätte. Anrechnungspflichtig können demnach nur unentgeltliche Zuwendungen sein die unter Anrechnungsbestimmung erfolgt sind bzw. bei denen eine Anrechnungspflichtigkeit nach § 1380 I S. 2 BGB zu vermuten ist. Das Vorgehen bei der Anrechnung nach § 1380 BGB ist äußerst umstritten. Die Falllösung folgt der h.M. und erscheint am praktikabelsten.

hemmer-Methode: Folgende Berechnungsschritte bei § 1380 BGB sollten Sie sich unbedingt einprägen:
1. Addition der Zuwendung zum Zugewinn des Schenkers gem. § 1380 II BGB.
2. Abzug der Zuwendung vom Zugewinn des Beschenkten, wenn und soweit der Wert der Zuwendung (ggf. auch als Surrogat) noch im Endvermögen des Beschenkten vorhanden ist.
3. Abzug der Zuwendung von der so bereinigten Ausgleichsforderung des Beschenkten, § 1380 I S. 1 BGB.

II. Gliederung

Zugewinnausgleich nach § 1378 BGB

1. **Güterstand der Zugewinngemeinschaft (+); § 1363 I BGB**

2. **Ausschluss durch Verzicht**; Verzicht unwirksam, da keine notarielle Beurkundung gem. §§ 1408, 1410 BGB

3. **Maßgeblicher Zeitpunkt:** Zustellung der Antragsschrift; § 1384 BGB i.V.m. §§ 113 I, 124 S. 2 FamFG i.V.m. §§ 253 I, 261 I ZPO

4. **Berechnung des Zugewinns:**
   - bei M gem. §§ 1373, 1377 III, 1375 BGB: 100.000,- € - 0 € = 100.000,- €
   - bei F gem. §§ 1373, 1377 III, 1375 BGB: 30.000,- € - 0 € = 30.000,- €

5. **Ausgleichsanspruch gem. § 1378 I BGB:**
   grds. (100.000,- € - 30.000,- €) : 2 = 35.000,- €
   aber: Anrechnung von Vorausempfängen nach § 1380 BGB:
   - bei M Hinzurechnung bei Zugewinn gem. § 1380 II BGB = 125.000,- €
   - bei F Abzug vom Zugewinn, soweit noch in Endvermögen vorhanden = 10.000,- €

     bereinigter Ausgleichsanspruch: (125.000,- € - 10.000,- €) : 2 = 57.500,- €

     Abzug des Vorausempfangs hiervon gem. § 1380 I S. 1 BGB = 57.500,- € - 25.000,- € = 32.500,- €

6. **Ergebnis:** Anspruch aus §§ 1378 I, 1380 I, II BGB

III. Lösung

Ein Anspruch der F könnte sich aus § 1378 I BGB ergeben.

1. Güterstand

Erforderlich ist dann aber zunächst, dass M und F überhaupt im gesetzlichen Güterstand der Zugewinngemeinschaft gelebt haben.

Nach dem Sachverhalt liegt gerade kein Ehevertrag nach §§ 1408, 1410, 1414 BGB vor, sodass nach § 1363 I BGB Zugewinngemeinschaft bestand.

2. Ausschluss durch Verzicht

Fraglich ist jedoch, ob die handschriftliche Verzichtserklärung der F der Geltendmachung eines Zugewinnanspruchs entgegensteht.

Zwar ist der Zugewinnanspruch grundsätzlich abdingbar, § 1378 III S. 2 BGB bestimmt hierfür aber notarielle Beurkundung.

Anwendung findet § 1378 III S. 2 BGB allerdings nur während eines Verfahrens, das auf die Auflösung der Ehe gerichtet ist.

Man könnte nun der Ansicht sein, dass im Umkehrschluss hieraus zu jedem anderen Zeitpunkt ein Verzicht durch handschriftliche Vereinbarung möglich ist.

Dem könnten jedoch §§ 1408, 1410 BGB entgegenstehen. Die Regelung der güterrechtlichen Verhältnisse kann demnach auch vor oder während des Bestehens des Güterstandes nur durch Ehevertrag bei gleichzeitiger Anwesenheit beider Teile zur Niederschrift eines Notars geregelt werden.

Auch der Verzicht auf Zugewinnaus-
gleichansprüche stellt – jedenfalls vor
Eingehung der Ehe – eine Abänderung
der gesetzlich vorgesehenen Güter-
standsregelungen dar. Zugewinnausgleich und Verfügungsbeschränkungen
sind gerade charakteristischer Unterschied zwischen Zugewinngemeinschaft und Gütertrennung.

Da eine notarielle Beurkundung hier jedoch fehlt, ist der Verzicht gem. § 125
BGB unwirksam.

Auch kann sich F auf die Unwirksamkeit berufen. Keinesfalls stellt dies ein
rechtsmissbräuchliches Verhalten dar.
Erforderlich hierfür wäre, dass sich die
Rechtslage für den Vertragspartner infolge der Unwirksamkeit als unerträg-
lich darstellt. Dies erscheint hier abwe-
gig.

3. Maßgeblicher Zeitpunkt

Maßgeblicher Zeitpunkt ist bei Beendigung des Güterstandes durch Scheidung nicht etwa gem. § 1375 I BGB
i.V.m. § 1564 BGB die Rechtskraft der
Scheidung, sondern gem. § 1384 BGB
i.V.m. §§ 113 I, 124 S. 2 FamFG i.V.m.
§§ 253 I, 261 I ZPO die Rechtshängigkeit des Scheidungsantrags.

4. Berechnung

Die Berechnung der Ausgleichsforderung i.S.d. § 1378 BGB setzt zunächst
die Bestimmung des jeweiligen Zugewinns voraus.

a) Berechnung bei M

Gem. § 1373 BGB ist der Zugewinn der
Betrag, um den das Endvermögen eines Ehegatten das Anfangsvermögen
übersteigt.

aa) Anfangsvermögen des M

Problematisch erscheint dabei die Bestimmung des Anfangsvermögens.
Weder wurde gem. § 1377 BGB ein
Verzeichnis über das Anfangsvermögen errichtet, noch ist die Wertbestimmung des Anfangsvermögens auf andere Art und Weise möglich, da entsprechende Unterlagen laut Sachverhalt bei dem Brand vernichtet wurden.

In einem solchen Fall greift gem.
§ 1377 III BGB die gesetzliche Vermutung ein, dass das Endvermögen eines
Ehegatten seinen Zugewinn darstellt.
Anders gesagt, wird das Anfangsvermögen also mit Null angesetzt.

hemmer-Methode: Bei § 1377 III BGB
handelt es sich um eine gesetzliche
Vermutung i.S.v. § 113 I FamFG i.V.m.
§ 292 ZPO. Dementsprechend ist hier
der Gegenbeweis weiterhin möglich. Allerdings enthält der Sachverhalt keinerlei dahingehende Anhaltspunkte. Darüber hinaus dürften Sie im Ersten
Staatsexamen nur in Ausnahmefällen
mit Beweisfragen konfrontiert werden.

bb) Endvermögen des M

Das Endvermögen des M i.S.v.
§ 1375 I S. 1 BGB beträgt laut Sachverhalt 100.000,- €.

In Betracht kommt jedoch eine Hinzurechnung des Wertes des Colliers i.H.v.
25.000,- € zum Endvermögen gem.
§ 1375 II BGB. Unabhängig von der
Frage, ob eine der Nrn. 1 – 3 vorliegt,
scheidet diese fiktive Erhöhung des
Endvermögens aber jedenfalls wegen
§ 1375 III BGB aus. F war als Empfän-
gerin des Geschenks nämlich jedenfalls
mit der unentgeltlichen Zuwendung
einverstanden.

cc) Zugewinn des M

Der Zugewinn gem. § 1373 BGB beträgt somit grds. 100.000,- € (100.000,- € - 0 €).

Allerdings erscheint hier eine Verschiebung nach § 1380 II BGB möglich.

Dabei kommt es aber maßgeblich darauf an, wie das zugewandte Collier beim Zugewinn der F zu berücksichtigen ist.

hemmer-Methode: Ausnahmsweise muss hier eine „Verweisung" auf die folgenden Ausführungen erfolgen. Das Problem der Berücksichtigung einer Zuwendung nach § 1380 BGB ist vom Aufbau her nur sehr schwer zu handhaben. Ein anderer Aufbau ist hier deshalb sicherlich vertretbar.

b) Berechnung bei F

aa) Endvermögen

Das Endvermögen der F gem. § 1375 I S. 1 BGB beträgt laut Sachverhalt 30.000,- €.

hemmer-Methode: Wie Sie sehen, ist es im Rahmen der Zugewinnberechnung völlig unerheblich, ob Sie zunächst das End- oder Anfangsvermögen berechnen. Ist einer der beiden Vermögenswerte wie hier völlig unproblematisch zu bestimmen, ist es also keineswegs falsch, diesen der Einfachheit halber vorneweg zu prüfen. Das ändert natürlich nichts an der Formel für den Zugewinn: Endvermögen - Anfangsvermögen.

bb) Anfangsvermögen

Problematisch erscheint hier die Bestimmung des Anfangsvermögens.

Nach dem zu M gesagten, muss auch hier grundsätzlich die Vermutung des § 1377 III BGB eingreifen, wonach das Anfangsvermögen mit Null anzusetzen ist.

Fraglich ist jedoch, ob die Schenkung des Colliers wertmäßig gem. § 1374 II BGB durch Erhöhung des Anfangsvermögens zu berücksichtigen ist.

Hierbei handelt es sich um eine echte Schenkung und nicht um eine ehebedingte Zuwendung, da diese nicht Zwecken der ehelichen Lebensgemeinschaft diente.

Problematisch ist insbesondere, ob mit den in § 1374 II BGB genannten Zuwendungen auch solche unter Ehegatten gemeint sind.

Nach h.M. findet § 1374 II BGB hier keine Anwendung. § 1374 II BGB meint nach Sinn und Zweck nur Zuwendungen von dritter Seite und beabsichtigt nur den Ausschluss der Begünstigung des anderen Ehegatten durch einen Vermögenszuwachs, an dem dieser nicht beteiligt war. Die Schenkung des einen Ehegatten an den anderen wird aber nach dem Selbstverständnis der Zugewinngemeinschaft durch Geld finanziert, das beide Ehegatten gemeinsam erwirtschaftet haben.

Konsequenz bei Anwendung des § 1374 II BGB wäre ansonsten eine Benachteiligung des Schenkenden im Scheidungsfall.

hemmer-Methode: Hier gilt es erneut, sich die Systematik klarzumachen: Erhöht die Schenkung des einen Ehegatten das Anfangsvermögen des beschenkten Ehegatten, so ist der Zugewinn des beschenkten Ehegatten geringer.

Schenkungen unter Ehegatten könnten jedoch möglicherweise über § 1380 BGB Berücksichtigung finden.

Konsequenz der Nichtberücksichtigung einer Schenkung untere Ehegatten i.R.d. § 1374 II BGB und der Berücksichtigung i.R.d. § 1380 BGB ist dann die Verringerung des Zugewinnanspruchs des Beschenkten. Nur dies erscheint interessengerecht.

§ 1380 BGB bestimmt eine Anrechnung erst auf den Ausgleichsanspruch, sodass es bei einem Anfangsvermögen der F von Null bleibt.

cc) Zugewinn

Somit ergibt sich hier ein Zugewinn i.S.d. § 1373 BGB von 30.000,- €.

5.   Ausgleichsanspruch

Der Zugewinn des M übersteigt somit den Zugewinn der F um 70.000,- € (100.000,- € - 30.000,- €). Gem. § 1378 I BGB ergibt sich somit bei hälftiger Teilung ein Ausgleichsanspruch von grundsätzlich 35.000,- €.

Nach o.G. kommt hier jedoch eine Anrechnung im Hinblick auf die Schenkung des Colliers gem. § 1380 BGB in Betracht.

Eine ausdrückliche Anrechnungsbestimmung i.S.v. § 1380 I S. 1 BGB ist hier nicht ersichtlich, sodass die Zweifelsregelung des § 1380 I S. 2 BGB heranzuziehen ist.

Maßgeblich ist somit, ob das Geschenk den Wert eines nach den ehelichen Lebensverhältnissen üblichen Gelegenheitsgeschenkes übersteigt. Da M über ein monatliches Einkommen von 2.500,- € verfügt, kann bei einem Geschenk mit dem zehnfachen Wert jedoch nicht davon ausgegangen werden, dass es sich um ein übliches Gelegenheitsgeschenk handelt. Die Anrechnungsvermutung des § 1380 I S. 2 BGB greift daher ein.

Geht man vom Wortlaut der Norm aus, der von einer Anrechnung auf die Ausgleichsforderung eines Ehegatten spricht, kommt eine Anrechnung nur in Betracht, wenn der Vorausempfang vom Ausgleichspflichtigen geleistet wird.

Da der Zugewinn des M über dem der F liegt und M die Zuwendung getätigt hat, ist dies hier der Fall.

Problematisch gestaltet sich das „Wie" der Anrechnung. Nach h.M. ist dabei in einem ersten Schritt die Anrechnung nach § 1380 II BGB vorzunehmen. In einem zweiten Schritt erfolgt die Anrechnung nach § 1380 I S. 1 BGB.

a)   Berücksichtigung bei M über § 1380 II BGB

Gem. § 1380 II BGB erfolgt also zunächst die Hinzurechnung auf den Zugewinn des Schenkers – hier des M – der sich damit von 100.000,- € um 25.000,- € auf 125.000,- € erhöht.

b)   Berücksichtigung bei F

Zur Vermeidung einer doppelten Benachteiligung der Beschenkten, muss aber auch bei dieser der Wert des Geschenkes vom Zugewinn abgezogen werden, soweit es im Endvermögen tatsächlich noch vorhanden war.

hemmer-Methode: Dies ist nicht unumstritten. Nach der Gegenansicht ist immer der volle Wert der Schenkung vom Zugewinn des Empfängers abzuziehen. Da der ungeschriebene Rechenschritt aber nur eine Doppelberücksichtigung vermeiden soll, erscheint ein Abzug auch nur soweit angebracht, wie es tatsächlich zu einer Doppelberücksichtigung käme!

Nach den Angaben im Sachverhalt beläuft sich der Wert des Colliers nach der Beschädigung nur noch auf 20.000,- €.

Der Zugewinn der F ist somit um 20.000,- € zu reduzieren und beläuft sich auf nunmehr 10.000,- €.

c) § 1380 I S. 1 BGB

Der so bereinigte Ausgleichsanspruch beläuft sich auf 125.000,- € abzgl. 10.000,- € = 115.000,- € : 2 = 57.500,- €.

Von diesem Betrag ist nunmehr gem. § 1380 I S. 1 BGB der Vorausempfang im Wert von 25.000,- € abzuziehen. Die Ausgleichsforderung beläuft sich danach auf 32.500,- €.

hemmer-Methode: Die Anrechnung gem. § 1380 BGB führt dann zu einer Veränderung des Ausgleichsanspruchs, wenn wie hier der Wert des Vorausempfangs nicht mehr oder nicht mehr vollständig im Zugewinn des Beschenkten vorhanden ist. Wäre das Collier auch noch im Zeitpunkt der Zustellung des Scheidungsantrags 25.000,- € wert gewesen, so hätte sich oben ein Zugewinn der F von 5.000,- € ergeben. Die bereinigte Ausgleichsforderung beliefe sich dann auf (125.000,- € - 5.000,- €) : 2 = 60.000,- €. Nach Abzug gem. § 1380 I S. 1 BGB in Höhe von 25.000,- € ergäbe sich die gleiche Ausgleichsforderung, die auch ohne Berücksichtigung nach § 1380 BGB bestünde (s.o.).
Daneben ändert sich das Ergebnis der Zugewinnausgleichsberechnung durch § 1380 BGB nur dann, wenn der Wert der Zuwendung den Zugewinn des Empfängers übersteigt. Beträgt der Zugewinn der F 100.000,- €, der des M 20.000,- €, ergibt dies eine Ausgleichsforderung des M von 40.000,- €.

Hat F aber M eine Zuwendung i.S.d. § 1380 BGB im Wert von 30.000,- € gemacht, ist von einem Zugewinn der F von 130.000,- € von einem Zugewinn des M von Null Euro auszugehen, es gibt keinen negativen Zugewinn! Die Ausgleichsforderung beträgt somit 65.000,- €, sodass nach Verrechnung mit der Zuwendung noch eine Betrag von 35.000,- € verbleibt!

6. Ergebnis

F hat somit einen Ausgleichsanspruch gegen M aus §§ 1378 I, 1380 I, II BGB in Höhe von 32.500,- €.

IV. Zusammenfassung

- Vereinbarungen über den Güterstand vor und während Bestandes der Ehe bedürfen nach §§ 1408, 1410 BGB notarieller Beurkundung.

- Ist der Wert des Anfangsvermögens nicht mehr nachvollziehbar, greift die gesetzliche Vermutung des § 1377 III BGB.

- Nach h.M. ist § 1374 II BGB auf unentgeltliche Zuwendung unter Eheleuten, gleich welcher Art (ehebedingte Zuwendungen, echte Schenkungen) nicht anwendbar.

- Auf Zuwendungen unter Ehegatten findet nach h.M. ausschließlich § 1380 BGB Anwendung.

- Die Anrechnung nach § 1380 BGB folgt in einem Dreierschritt: Nach § 1380 II BGB zunächst Addition zum Endvermögen des Schenkers - Berücksichtigung bei Beschenkten, soweit im Endvermögen noch vorhanden durch Abzug - Abzug der Zuwendung von bereinigter Ausgleichsforderung i.S.v. § 1380 I S. 1 BGB.

- Die Berücksichtigung nach § 1380 BGB hat demnach nur Auswirkungen auf die Höhe der Ausgleichsforderung, wenn der Wert der Zuwendung größer ist als der Zugewinn des Empfängers oder wenn die Zuwendung nicht mehr (in vollem Wert) im Vermögen des Empfängers vorhanden ist.

V. Zur Vertiefung

Zur Anrechnung von Vorausempfängen

- Hemmer/Wüst, Familienrecht, Rn. 199 ff.

Fall 12: Ausgleichsansprüche neben Zugewinnausgleich/unbenannte Zuwendungen

Sachverhalt:

Die Eheleute M und F lebten seit 1990 im gesetzlichen Güterstand der Zugewinngemeinschaft. Im Juni 2004 kam es zur Scheidung der Ehe.

Im Januar 2000, anlässlich des zehnten Hochzeitstages, schenkte M der F ein neues Schlafzimmer, ganz nach deren Wünschen im rustikalen Stil.

M ist der Ansicht, da F ihn – wie sich erst später herausstellte – mit dem Verkäufer des ehelichen Schlafzimmers betrogen habe, müsse sie ihm dieses mindestens herausgeben. Schließlich handele es sich um eine Schenkung, die ihm die F nicht angemessen gedankt habe.

Frage:

Kann M das Schlafzimmer von F zurückverlangen?

I. Einordnung

Die Regelungen des Zugewinnausgleichs verdrängen als abschließende Spezialvorschriften grundsätzlich schuldrechtliche Rückforderungsansprüche. Dieser Ausschließlichkeitsgrundsatz des Zugewinnausgleichs wird jedoch durch eine Reihe von Ausnahmen durchbrochen. So ist anerkannt, dass eine Abwicklung nach allgemeinen Regeln erfolgt, wenn zwischen den Eheleuten schuldrechtliche Verträge bestehen (z.B. Arbeitsvertrag, Gesellschaftsvertrag). Auch ein Gesamtschuldner- bzw. Gesamtgläubigerausgleich kommt zwischen den Eheleuten in Betracht. Fall 12 behandelt den Ausgleich sog. ehebedingter bzw. unbenannter Zuwendungen. In einem solchen Fall ist die Abgrenzung zur Abwicklung nach allgemeinen Grundsätzen (Schenkungsvertrag) der richtige Einstieg.

II. Gliederung

Rückforderung des Schlafzimmers

1. **Anspruch des M gegen F aus §§ 530 I, 531 II, 812 ff. BGB:**
   keine Schenkung, da keine Einigung über Unentgeltlichkeit, sondern Zuwendung um der Ehe willen (ehebedingte bzw. unbenannte Zuwendung)
   ⇨ Schenkung i.S.d. § 516 I BGB (-)
   ⇨ **Anwendbarkeit der §§ 516 ff. BGB (-)**

2. **Anspruch aus § 812 I S. 2 Alt. 2 BGB:**
   keine Bedingung i.S.v. § 158 I BGB aber auch keine stillschweigende Einigung über Zweckbestimmung i.S.d. § 812 I S. 2 Alt. 2 BGB
   ⇨ Fall des § 313 I BGB
   ⇨ § 812 I S. 2 Alt. 2 BGB (-)

3. **Anspruch aus Störung der Geschäftsgrundlage gem. § 313 BGB**
   Bestand der Ehe als Geschäftsgrundlage (+)
   aber: Sperrwirkung der §§ 1363 ff BGB

Ausnahme (-), da nichts für Unzumutbarkeit der durch Zuwendung geschaffenen Vermögenslage ersichtlich

4. **Ergebnis:** kein Anspruch auf Rückforderung; Berücksichtigung nur i.R.d. Zugewinnausgleichs über § 1380 BGB

III. Lösung

Ein Anspruch des M gegen F kann sich jedenfalls nicht aus den Regelungen über den Zugewinnausgleich ergeben. § 1378 BGB gibt nur einen Zahlungsanspruch, niemals aber einen Anspruch auf Übertragung konkreter Gegenstände.

1. Anspruch aus §§ 530 I, 531 II, 812 I S. 2 Alt. 1 BGB

In Betracht kommt jedoch ein Anspruch aus Schenkungswiderruf gem. §§ 530 I, 531 II, 812 I S. 2 Alt. 1 BGB.

Grundvoraussetzung hierfür ist jedoch, dass die §§ 516 ff. BGB überhaupt Anwendung finden. Es müsste sich also hier tatsächlich um eine Schenkung i.S.v. § 516 BGB handeln. Problematisch erscheint dabei insbesondere die Abgrenzung zur sog. unbenannten bzw. ehebedingten Zuwendung.

Eine Zuwendung ist unbenannt bzw. ehebedingt, wenn dieser die Vorstellung zugrunde liegt, dass die eheliche Lebensgemeinschaft Bestand haben wird bzw. wenn diese sonst um der Ehe willen (matrimonii causa) oder als Beitrag zur Verwirklichung oder Ausgestaltung, Erhaltung oder Sicherung der ehelichen Lebensgemeinschaft erbracht wird und die darin ihre Geschäftsgrundlage hat.

Der entscheidende Unterschied zur Schenkung liegt nach der Rechtsprechung des BGH darin, dass eine Schenkung ein spürbares Vermögensopfer des Schenkenden voraussetzt. Hieran fehlt es, wenn der Schenkende den konkreten Gegenstand auch nach der Schenkung wie einen eigenen oder besser gemeinsamen weiter benutzen will.

Hiervon ist bei einem Schlafzimmer für die Eheleute offensichtlich auszugehen, sodass hier keine Schenkung vorliegt.

Ein Anspruch aus Schenkungswiderruf besteht somit nicht.

2. Anspruch aus § 812 I S. 2 Alt. 2 BGB

Möglicherweise hat M gegen F allerdings einen Anspruch aus Zweckkondiktion nach § 812 I S. 2 Alt. 2 BGB (condictio ob rem).

Dann müsste zunächst eine tatsächliche Einigung über die Zweckbestimmung vorliegen, die in Abgrenzung zur Bedingung i.S.v. § 158 I BGB (dann § 812 I S. 2 Alt. 1 BGB) nicht Gegenstand des Vertrags geworden ist.

Die Zweckbestimmung darf andererseits aber gerade nicht nur bloßes Motiv sein. Bei entsprechender Erkennbarkeit läge dann vielmehr ein Fall der Störung der Geschäftsgrundlage gem. § 313 I BGB vor.

Notwendig für eine Zweckbestimmung ist somit eine Willensübereinstimmung, wobei jedoch eine stillschweigende Einigung genügt.

Eine solche ist nach Ansicht des BGH gegeben, wenn mit der Leistung ein bestimmter Erfolg bezweckt wird und der Empfänger dies erkennt und mit der Annahme der Leistung billigt.

Erkennt er nämlich die Zweckbestimmung und nimmt die Leistung trotzdem an, ist er nach Treu und Glauben dazu verpflichtet der Zweckbestimmung zu widersprechen, wenn diese nicht Grundlage der Leistung sein soll.

Eine solche Zweckbestimmung ist hier jedoch nicht ersichtlich, womit kein Fall der Zweckkondiktion vorliegt.

3. Anspruch nach den Grundsätzen der Störung der Geschäftsgrundlage, §§ 346 ff. BGB i.V.m. § 313 I, III S. 1 BGB

In Betracht kommt daher ein Anspruch aus §§ 346 ff. BGB i.V.m. § 313 I, III S. 1 BGB. Ein solcher geht gem. § 313 I BGB allerdings nur auf Anpassung des Vertrags und somit i.R.d. Zugewinngemeinschaft grundsätzlich auf angemessene Beteiligung. Ein Fall des § 313 III S. 1 BGB, der als Rechtsfolge den Rücktritt, im Ergebnis gem. § 346 I BGB, also die Rückgewähr der empfangenen Leistungen vorsieht, ist kaum denkbar. Zu berücksichtigen ist nämlich gerade, dass auch der Zugewinnausgleichsanspruch letztendlich nur eine hälftige Beteiligung vorsieht.

hemmer-Methode: Eigentlich wäre vor einem Anspruch aus §§ 313, 346 ff. BGB ein Anspruch aus Beendigung einer Ehegatteninnengesellschaft zu prüfen. Bei dem Kauf eines Schlafzimmers scheidet eine solche aber ganz eindeutig aus, vgl. hierzu Fall 13.

a) Ehe als Geschäftsgrundlage

Nach o.G. liegt gerade keine Zweckbestimmung i.S.v. § 812 I S. 2 Alt. 2 BGB vor.

Vielmehr stellt sich die Ehe hier als Geschäftsgrundlage i.S.v. § 313 I BGB dar, da der Zuwendung die Vorstellung zugrunde liegt, die eheliche Lebensgemeinschaft werde Bestand haben.

b) Sperrwirkung der güterrechtlichen Vorschriften

Im Güterstand der Zugewinngemeinschaft ist ein schuldrechtlicher Ausgleich über die zwischenzeitlich in § 313 I BGB normierten Grundsätze des Wegfalls der Geschäftsgrundlage aber grundsätzlich nicht möglich. Die güterrechtlichen Vorschriften der §§ 1372 ff. BGB haben insoweit als leges speciales Sperrwirkung; eine angemessene Berücksichtigung der ehebedingten Zuwendung erfolgt i.d.R. bereits im Zugewinnausgleich selbst.

c) Ausnahme bei unerträglichem Ergebnis

Bei ehebedingten Zuwendungen nimmt die Rechtsprechung jedoch eine Ausnahme von diesem Ausschließlichkeitsprinzip an, wenn

- durch das Scheitern der Ehe ein Wegfall der Geschäftsgrundlage eingetreten ist (§ 313 I BGB),

- die Leistungen zu diesem Zeitpunkt in Gestalt einer messbaren Vermögensmehrung beim Ehegatten noch vorhanden sind und

- die Aufrechterhaltung des durch die einseitige Zuwendung geschaffenen Vermögensstands infolge des Scheiterns der Ehe für den ausgleichsfordernden Ehegatten unter Abwägung aller Aspekte unzumutbar ist, weil er ohne eigene Vermögensmehrung Leistungen erbracht hat, deren Früchte allein dem anderen Ehegatten verbleiben.

Ein solcher Fall liegt insbesondere dann vor, wenn der Zuwendungsempfänger bzw. hier die Zuwendungsempfängerin trotz tatsächlichem Vorhandensein des Gegenstandes im Endvermögen keinen Zugewinn aufzuweisen hat.

Dies ist nur dann denkbar, wenn der zugewendete Vermögenswert zum Erhalt des Anfangsvermögens oder zum Ausgleich von Schulden dient.

Hier ist jedoch mangels Angaben im Sachverhalt nichts dafür ersichtlich, dass eine Berücksichtigung im Rahmen des Zugewinnausgleichs nicht möglich war. Die Zuwendung ist ganz offensichtlich bei Ende des Güterstandes noch vorhanden, d.h. erhöht das Vermögen der F, mithin auch ihren Zugewinn und vermindert das Vermögen des M, d.h. vermindert auch dessen Zugewinn. Folglich findet die Zuwendung auch im Ausgleichsanspruch nach § 1378 I BGB seine Berücksichtigung.

hemmer-Methode: Die Berechnung des Ausgleichsanspruchs kann auch hier wieder als Argumentation herangezogen werden. Auch in Klausuren, in denen kein Zugewinnausgleich zu berechnen ist, sind diesbezügliche Kenntnisse deshalb zwingende Voraussetzung um eine schlüssige Lösung entwickeln zu können.

Hieran vermag auch § 1374 II BGB nichts zu ändern. Dieser ist nach seinem Sinn und Zweck bei Zuwendungen unter Eheleuten – seien sie nun echte Schenkungen oder ehebedingte Zuwendungen – nach h.M. nicht anwendbar. Es liegt gerade keine Zuwendung von dritter Seite vor, die auf einem persönlichen Näheverhältnis beruht, an dem der andere Ehegatte beteiligt ist.

Bereits i.R.d. Berechnung des Ausgleichanspruchs ist jedoch eine Berücksichtigung über § 1380 BGB vorzunehmen. Insofern spricht hier einiges dafür, dass es sich nicht um ein Gelegenheitsgeschenk handelt und die Anrechnungsvermutung des § 1380 I S. 2 BGB eingreift.

hemmer-Methode: Ausführungen hierzu waren von der Fallfrage nicht mehr umfasst. Schließlich handelt es sich dabei um die Berücksichtigung i.R.d. Zugewinnausgleichsanspruchs, der schon mangels Angaben im Sachverhalt hier nicht berechnet werden kann. Zu § 1380 BGB vgl. Fall 11.

4.　Ergebnis

M hat keinerlei Rückforderungsmöglichkeit gegen F. Eine Berücksichtigung der Zuwendung erfolgt jedoch i.R.d. Zugewinnausgleichs über § 1380 BGB.

IV. Zusammenfassung

- Eine Zuwendung ist unbenannt bzw. ehebedingt, wenn dieser die Vorstellung zugrunde liegt, dass die eheliche Lebensgemeinschaft Bestand haben wird bzw. wenn diese sonst um der Ehe willen oder als Beitrag zur Verwirklichung oder Ausgestaltung, Erhaltung oder Sicherung der ehelichen Lebensgemeinschaft erbracht wird und die darin ihre Geschäftsgrundlage hat.

- In Abgrenzung zur Schenkung fehlt bei der ehebedingten Zuwendung die Einigung über die Unentgeltlichkeit

- Bei der ehebedingten Zuwendung kommt eine Rückforderung bzw. ein Ausgleichsanspruch außerhalb der §§ 1371 ff. BGB grds. nur über § 313 BGB in Betracht

- Voraussetzung hierfür ist allerdings, dass die Leistungen beim Scheitern der Ehe in Gestalt einer messbaren Vermögensmehrung beim anderen Ehegatten noch vorhanden sind und unter Abwägung aller Aspekte die Aufrechterhaltung des durch die einseitige Zuwendung geschaffenen Vermögensstandes infolge des Scheiterns der Ehe für den ausgleichsfordernden Ehegatten unzumutbar ist.

- § 1380 BGB findet sowohl auf die echte Schenkung, als auch auf die ehebedingte Zuwendung Anwendung.

V. Zur Vertiefung

Zum Ausgleich bei unbenannten Zuwendungen

- Hemmer/Wüst, Familienrecht, Rn. 227 ff.

Zur Abgrenzung zwischen § 812 I S. 2 Alt. 1 BGB und § 812 I S. 2 Alt. 2 BGB sowie Störung der Geschäftsgrundlage i.S.d. § 313 BGB

- Hemmer/Wüst, Bereicherungsrecht, Rn. 271 ff.

Einschlägige Rechtsprechung

- Zum Begriff der ehebedingten Zuwendung: m.w.N. BGH, FamRZ 2010, 958 = **Life&Law 8/2010**, **517 ff.** = **juris**byhemmer

- BGH, Urteil vom 06.10.2010, XII ZR 10/09 = **Life&Law 6/2011, 402 ff.** = **juris**byhemmer

Fall 13: Ausgleichsansprüche neben Zugewinnausgleich/Hausbau vor Ehe

Sachverhalt:

M und F, die seit 1993 in nichtehelicher Lebensgemeinschaft zusammen leben, entschließen sich – aufgrund des einmaligen Datums – zum 02.02.2002 zu heiraten. Leider bringt ihnen dieses Datum nur wenig Glück, denn bereits zwei Jahre später, am 02.02.2004 reicht F die Scheidung ein.

Streit herrscht v.a. darüber, wie ein Ausgleich bzgl. des Hauses zu erfolgen hat. Dieses steht laut Grundbuch im Alleineigentum des M. Tatsächlich wurde das „gemeinsame Haus" bereits vor Eheschließung im Jahr 1995 fertiggestellt. Die Kosten zur Errichtung des Hauses auf dem dem M gehörenden Grundstück, hatten aber seinerzeit M und F zu gleichen Teilen getragen. Auch am Hausbau selbst hat sich F, ebenso wie M, in erheblichem Ausmaß selbst beteiligt. Mit einer hälftigen Eigentumsübertragung ist M nicht einverstanden. Das Haus war von Anfang an von F und M bewohnt und dafür auch gedacht gewesen.

Frage:

Kann F Ausgleich für die getragenen Kosten bzw. für die erbrachte Arbeitsleistung verlangen?

I. Einordnung

In Ergänzung zu Fall 12 behandelt Fall 13 den Fall des Hausbaus vor Eheschließung. Mangels Anwendbarkeit der §§ 1372 ff. BGB, würde der Ehepartner, der Leistungen materieller Art erbringt, eigentlich leer ausgehen. Der BGH hat jedoch anerkannt, dass unter gewissen Voraussetzungen eine Ehegatteninnengesellschaft mit der Folge gesellschaftsrechtlicher Auseinandersetzungsansprüche vorliegen kann.

Ergänzend ist auch eine Lösung über die zwischenzeitlich in § 313 BGB normierten Grundsätze des Wegfalls der Geschäftsgrundlage möglich. Hier hilft der BGH mit der Konstruktion eines Kooperationsvertrags familienrechtlicher Art über einen fehlenden Vertragsschluss hinweg.

Diese Konstruktion erscheint zwar dogmatisch zweifelhaft, entspricht jedoch einem interessengerechten Ausgleich unter den Ehegatten

II. Gliederung

Ausgleichansprüche der F gegen M

1. Berücksichtigung beim Zugewinn

Berücksichtigung nur mit der Wertsteigerung während der Ehezeit

Keine Änderung der Eigentumslage bei Eintritt in Zugewinngemeinschaft

2. Anspruch aus Schenkungswiderruf, §§ 530 I, 531 II, 812 ff. BGB

Schenkung i.S.d. § 516 BGB (-); hier ehebedingte Zuwendung

⇨ §§ 530 I, 531 II BGB nicht anwendbar

3. Anspruch aus § 812 I S. 2 Alt. 2 BGB

bezweckter Erfolg (+): Übertragung des hälftigen Miteigentums

Einigung über Zweckbestimmung: Erkennbarkeit der Zweckbestimmung reicht nicht

⇨ hier keine stillschweigende Zweckbestimmung

⇨ Anspruch aus § 812 I S. 2 Alt. 2 BGB (-)

4. Anspruch aus Recht der GbR, §§ 723, 730 ff. BGB

⇨ Bestehen einer Ehegatteninnengesellschaft hier wohl (-); Zweck geht nicht über die gemeinsame Lebensgestaltung hinaus

5. Anspruch aus §§ 346 ff., 313 I, III BGB

⇨ Sperrwirkung der §§ 1372 ff. BGB (-) da Zeit vor Eheschließung

⇨ **Voraussetzungen** des § 313 I BGB: nach BGH bei Hausbau vor Eheschließung **konkludenter Kooperationsvertrag familienrechtlicher Art**

Wegfall der Geschäftsgrundlage = Bestand der Ehe mit Scheidung

Umfang des Ausgleichsanspruchs: keine Besserstellung mit Situation bei Hausbau in Ehezeiten ⇨ Begrenzung des Ausgleichsanspruchs durch Betrag, den F als Mehr an Zugewinnausgleich verlangen könnte, wenn bei M im Anfangsvermögen nur mit Wert, den es ohne Leistungen der F gehabt hätte

Anspruchsausschluss bzw. Verwirkung (-)

6. Ergebnis:

Ausgleichsanspruch nach §§ 346 ff. BGB i.V.m. § 313 I, III BGB in Höhe dieser Wertdifferenz (+)

III. Lösung

1. Berücksichtigung beim Zugewinn

a) Wertmäßige Berücksichtigung

Möglicherweise hat eine Berücksichtigung der Aufwendungen und Arbeitsleistung der F bereits im Rahmen des Zugewinnausgleichs gem. § 1378 BGB zu erfolgen.

Zugewinn ist gem. § 1373 BGB dabei die Differenz zwischen Endvermögen i.S.v. § 1375 BGB und Anfangsvermögen gem. § 1374 BGB. Maßgeblicher Zeitpunkt für die Bestimmung des Anfangsvermögens ist gem. § 1376 BGB der Zeitpunkt des Eintritts in den Güterstand, mithin die Eheschließung; für die Bestimmung des Endvermögens ist gem. §§ 1376 II, 1384 BGB, § 124 FamFG i.V.m. §§ 253, 261 ZPO auf die Rechtshängigkeit des Scheidungsantrags abzustellen.

Unter den Zugewinn fällt somit nur Vermögen, das zwischen diesen zwei Zeitpunkten hinzukam.

Das hier in Frage stehende Grundstück inkl. Haus war jedoch bereits bei Eintritt in den Güterstand auf Seiten des M vorhanden.

Es fällt mit dem im maßgeblichen Zeitpunkt anzusetzenden Wert sowohl in das Anfangs- als auch in das Endvermögen, § 1376 BGB. Infolgedessen ist das Hausgrundstück grundsätzlich wertneutral. Lediglich die während der Ehezeit eingetretene Vermögenssteigerung, berichtigt um den Geldwertverlust, führt aufgrund des unterschiedlichen Wertansatzes bei Anfangs- und Endvermögen zu einer Berücksichtigung i.R.d. Zugewinns.

b) Keine Änderung der Eigentums- lage

Auch tritt mit Eheschließung i.R.d. ge- setzlichen Güterstands der Zugewinn- gemeinschaft keinerlei Veränderung der Vermögens- bzw. Eigentumsver- hältnisse ein. Die Zugewinngemein- schaft ist insoweit lediglich eine durch die Verfügungsbeschränkungen der §§ 1365, 1369 BGB modifizierte Güter- trennung. Das Hausgrundstück bleibt daher im Alleineigentum des M. Auch ein Ausgleich über §§ 741 ff. BGB kommt daher nicht in Betracht.

c) Ergebnis

Im Rahmen des Zugewinns findet das Hausgrundstück nur mit dem Wertzu- wachs, berichtigt um den Geldwertver- lust, Berücksichtigung.

2. Anspruch aus Schenkungswider- ruf, §§ 530 I, 531 II, 812 ff. BGB

Möglicherweise besteht ein Anspruch aus Schenkungswiderruf gem. §§ 530 I, 531 II, 812 ff. BGB.

Problematisch erscheint jedoch das Vorliegen einer Schenkung i.s.v. § 516 BGB. Erforderlich ist dabei v.a. die Ab- grenzung zur unbenannten bzw. ehe- bedingten Zuwendung. Letztere liegt vor, wenn der Zuwendung die Vorstel- lung zugrunde liegt, dass die eheliche Lebensgemeinschaft Bestand haben wird bzw. wenn diese sonst um der Ehe willen (matrimonii causa) oder als Bei- trag zur Verwirklichung oder Ausgestal- tung, Erhaltung oder Sicherung der ehelichen Lebensgemeinschaft er- bracht wird und die darin ihre Ge- schäftsgrundlage hat.

Der entscheidende Unterschied zur Schenkung liegt nach der Rechtspre- chung des BGH darin, dass eine Schenkung ein spürbares Vermögens- opfer des Schenkenden voraussetzt. Hieran fehlt es, wenn der Schenkende den konkreten Gegenstand auch nach der Schenkung wie einen eigenen oder besser gemeinsamen weiter benutzen will.

Dies ist beim gemeinsamen Hausbau gerade der Fall.

Von einer Schenkung kann daher kei- nesfalls ausgegangen werden. Ein An- spruch aus Schenkungswiderruf be- steht demnach nicht.

3. Anspruch aus Recht der GbR, §§ 723, 730 ff. BGB

In Betracht kommt jedoch ein Anspruch aus §§ 723, 730 ff. BGB. Ein solcher schuldrechtlicher Anspruch auf Zahlung des Auseinandersetzungsguthabens setzt jedoch die Auflösung einer GbR voraus.

a) Bestehen einer GbR

Fraglich ist, ob eine GbR in Form einer Innengesellschaft bestand, insbesonde- re ob ein gemeinsamer Zweck i.s.v. § 705 BGB gegeben ist.

Keinesfalls schließen die familienrecht- lichen Regelungen das Bestehen einer GbR zwischen den Ehegatten von vornherein aus.

Allerdings ist nach ständiger Recht- sprechung erforderlich, dass der ge- meinsame Zweck über die bloße Le- bensgemeinschaft hinausgeht. Der Ge- sellschaftszweck kann also nicht alleine das Führen der Ehe sein; vielmehr muss ein „über das bloße gemeinsame Haben" hinausgehender Zweck verfolgt werden.

Gilt der Einsatz von Vermögen und Arbeit hingegen nur dem Bestreben, die Voraussetzungen für die Verwirklichung der ehelichen Lebensgemeinschaft zu schaffen oder geht die Arbeit nicht über den Rahmen des für die Ehegattenmitarbeit Üblichen hinaus, scheidet eine konkludente Ehegatteninnengesellschaft aus.

Ob ein entsprechender Zweck vorliegt, ist bei Fehlen einer ausdrücklichen Vereinbarung durch Gesamtwürdigung der Umstände zu ermitteln.

Von der Schaffung eines gemeinsamen wirtschaftlichen Wertes kann nach der Rechtsprechung im konkreten Fall bei Vermögenswerten von – insbesondere im Hinblick auf die konkrete finanzielle Situation der Partner – erheblicher wirtschaftlicher Bedeutung i.d.R. ausgegangen werden. Dies gilt aber nur in Fällen, in denen das Haus zum Zweck der Kapitalanlage errichtet wird. Dieser Zweck der gemeinsamen Vermögensbildung geht über die typische bloße Verwirklichung der Lebensgemeinschaft, also über „Tisch und Bett" hinaus. Anders stellt sich die Situation im vorliegenden Fall dar. Hier war das Haus von Anfang an „nur" als Familienwohnheim gedacht. Es geht also allein um die Realisierung des gemeinsamen, ehelichen Lebens. Ein darüber hinausgehender Gesellschaftszweck ist nicht gegeben.

Ansprüche aus §§ 723, 730 ff. BGB scheiden damit aus.

hemmer-Methode: Bejaht man eine Gesellschaft, müsste weiter eine Kündigung i.S.v. § 723 I BGB erfolgt sein. Da eine Zeitdauer i.S.v. § 723 I S. 2 BGB für die gemeinsame Wertschöpfung nicht ersichtlich ist, ist in der Scheidung bzw. Einreichung des Scheidungsantrags auch die Kündigung der Ehegatteninnengesellschaft i.S.v. § 723 I S. 1 BGB zu sehen.

4. Anspruch aus § 812 I S. 2 Alt. 2 BGB

In Betracht kommt ferner ein Anspruch aus § 812 I S. 2 Alt. 2 BGB. Dann müsste eine Zweckvereinbarung i.S.v. § 812 I S. 2 Alt. 2 BGB vorliegen und der bezweckte Erfolg nicht eingetreten sein.

a) Bezweckter Erfolg

Bezweckter Erfolg könnte dabei zunächst das Zustandekommen der Ehe und die Benutzung des Hauses als Familienheim sein, da der Hausbau ja noch in der Verlobungszeit erfolgt. Diese Zwecke wären allerdings als erfüllt anzusehen, sodass diesbezüglich ein Anspruch aus § 812 I S. 2 Alt. 2 BGB scheitern würde.

Als weitere Zweckbestimmung kommt jedoch die Übertragung des hälftigen Miteigentums in Betracht. Diesbezüglich liegt keine Zweckerreichung vor.

b) Einigung über Zweckbestimmung

Erforderlich ist ferner jedoch eine tatsächliche Einigung über die Zweckbestimmung, die nicht Vertragsinhalt in Form einer aufschiebenden Bedingung geworden ist. In Abgrenzung zu § 313 BGB darf die Zweckbestimmung allerdings auch nicht nur bloßes Motiv sein. Erforderlich ist vielmehr eine Willensübereinstimmung, wobei jedoch eine stillschweigende Einigung genügt.

Im vorliegenden Fall stellt F ihre Ansprüche noch nicht im Zeitpunkt der Leistungserbringung, sondern erst nach der Scheidung.

Problematisch erscheint daher, ob wegen des großen Leistungsumfangs – laut Sachverhalt immerhin Kostentragung zu gleichen Teilen – in der Annahme der Leistungen durch M bereits eine stillschweigende Zustimmung zur Zweckbestimmung der Miteigentumsübertragung lag.

Zwar mag einiges darauf hindeuten, dass M aufgrund des enormen Leistungsumfangs die Zweckvorstellung hätte kennen müssen bzw. diese sich ihm aufgedrängt hat. Nach oben Gesagtem liegt jedoch in der Erkennbarkeit der Zweckvorstellung gerade noch keine, auch keine stillschweigende Einigung vor. Die Erkennbarkeit genügt in Abgrenzung zur Störung der Geschäftsgrundlage für eine Zweckbestimmung gerade nicht aus.

c)   Ergebnis

Mangels tatsächlicher Einigung über die Zweckbestimmung besteht kein Anspruch aus § 812 I S. 2 Alt. 2 BGB.

5.   Anspruch gem. §§ 346 ff. BGB i.V.m. § 313 I, III S. 1 BGB

In Betracht kommt daher ein Anspruch nach den zwischenzeitlich normierten Grundsätzen der Störung der Geschäftsgrundlage i.S.d. §§ 346 ff. BGB i.V.m. § 313 I, III S. 1 BGB.

a)   Sperrwirkung der §§ 1372 ff. BGB

Dem könnte jedoch die grundsätzliche Sperrwirkung der Vorschriften über den Zugewinnausgleich (§§ 1372 ff. BGB) entgegenstehen.

hemmer-Methode: Entwickelt wurde der familienrechtliche Ausgleich über den Wegfall der Geschäftsgrundlage für den Ausgleich unbenannter Zuwendungen unter Ehegatten im Güterstand der Gütertrennung. Bei der Gütertrennung besteht eine Trennung der Vermögensmassen und ein Zugewinnausgleich erfolgt nicht. Deshalb sind die Grundsätze über die Störung der Geschäftsgrundlage bei unbenannten Zuwendungen dort bedenkenlos anzuwenden. Bei der Zugewinngemeinschaft ist ein Ausgleich außerhalb der §§ 1372 ff. BGB hingegen nur in Ausnahmefällen denkbar.

Eine solche Sperrwirkung entfalten die Vorschriften über den Zugewinnausgleich allerdings nur für die Ehezeit.

Für die Zeit vor der Ehe, kann aus denselben Gründen wie bei der Gütertrennung, eine Sperrwirkung nicht eingreifen. Die §§ 1372 ff. BGB greifen ja gerade nicht für die Zeit vor der Ehe ein; zum Zeitpunkt des Hausbaus besteht vielmehr, wie unter Fremden, eine strikte Trennung der Vermögensmassen.

b)   Voraussetzungen des § 313 I BGB

Problematisch erscheint i.R.d. § 313 I BGB zunächst das Vorliegen eines Vertrags. Der BGH nimmt in Fällen des Hausbaus vor Eheschließung den stillschweigenden Abschluss eines Kooperationsvertrages familienrechtlicher Art an.

hemmer-Methode: Natürlich ist diese Annahme hier dogmatisch äußerst zweifelhaft. Immerhin wurde oben noch die stillschweigende Einigung über eine Zweckabrede mit dem Argument abgelehnt, dass eine Erkennbarkeit für deren Annahme nicht ausreicht. Der stillschweigende Abschluss eines Vertrages setzt aber weit mehr als Erkennbarkeit voraus. Die Rechtsprechung des BGH ist – wie so häufig – eher auf Billigkeitserwägungen zurückzuführen.

Da der BGH aber nun mal einen solchen Kooperationsvertrag konstruiert, ist es in der Klausur ratsam dieser Ansicht zu folgen. Immerhin will der Klausurersteller bei entsprechendem Sachverhalt ja gerade diese Problematik abfragen.

Geschäftsgrundlage dieses Vertrags ist dann der Bestand der künftigen Ehe. Die Annahme bloßer Gefälligkeiten scheitert schon an dem erheblichen Ausmaß der erbrachten Leistungen.

c) Umfang des Ausgleichsanspruchs

Problematisch ist im Fall des Hausbaus vor Eheschließung, allerdings der Umfang des Anspruchs.

Während im Fall der Gütertrennung ein Ausgleich der gesamten Leistung der F erfolgt, ist dies in der vorliegenden Konstellation nicht interessengerecht. Bei Gütertrennung findet ein güterrechtlicher Ausgleich überhaupt nicht statt. Der schuldrechtliche Ausgleich über den Wegfall der Geschäftsgrundlage kann somit auch nicht verdrängt werden.

Hier ist jedoch zu berücksichtigen, dass F – hätten M und F erst nach Eheschließung das Haus errichtet – nur hälftigen Ausgleich der gemeinsamen Leistungen hätte erlangen können. F darf daher keinesfalls besser stehen, als wenn der Hausbau erst nach Eheschließung erfolgt wäre.

Der Umfang des Ausgleichsanspruchs richtet sich also danach, was F als Mehr an Zugewinnausgleich verlangen könnte, wenn das Haus im Anfangsvermögen des M nur mit dem Wert Berücksichtigung gefunden hätte, den es ohne die Kostenübernahme und persönliche Leistungserbringung der F zum Zeitpunkt der Eheschließung gehabt hätte.

d) Ausschluss des Anspruchs

Man könnte noch an einen Ausschluss bzw. eine Verwirkung des Anspruchs aus §§ 346 ff. BGB i.V.m. § 313 I, III BGB denken.

Dies insbesondere deshalb, weil F hier letztendlich die Ursache für die Scheidung gesetzt hat und diese auch beantragt hat.

Ein solcher Ansatz wäre aber mit dem im Gesetz verankerten Zerrüttungsprinzip des § 1565 BGB nicht vereinbar.

Nach BGH führt eine Zerstörung der Geschäftsgrundlage deshalb nicht zu einer Verwirkung der von ihm erbrachten rein vermögensrechtlichen Leistungen.

Für eine Leistungsverweigerung wegen grober Unbilligkeit kann zwar ggf. § 1381 BGB analog herangezogen werden. Entsprechende Anhaltspunkte sind aber nicht ersichtlich.

e) Ergebnis

F hat somit gegen M neben dem normalen Zugewinnausgleichsanspruch auch bzgl. des vorehelichen Hausbaus einen Ausgleichsanspruch nach §§ 346 ff. BGB i.V.m. § 313 I, III BGB. Die Höhe richtet sich nach oben genannter Wertdifferenz.

IV. Zusammenfassung

• Vermögensveränderungen vor der Eheschließung fallen nicht unter die Regelungen der §§ 1372 ff. BGB. Maßgeblich für die Berechnung des Zugewinnausgleichs ist einzig das Anfangsvermögen bei Eintritt in den Güterstand gem. § 1374 BGB.

- Zwischen den Ehegatten kann auch Gesellschaftsrecht zur Anwendung kommen. Voraussetzung für eine Ehegatteninnengesellschaft ist jedoch die zumindest konkludente Einigung über einen Gesellschaftszweck, der „über das bloße gemeinsame Haben" hinausgeht und zumindest in der Schaffung eines gemeinsamen wirtschaftlichen Wertes besteht.

- Für die Einigung über eine Zweckbestimmung i.S.d. § 812 I S. 2 Alt. 2 BGB reicht die Erkennbarkeit der Zweckbestimmung nicht aus.

- Im Hausbau vor Eheschließung ist der stillschweigenden Abschluss eines Kooperationsvertrages familienrechtlicher Art zu sehen, dessen Geschäftsgrundlage der Bestand der Ehe ist.

- Der Umfang des Ausgleichsanspruchs aus §§ 313 I, III, 346 ff. BGB richtet sich danach, was F als Mehr an Zugewinnausgleich verlangen könnte, wenn das Haus im Anfangsvermögen des M nur mit dem Wert Berücksichtigung gefunden hätte, den es ohne die Kostenübernahme und persönliche Leistungserbringung der F zum Zeitpunkt der Eheschließung gehabt hätte.

V. Zur Vertiefung

Zur Abgrenzung von § 812 I S. 2 Alt. 1 BGB und § 812 I S. 2 Alt. 2 BGB sowie Störung der Geschäftsgrundlage i.S.d. § 313 BGB

- Hemmer/Wüst, Bereicherungsrecht, Rn. 271 ff.

Zum Hausbau vor Eheschließung

- Hemmer/Wüst, Familienrecht, Rn. 235 ff.
- **Life&Law 1/2000, 18 ff.**

Einschlägige Rechtsprechung

- Zur Ehegatteninnengesellschaft: m.w.N. BGH, FamRZ 2006, 607 = **Life&Law 8/2006, 528 ff. = juris**byhemmer

Fall 14: Gütergemeinschaft

Sachverhalt:

M und F sind seit 2000 miteinander im gesetzlichen Güterstand der Zugewinnge-meinschaft verheiratet. Die Mutter der F äußert bei jedem Familientreffen sehr energisch, dass M die F nicht liebe. Nur wer – wie Sie und ihr bereits vor fünfzehn Jahren verstorbener Ehemann – Gütergemeinschaft vereinbare, teile wirklich alles und könne von so etwas wie Liebe sprechen.

M hat davon genug. Anstatt sich aber von F scheiden zu lassen, lässt er sich im Mai 2005 auf den formwirksamen Abschluss eines Ehevertrags mit F ein, in dem Gütergemeinschaft vereinbart und der F das Verwaltungsrecht übertragen wurde. Dies wurde auch so im Güterrechtsregister eingetragen.

F hatte bereits vor Eingehung der Ehe im Jahr 2000 ein Grundstück zu ihrem Al-leineigentum erworben.

Frage 1:

Wer ist Eigentümer des Grundstücks?

Abwandlung:

F veräußert das Grundstück ohne Kenntnis des M, der sich ohnehin nie um das Grundstück gekümmert hat. Der Käufer K des Grundstücks hatte vor dem Erwerb extra noch das Grundbuch eingesehen. Vom Inhalt des Güterrechtsregisters hatte er hingegen keinerlei Kenntnis. Besitzverschaffung und Eintragung im Grundbuch erfolgen wenige Tage später.

Frage 2:

Kann M die Herausgabe des Grundstücks fordern?

I. Einordnung

Es ist eher unwahrscheinlich, dass Sie im Examen oder in einer Klausur mit einem Fall, der Gütergemeinschaft zum Inhalt hat, konfrontiert werden. Grund-kenntnisse schaden hier allerdings kei-nesfalls. Zumindest sollten Sie die ver-schiedenen Verwaltungsregeln kennen.

Anmerkung: Für die Verwaltung des Gesamtguts durch einen Ehegatten gelten die §§ 1422 ff. BGB. Wurde im Ehevertrag nichts (§ 1421 S. 2 BGB) oder gemeinschaftliche Verwaltung vereinbart, gelten die §§ 1450 ff. BGB.

Beachten Sie jedoch, dass sich das Verwaltungsrecht immer nur auf das Gesamtgut bezieht. Sie müssen des-halb zwingend vorher klären, ob es sich bei dem in Frage stehenden Gegen-stand nicht etwa um Sondergut oder Vorbehaltsgut eines der Ehegatten handelt.

Fall 14 behandelt im Grundfall die ver-schiedenen Vermögensmassen, die bei der Gütergemeinschaft strikt voneinan-der zu trennen sind und in der Abwand-lung das Verwaltungsrecht und seine Grenzen.

II. Gliederung

Frage 1:

Eigentumslage am Grundstück

1. Ursprüngliche Eigentumslage:
F Alleineigentümerin

2. Änderung durch Eheschließung:
§ 1363 II S. 1 BGB (-)

3. Entstehung von Gesamthandseigentum mit Abschluss des Ehevertrags

Gütergemeinschaft gem.
§§ 1415,1408, 1410 BGB (+)

Gesamtgut i.S.v. § 1416 I BGB (+),
da Sondergut i.S.v. § 1417 BGB und
Vorbehaltsgut i.S.v. § 1418 BGB (-)

4. Ergebnis:
Mit Eingehung der Gütergemeinschaft wird Grundstück Gesamthandseigentum von M und F

Frage 2:

Herausgabeanspruch des K gem. §§ 1428, 985 BGB

1. Eigentumslage am Grundstück

Eigentumsübertragung gem. §§ 873, 925 BGB:

Verfügungsbefugnis der verwaltungsberechtigten F gem. §§ 1421, 1422 BGB grds. (+);

Aber:

Verfügungsbeschränkung des § 1424 S. 1 BGB

keine Einwilligung des M

Eigentumsübertragung mangels alleiniger Verfügungsbefugnis der F (-)

Gutgläubiger Erwerb durch K nach §§ 873, 925, 892, 135 II BGB: kein Ausschluss durch § 1412 BGB; aber Ausschluss durch Verfügungsbeschränkung des § 1424 BGB?

h.L.: **(-),** da nur relative Verfügungsbeschränkung;

a.A.: **(+),** da absolute Verfügungsbeschränkung. Soweit man a.A. folgt

⇨ § 135 II BGB nicht anwendbar

⇨ gutgläubiger Erwerb (-)

Ergebnis: Grundstück weiter im Gesamthandseigentum M und F

2. K als unmittelbarer Besitzer: (+)

3. K als unberechtigter Besitzer: (+), da auch Kaufvertrag gem. § 1424 S. 1 BGB unwirksam

4. Revokationsrecht des M aus § 1428 BGB

5. Kein Zurückbehaltungsrecht: § 273 BGB nicht anwendbar, wg. Sinn und Zweck des § 1428 BGB

III. Lösung Frage 1

Eigentumslage am Grundstück

In Frage steht, wer Eigentümer des Grundstücks ist.

1. Ursprüngliche Eigentumslage

Ursprünglich war F Alleineigentümerin des Grundstücks.

2. Änderung durch Eheschließung

An diesem Alleineigentum der F hat sich auch durch die Eheschließung nichts verändert. Ein Ehevertrag wurde im Jahr 2000 nicht abgeschlossen; vielmehr galt zunächst der gesetzliche Güterstand der Zugewinngemeinschaft gem. § 1363 I BGB. Gem. § 1363 II S. 1 BGB behalten Ehegatten Alleineigentum an ihren Gegenständen.

3. Entstehung von Gesamthands-eigentum

Allerdings könnte mit Abschluss des Ehevertrags im Mai 2005 Gesamthand-seigentum am Grundstück entstanden sein. Die Entstehung von Gesamthand-seigentum könnte hier gem. § 1416 II BGB kraft Gesetzes erfolgt sein, so-dass es einer rechtsgeschäftlichen Übertragung hierzu nicht bedarf. Auch die fehlende Eintragung im Grundbuch steht der Entstehung von Gesamthand-seigentum nicht entgegen.

Anmerkung: An der Entstehung von Gesamthandseigentum kraft Gesetzes vermag die fehlende Grundbucheintra-gung nichts zu ändern. Allerdings hat M gegen F gem. § 1416 III S. 1 BGB ei-nen Anspruch auf Mitwirkung bei der durchzuführenden Grundbuchberichti-gung.

a) Gütergemeinschaft

§ 1416 II BGB findet jedoch nur im Gü-terstand der Gütergemeinschaft An-wendung. Die Regelung des Güter-standes ist gem. § 1408 I BGB insbe-sondere auch nach Eingehung der Ehe zulässig.

Genau dies ist hier der Fall. M und F haben fünf Jahre nach Eingehung der Ehe einen Ehevertrag gem. § 1408 I BGB geschlossen, in dem sie Güter-gemeinschaft vereinbart haben. Nach dem Sachverhalt erfolgte der Ab-schluss des Vertrags auch formwirk-sam, also gem. § 1410 BGB bei gleich-zeitiger Anwesenheit beider Teile zur Niederschrift eines Notars.

Eine Eintragung ins Güterrechtsregister ist erfolgt, wäre aber für die Entstehung des Güterstands ohnehin nicht konstitu-tiv gewesen.

Die Eintragung ist vielmehr nur gem. § 1412 BGB erforderlich, um einen möglichen Rechtsschein gegenüber Dritten zu beseitigen.

hemmer-Methode: § 1412 BGB nor-miert also keine Wirksamkeitsvoraus-setzung des Ehevertrags. Zwischen den Ehegatten selbst wirkt eine Ände-rung bzw. ein Ausschluss des gesetzli-chen Güterstandes also mit Abschluss eines, der Form des § 1410 BGB ent-sprechenden Ehevertrags, ohne dass es auf eine Eintragung im Güterrechts-register ankommt.

Gem. § 1415 BGB stellt die Güterge-meinschaft auch einen gesetzlich vor-gesehenen und somit erlaubten Güter-stand dar.

b) Gesamtgut

Wie sich aus der Stellung des § 1416 II BGB im Gesetz ergibt, bezieht sich die-ser nur auf Gesamtgut i.S.v. § 1416 S. 1 BGB.

Gesamthandseigentum wäre also dann nicht entstanden, wenn das Grundstück nicht ins Gesamtgut, sondern ins Son-dergut gem. § 1417 BGB oder Vorbe-haltsgut gem. § 1418 BGB gefallen wä-re.

hemmer-Methode: Bereits aus der Gesetzessystematik können Sie Fol-gendes Ablesen:
Grundsätzlich wird mit Eingehung der Gütergemeinschaft das Vermögen des Mannes und der Frau gemeinschaftli-ches Vermögen, also Gesamtgut (§ 1416 I S. 1 BGB). Hiervon „ausge-schlossen" sind nur Sondergut i.S.v. § 1417 I BGB und Vorbehaltsgut i.S.v. § 1418 I, II BGB.
Es besteht also eine Vermutung für die Zugehörigkeit zum Gesamtgut.

aa) Sondergut, § 1417 BGB

Sondergut ist gem. § 1417 II BGB das rechtsgeschäftlich nicht übertragbare Vermögen beider Ehegatten. Darunter fallen insbesondere Nießbrauch, unpfändbares Gehalt und Renten. Eine vertragliche Schaffung von Sondergut ist also nicht möglich; vielmehr ist Sondergut gesetzlich festgelegt.

Ein Grundstück stellt nach §§ 873 ff. BGB übertragbares Vermögen dar und scheidet somit als Sondergut aus.

bb) Vorbehaltsgut, § 1418 BGB

Gem. § 1418 II BGB fällt unter das Vorbehaltsgut jedes Ehegatten, was durch Ehevertrag oder durch Bestimmung eines Dritten in letztwilliger Verfügung oder bei unentgeltlicher Zuwendung zum Vorbehaltsgut erklärt worden ist, sowie die Surrogate und Einkünfte des Vorbehaltsguts (§ 1418 II Nr. 1 - 3 BGB).

Der Sachverhalt enthält keinerlei Hinweise darauf, dass das Grundstück gem. § 1418 II Nr. 1 BGB zum Vorbehaltsgut der F erklärt wurde. Auch für § 1418 II Nr. 2 BGB liegen keine Anhaltspunkte vor.

hemmer-Methode: Merken Sie sich, dass es bei der Gütergemeinschaft grds. fünf verschiedene Vermögensmassen gibt:

- Gesamtgut von M und F im Gesamthandseigentum
- Sondergut des M (Eigentum des M)
- Sondergut der F (Eigentum der F)
- Vorbehaltsgut des M (Eigentum des M)
- Vorbehaltsgut der F (Eigentum der F)

4. Ergebnis

Mit Eingehung der Gütergemeinschaft im Mai 2005, entstand am Grundstück somit Gesamthandseigentum von M und F.

IV. Lösung Frage 2

Anspruch des M gegen K aus §§ 1428, 985 BGB

Es könnte ein gemeinsamer Herausgabeanspruch von M und F aus § 985 BGB gegeben sein, den M gem. § 1428 BGB alleine geltend machen kann.

1. Gesamthandseigentum von M und F

Voraussetzung ist dann zunächst, dass M und F noch Gesamthandseigentümer sind.

Dieses Gesamthandseigentum könnte jedoch durch das Geschäft zwischen F und K erloschen sein.

a) Eigentumsübertragung auf K gem. §§ 873, 925 BGB

Da laut Sachverhalt die Voraussetzungen der §§ 873, 925 BGB grundsätzlich vorliegen, erscheint alleine fraglich, ob F zur Verfügung über das Grundstück berechtigt war.

Gem. § 1422 S. 1 BGB besteht grundsätzlich eine Verfügungsbefugnis des verwaltungsberechtigten Ehegatten über das Gesamtgut. Nach o.G. handelt es sich bei dem Grundstück gerade um Gesamtgut i.S.v. § 1416 I BGB.

Fraglich ist somit, ob F verwaltungsberechtigt ist.

Gem. § 1421 S. 2 BGB verwalten die Ehegatten das Gesamtgut gemeinschaftlich, soweit der Ehevertrag gem. § 1421 S. 1 BGB keine Bestimmung über das Verwaltungsrecht beinhaltet.

Laut Sachverhalt wurde hier im Ehevertrag das Verwaltungsrecht auf F übertragen.

Diese war somit grundsätzlich verfügungsberechtigt gem. § 1422 S. 1 BGB.

Allerdings könnte hier eine Verfügungsbeschränkung der F gem. § 1424 S. 1 BGB vorliegen. Da es sich hier um ein Grundstück im Gesamtgut handelt, konnte F nur mit Einwilligung des M verfügen.

Eine vorherige Zustimmung des M gem. § 182 BGB lag hier nicht vor. Auch für eine nachträgliche Zustimmung bzw. Genehmigung (vgl. § 184 I BGB) gem. §§ 1427 I, 1366 I BGB oder § 1426 BGB ist hier nichts ersichtlich.

b) Gutgläubiger Eigentumserwerb gem. §§ 873, 925, 892 I, 135 II BGB

K könnte aber das Grundstück möglicherweise gutgläubig erworben haben, §§ 892 I, 135 II BGB.

aa) Ausschluss durch § 1412 BGB

Fraglich ist, ob die Verfügungsbeschränkung des § 1424 BGB überhaupt mittels gutgläubigen Erwerbs überwindbar erscheint.

Festzuhalten ist insoweit, dass § 1412 BGB negativ regelt, wann eine Berufung auf den Güterstand ausgeschlossen ist. Da hier eine Eintragung ins Güterrechtsregister erfolgt ist, kann M dem K die Verfügungsbeschränkung des § 1424 BGB also grundsätzlich entgegenhalten.

Andererseits sagt § 1412 BGB aber nichts darüber aus, dass bei erfolgter Eintragung ins Güterrechtsregister ausnahmslos die Güterstandsbeschränkungen greifen würden.

bb) Ausschluss durch absolute Verfügungsbeschränkung

§ 892 I BGB kommt aber auch dann nicht zur Anwendung, wenn es sich bei § 1424 BGB um eine absolute Verfügungsbeschränkung handelt. Diese wird von § 135 II BGB nicht erfasst.

hemmer-Methode: Diese Problematik haben Sie bereits in Fall 7 kennen gelernt. Anders als bei der Zugewinngemeinschaft ist hier das Vorliegen einer absoluten Verfügungsbeschränkung aber wesentlich problematischer zu beurteilen.

(1) h.L.: Absolute Verfügungsbeschränkung (-)

Nach h.L. ist in § 1424 BGB allerdings nur eine relative Verfügungsbeschränkung zu sehen. Grund hierfür ist, dass die Verfügungsbeschränkungen der Gütergemeinschaft lediglich die allgemeinen Regeln über die Verfügungsbefugnis bei gemeinschaftlichem Eigentum wiederherstellen, die hier nur durch ehevertragliche Vereinbarung abgeändert wurden. Die Verfügungsbeschränkungen beruhen demnach auch gerade auf einem Rechtsgeschäft und ergeben sich anders als §§ 1365, 1369 BGB nicht unmittelbar aus dem Gesetz.

Auch der Schutzzweck der §§ 1424 ff. BGB entspricht nicht dem der §§ 1365, 1369 BGB.

Der gute Glaube ist auch innerhalb der Gütergemeinschaft auf vorhandenes Alleineigentum i.S.v. § 1418 BGB gerichtet, nicht etwa auf das Nichtbestehen einer Verfügungsbeschränkung.

(2) a.A.: Absolute Verfügungsbeschränkung (+)

Nach anderer Ansicht handelt es sich auch bei §§ 1423 ff. BGB um absolute Verfügungsbeschränkungen, womit ein gutgläubiger Erwerb ausgeschlossen wäre.

Hierzu wird angeführt, dass der gute Glaube an das Alleineigentum eines Ehegatten den Mangel in der Verwaltungsmacht nicht überwinden kann.

Auch hier ergäbe sich im Übrigen die Verfügungsbeschränkung direkt aus dem Gesetz. Lediglich die Wahl des Güterstandes habe vorauszugehen – fällt diese zugunsten des gesetzlichen Güterstandes aus, ist lediglich ein Ehevertrag nicht notwendig.

An dem Charakter der Verfügungsbeschränkungen könne aber die Regelung eines gesetzlichen Güterstandes nichts ändern.

Auch das Schutzzweckargument sei zu widerlegen. Denn auch die §§ 1423 ff. BGB verfolgen zumindest auch den Schutz der wirtschaftlichen Grundlage der Familie. Dieser Schutz muss, wie bei der Zugewinngemeinschaft, dem Rechtsscheinträger Grundbuch bzw. unmittelbarer Besitz vorgehen.

(3) Entscheidung

Schließlich ist nur durch eine absolute Verfügungsbeschränkung ein Gleichlauf zwischen sachenrechtlicher und schuldrechtlicher Lage zu erreichen.

Folgt man der h.L., wäre im Fall der Gutgläubigkeit zwar die Verfügung wirksam, nicht aber das zugrunde liegende Verpflichtungsgeschäft (§ 1424 S. 1 HS 2 BGB), denn auf die Wirksamkeit dieses Vertrages kann die Gutgläubigkeit keinerlei Auswirkung haben.

Der nicht verfügende Ehegatte könnte somit gegen den gutgläubigen Erwerber einen Bereicherungsanspruch gem. § 812 I S. 1 Alt. 1 BGB i.V.m. § 1428 BGB auf Rückübertragung des Eigentums geltend machen.

Letztendlich würde damit der gutgläubige Erwerb durch Bereicherungsrecht ausgehebelt und wirtschaftlich genau das erreicht werden, was die Gegenansicht ohne einen solchen Systembruch durch die Annahme einer absoluten Verfügungsbeschränkung erreicht.

Entgegen der h.L. ist hier somit von einer absoluten Verfügungsbeschränkung auszugehen.

Der gutgläubige Erwerb gem. §§ 892, 135 II BGB ist somit ausgeschlossen.

c) Zwischenergebnis

Das Grundstück steht weiterhin im Gesamthandseigentum von M und F.

2. K als unmittelbarer Besitzer

Laut Sachverhalt hat K das Grundstück bereits in Besitz genommen.

3. Unberechtigter Besitz des K

Da gem. § 1424 S. 1 HS 2 BGB auch der Kaufvertrag zwischen F und K mangels Einwilligung des M als Verpflichtungsgeschäft unwirksam ist, kommt eine Berechtigung zum Besitz für K hieraus nicht in Betracht.

K ist somit unberechtigter Besitzer.

4. Revokationsrecht des M aus § 1428 BGB

Diesen Herausgabeanspruch, der M und F als Gesamthandseigentümer grundsätzlich auch nur gesamthänderisch zusteht, kann M gem. § 1428 BGB alleine geltend machen. Gleichgültig ist dabei, dass F Verwalterin des Gesamtguts ist (§ 1428 BGB a.E.)

5. Zurückbehaltungsrecht nach § 273 BGB

In Betracht kommt noch ein Zurückbehaltungsrecht des K gem. § 273 BGB aus der Zahlung des Kaufpreises.

Ein solcher Anspruch steht dem K zwar aus § 812 I S. 1 Alt. 1 BGB aufgrund der Unwirksamkeit des Kaufvertrags zu. Dieser Anspruch ist auch konnex i.S.v. § 273 BGB.

Die h.M. lässt ein solches Zurückbehaltungsrecht i.R.d. Revokationsrechts des § 1428 BGB allerdings nicht zu.

Nur so erhält dieses nämlich die Bedeutung und Tragweite, die das Gesetz diesem beimisst. Anders wäre es für den veräußernden Ehegatten ein Leichtes, den erhaltenen Kaufpreis nicht zur Verfügung zu stellen, womit das Revokationsrecht in der Praxis nur dann durchgreifen würde, wenn der andere Ehegatte den entrichteten Kaufpreis aus seiner Tasche zahlen kann, um das Zurückbehaltungsrecht abzulösen.

Anmerkung: Auch diese Problematik ergibt sich immer wieder beim Revokationsrecht und wurde auch schon in Fall 7 behandelt.

V. Zusammenfassung

- Durch Eingehung der Gütergemeinschaft entsteht kraft Gesetzes gem. § 1416 II BGB Gesamthandseigentum am Gesamtgut.

- Gesamtgut i.S.v. § 1416 BGB ist das gesamte Vermögen der beiden Ehegatten, soweit es nicht Sondergut i.S.v. § 1417 BGB oder Vorbehaltsgut i.S.v. § 1418 BGB darstellt.

- Das Verwaltungsrecht i.S.v. § 1421 ff. BGB bezieht sich nur auf das Gesamtgut.

- Sondergut und Vorbehaltsgut bleiben im Alleineigentum eines jeden Ehegatten.

- Das Verwaltungs- und Verfügungsrecht wird durch die Verfügungsbeschränkungen der §§ 1423 ff. BGB eingeschränkt.

- Bei Verfügungsbeschränkungen der §§ 1423 ff. BGB handelt es sich nach h.L. um relative Verfügungsbeschränkungen, die durch gutgläubigen Erwerb nach §§ 892, 135 II BGB überwunden werden können, während nach a.A. absolute Verfügungsbeschränkungen vorliegen und gutgläubiger Erwerb ausgeschlossen ist.

VI. Zur Vertiefung

Zur Gütergemeinschaft
- Hemmer/Wüst, Familienrecht, Rn. 261 ff.

Fall 15: Die Gütertrennung

Sachverhalt:

M und F heirateten im Jahre 1990. Dabei vereinbarten sie formwirksam die Güter-trennung. Zur Zeit der Eheschließung verfügten weder M noch F über nennenswer-tes Vermögen. Im Jahre 2007 wurde die Ehe von M und F rechtskräftig geschieden. Seit dem Jahre 1992 bis zur Anhängigkeit des Scheidungsantrages bezog M Ren-tenbezüge, die allerdings umgehend auf das Konto der F transferiert wurden. Im Gegenzug übernahm F die Versorgung des kranken M, die sie aus kleinen Teilbe-trägen dieser Bezüge bestritt. F erwarb in den Jahren ab 1992 Aktien mehrerer hoffnungsvoller IT- und Biotech-Unternehmen, die zum Zeitpunkt der Rechtshän-gigkeit des Scheidungsantrages einen Wert von weit über 1 Mio. € besaßen. Eine Absprache mit M erfolgte zu keiner Zeit und die anfallenden Dividenden bekam M auch nie zu sehen.

Nachdem M an seinem wöchentlichen Stammtisch großer Häme ausgesetzt war, weil er sich ohne sein Wissen habe abzocken lassen, will er nun doch an dem Reichtum der F partizipieren.

Frage:

Stehen M Ausgleichsansprüche in Höhe der Hälfte des Aktienkurses zum Zeitpunkt der Rechtshängigkeit des Scheidungsantrages zu?

I. Einordnung

Nachdem bereits die Güterstände der Zugewinngemeinschaft gem. §§ 1363 ff. BGB sowie der Gütergemeinschaft gem. §§ 1415 ff. BGB behandelt worden sind, soll im folgenden Fall das eheliche Gü-terrecht vervollständigt werden, in dem auch der dritte Güterstand, den das BGB dem Rechtsanwender anbietet, nämlich die Gütertrennung gem. § 1414 BGB, dargestellt wird.

Anmerkung: Beachten Sie, dass die Gütertrennung auch im Erbrecht Aus-wirkungen haben kann, vgl. § 1931 IV BGB (lesen!). Die Gütertrennung kann auch steuerliche Nachteile haben, da der während einer Ehe erzielte Zuge-winn erbschafts- und schenkungssteu-erfrei ist, vgl. § 5 ErbStG.

Im Güterstand der Gütertrennung treten keine spezifisch güterrechtlichen Be-ziehungen zwischen den Eheleuten ein. Allerdings sollte hier immer beachtet werden, dass die allgemeinen Ehewir-kungen der §§ 1353 - 1362 BGB natür-lich auch gelten.

Die Gütertrennung tritt in zwei Fällen ein:

- als vertraglicher Güterstand durch Ehevertrag mit ausdrücklicher Ver-einbarung oder nach § 1414 S. 2 BGB durch Auslegung als vermute-ter Güterstand

- als subsidiärer gesetzlicher Güter-stand in den Fällen eines rechtskräf-tigen Urteils hinsichtlich des vorzeiti-gen Zugewinnausgleichs gem. § 1388 BGB i.V.m. §§ 1385, 1386 BGB bzw. bei Aufhebung der Güter-gemeinschaft gem. §§ 1449, 1470 BGB

II. Gliederung

> **Ausgleichsansprüche des M**
> 1. §§ 723, 730 ff. BGB
> 2. § 812 I S. 2 Alt. 1 BGB i.V.m.
>   §§ 530 I, 531 II BGB
> 3. § 812 I S. 2 Alt. 2 BGB
> 4. § 313 BGB

III. Lösung

Fraglich ist nun also, ob M Ausgleichsansprüche in Höhe der Hälfte des Aktienkurses zum Zeitpunkt der Rechtshängigkeit des Scheidungsantrages zustehen.

Anmerkung: Bei Vorliegen eines Oderkontos könnte sich ein Anspruch auf das Auseinandersetzungsguthaben aus § 430 BGB ergeben.

1. §§ 723, 730 ff. BGB

Möglicherweise steht M ein Anspruch aus §§ 723, 730 ff. BGB gegen F zu. Voraussetzung für einen derartigen Anspruch auf das Auseinandersetzungsguthaben ist das Bestehen einer Innengesellschaft zwischen den Eheleuten.

Anmerkung: Beachten Sie für die Fälle der Gütertrennung die weitgehende Parallelität zu den Fällen des Hausbaus vor der Ehe vgl. Fall 13. Machen Sie sich nur nochmals die Unterschiede deutlich. So vermeiden Sie überflüssiges „Doppellernen"!

a) Bestehen einer Innengesellschaft

Eine Innengesellschaft stellt eine normale BGB-Gesellschaft i.S.d. § 705 I BGB dar, sodass folglich ein gemeinsamer Zweck verfolgt werden muss. Nach allgemeiner Ansicht reicht hierfür nicht allein das Führen der Ehe als solches aus.

aa) Über die Ehe hinausgehender Gesellschaftszweck

Es bedarf vielmehr eines über die Ehe hinausgehenden Zweckes, um ein darüber hinausgehendes Rechtsverhältnis festzustellen. Dies ist bei Fehlen einer ausdrücklichen Vereinbarung durch eine Gesamtwürdigung der Umstände festzustellen.

Anmerkung: Beachten Sie nochmals, dass die familienrechtlichen Regelungen keinesfalls das Bestehen einer GbR zwischen Ehegatten ausschließen.

Allerdings muss jedenfalls ein gemeinsamer Zweck feststellbar sein. Hier hat F zwar im Gegenzug zur Versorgung die Rentenbezüge erhalten. Dagegen sind die Aktienkäufe in vollkommener Eigenregie der F abgelaufen. Ob darüber hinaus auch ein gemeinsamer Zweck im Hinblick etwa auf die Versorgung des M zu konstatieren ist, lässt der Sachverhalt eher offen.

bb) Gleichgeordnete Tätigkeit der Ehegatten

Eine Innengesellschaft kann jedenfalls nur dann vorliegen, wenn eine gleichgeordnete Tätigkeit der Ehegatten vorliegt.

Wie aus § 706 I BGB folgt, bedeutet dies zwar nicht, dass beide gleich hohe Finanzbeiträge leisten müssen. Dies gilt hiernach nur dann, wenn nichts Abweichendes zwischen den Parteien vereinbart ist. Allerdings muss sich das Verhältnis als in etwa gleichberechtigte Mitarbeit und Beteiligung darstellen.

Hier aber hat F hinsichtlich der Aktienkäufe vollkommen eigenständig und ohne irgendwie geartete Beteiligung des M gehandelt. Darüber hinaus kamen auch die Erträge zu keiner Zeit dem M zugute, etwa durch Verwendung zu seiner Versorgung.

Damit liegt aber im Ergebnis jedenfalls keine gleichgeordnete Tätigkeit zwischen den Ehegatten M und F vor.

b) Ergebnis

Mangels gleichgeordneter Tätigkeit liegt keine Innengesellschaft i.S.d. § 705 I BGB vor. Damit besteht aber auch kein Anspruch auf das Auseinandersetzungsguthaben gem. §§ 723, 730 ff. BGB.

2.   Anspruch aus § 812 I S. 2 Alt. 1 BGB i.V.m. §§ 530 I, 531 II BGB

Weiterhin könnte ein Anspruch aus § 812 I S. 2 Alt. 1 BGB i.V.m. §§ 530 I, 531 II BGB folgen.

Anmerkung: § 531 II BGB stellt eine Rechtsgrundverweisung dar, da die §§ 530 ff. BGB selbst nur den Bestand der Schenkung betreffen.

Voraussetzung ist, dass infolge Widerrufs der Schenkung der rechtliche Grund für eine Schenkung später weggefallen ist.

a)   Anwendbarkeit der §§ 516 ff. BGB

Dies bedeutet aber, dass die Transferleistungen der Rentenbezüge überhaupt Schenkungen i.S.d. § 516 I BGB darstellen, die nach § 530 I BGB widerrufen werden könnten.

Bei der Bejahung von Schenkungen unter Ehegatten ist aber immer höchste Vorsicht geboten. Nach der Rspr. des BGH sind Zuwendungen unter Ehegatten nur ausnahmsweise als Schenkung zu behandeln. Wenn sie als Beitrag zur Verwirklichung der Lebensgemeinschaft dienen, sind sie nämlich vielmehr als sog. unbenannte oder ehebezogene Zuwendungen zu behandeln, die nicht unter die §§ 516 ff. BGB fallen.

Kennzeichnend für eine solche Zuwendung ist, dass dieser die Vorstellung zugrunde liegt, die eheliche Lebensgemeinschaft hat Bestand und kann an dem Vermögenswert partizipieren. Die bedeutet folglich, dass es im Gegensatz zu einer echten Schenkung an der subjektiven Unentgeltlichkeit fehlt, da eine weitere Teilhabe gerade Sinn und Zweck der Zuwendung ist.

Hier sind die Transferleistungen der Rentenbezüge seitens des M gerade in Erwartung des Bestandes der Ehe erfolgt. Er erhoffte sich damit insbesondere, dass seine weitere Versorgung damit sichergestellt wird, sodass also eine weitere Teilhabe an den Bezügen beabsichtigt war.

b)   Ergebnis

Somit liegen hier also sog. unbenannte Zuwendungen vor, sodass gerade das Schenkungsrecht der §§ 516 ff. BGB nicht zur Anwendung kommt.

Ein Anspruch aus § 812 I S. 2 Alt. 1 BGB i.V.m. §§ 530 I, 531 II BGB scheidet damit bereits mangels Anwendbarkeit aus.

3. Anspruch aus § 812 I S. 2 Alt. 2 BGB

Fraglich ist, ob M ein Ausgleichsanspruch gem. § 812 I S. 2 Alt. 2 BGB zusteht.

Voraussetzung ist, dass ein durch die Transferleistungen der Rentenbezüge bezweckter Erfolg nicht eingetreten ist.

Über diese Zweckrichtung müsste zwischen M und F eine tatsächliche Einigung erfolgt sein. Der Zweck darf dabei vom Leistenden nicht lediglich ein einseitiges Motiv sein. Allerdings ist auch keine rechtsgeschäftliche Einigung im Sinne einer Bedingung gem. § 158 BGB unter diesem Begriff zu verstehen.

Hier war die Sicherstellung der Versorgung aus den Rentenbezügen der bezweckte Erfolg. Hierüber haben die Ehegatten auch eine Einigung im oben genannten Sinne erzielt.

Die Versorgung des kranken M ist aber auch aus diesen Bezügen geleistet worden. Der Zweck ist folglich erreicht worden. Eine weitergehende Einigung über einen anderen Zeck, wie etwa der Fortbestand der Ehe, i.d.S. lag nicht vor. Eine solche Zweckbestimmung Ehegatten einer damals intakten Ehe zu unterstellen, liefe auf eine bloße Fiktion hinaus.

Wegen Zweckerreichung steht M damit kein Anspruch aus § 812 I S. 2 Alt. 2 BGB auf hälftigen Ausgleich zu.

4. Anspruch aus § 313 BGB

Möglicherweise steht M aber ein Ausgleichsanspruch über die Grundsätze der Störung der Geschäftsgrundlage (SGG) gem. § 313 BGB zu.

Anmerkung: Hier liegt eine Vielzahl von unbenannten Zuwendungen vor, die grds. nicht zu einer „Gesamtzuwendung" addiert werden. Um aber den Fall nicht zu kompliziert werden zu lassen, was die Abwicklung anbelangt, sollen hier die Zuwendungen insgesamt behandelt werden.

Dazu müssten nun die Voraussetzungen dieses Anspruches vorliegen.

a) Allgemeine Voraussetzungen der SGG

Es müssten sich also Umstände, die Grundlage des Vertrages geworden sind, nachträglich geändert haben und diese Umstände müssten so wesentlich gewesen sein, dass die betroffene Partei die Vereinbarung ohne diese Umstände nicht bzw. nicht so geschlossen hätte. Weiterhin müsste ein normatives Element vorliegen, das in Eherechtsfällen gewisse Besonderheiten aufweist, vgl. unten b).

aa) Reales Element

Geschäftsgrundlage kann nur ein Umstand sein, dessen Bestehen oder Fortbestehen von mindestens einer Partei vorausgesetzt worden ist (Reales Element).

Hier hat M die Zuwendungen gerade im Hinblick auf das Fortbestehen der Ehe vorgenommen, da insoweit seine spätere Versorgung und Pflege sichergestellt werden sollte. Das Bestehen der Ehe war somit Geschäftsgrundlage für die Zuwendungen. Ob F dies erkannt hat, ist insoweit unbeachtlich.

bb) Wegfall des Umstandes

Hier ist dieser Umstand infolge der Scheidung auch nachträglich entfallen, sodass eine schwerwiegende Veränderung im Sinne des § 313 I BGB vorliegt.

cc) Hypothetisches Element

Wie dargestellt, erfolgten die Zuwendungen gerade im Hinblick auf die spätere Versorgung des M.

Damit war die Ehe als Geschäftsgrundlage aber für M auch von so wesentlicher Bedeutung, dass er ohne diese die Zuwendungen nicht geleistet hätte (hypothetisches Element).

b) Besondere Voraussetzungen im Eherecht

Darüber hinaus müssen in Fällen des Eherechts für das normative Element besondere Voraussetzungen vorliegen.

aa) Vorhandene Vermögensmehrung

Im Zeitpunkt des Scheiterns der Ehe, da hier die Geschäftsgrundlage „Ehe" weggefallen ist, müssten die Leistungen des Ehegatten noch in messbarer Form im Vermögen des anderen Ehegatten vorhanden sein.

Mit Blick auf das beträchtliche Aktienvermögen der F kann dies ohne weiteres bejaht werden.

bb) Unzumutbarkeit bei Beibehaltung der Vermögenslage

Ausgleichsansprüche nach den Grundsätzen über die Störung der Geschäftsgrundlage setzen weiterhin voraus, dass die herbeigeführte Vermögenslage dem benachteiligten Ehegatten nicht zumutbar ist.

(1) Zugewinngemeinschaft

Fraglich ist aber, wann eine solche Unzumutbarkeit vorliegt. In Fällen des gesetzlichen Güterstands der Zugewinngemeinschaft, § 1363 I BGB, dürfte eine solche Unzumutbarkeit nur ausnahmsweise vorliegen. Über § 1372 BGB wird bereits eine Beteiligung an den Zuwendungen gewährt sind.

In diesen Fällen kann ein Ausgleich über § 313 BGB nur in sehr streng zu handhabenden Ausnahmefällen angewandt werden.

(2) Gütertrennung

Solch hohe Anforderungen sind aber naturgemäß im Bereich der Gütertrennung nicht zu fordern, da hier keine zu §§ 1372 ff. BGB vergleichbaren Regelungen existieren.

Allerdings ist auch hier der konkrete Einzelfall anhand einer Gesamtabwägung der Umstände zu untersuchen, ob es für den zuwendenden Teil unzumutbar ist, die dem anderen Teil gemachten Zuwendungen zu belassen.

(3) Abwägung

Einzustellen in diese Abwägung sind die verschiedenen Umstände des Einzelfalles, die abschließend in ihrer Gesamtheit zu würdigen sind.

Kriterien können insbesondere sein, die Ehedauer sowie die Frage, wie lange und mit welchem Erfolg die Zuwendung ihrem Zweck gedient hat und darüber hinaus das Alter der Ehegatten, Höhe der verbliebenen Vermögensmehrung sowie weitere Umstände, die von Fall zu Fall variieren können.

Hier nun hat F die Beträge nur in geringem Umfange zur Versorgung des M aufgewandt.

Sie selbst hat in eklatant höherem Maße von den grundsätzlich von M erworbenen Rentenanwartschaften profitiert. Auch das bereits fortgeschrittene Alter und die Krankheit sprechen hier eindeutig für eine Unzumutbarkeit der bestehenden Vermögenslage des ursprünglich zuwendenden M.

c) Ergebnis

Aufgrund der Unzumutbarkeit ist dem Grunde nach ein Ausgleichsanspruch nach § 313 I BGB für den M zu bejahen. Die Höhe ist letztlich eine Frage der Billigkeit. Bei Berücksichtigung der Gesamtumstände dürfte aber hier ein hälftiger Ausgleich der Billigkeit entsprechen.

Anmerkung: Gerade diese Billigkeitsverteilung kann zu kaum vorhersehbaren Ergebnissen führen. Auch deshalb sucht der BGH bei größeren Vermögenswerten einen Ausgleich über das Gesellschaftsrecht. Dieser Weg war hier ausgeschlossen, so dass Sie sich auch einmal mit dem Ausgleich nach Billigkeit gem. § 313 I BGB auseinander setzen mussten.

IV. Zusammenfassung

- Eine Ehegatteninnengesellschaft bedarf eines über die Ehe als solche hinausgehenden Gesellschaftszwecks.

- Eine gleich geordnete Tätigkeit liegt bei gleichberechtigter Mitarbeit und Beteiligung vor.

- §§ 516 ff. BGB finden bei sog. unbenannten Zuwendungen keine Anwendung.

- Ein Ausgleich über § 313 I BGB ist bei Fällen des gesetzlichen Güterstandes der Zugewinngemeinschaft nur in Ausnahmefällen zulässig.

- Derartige Beschränkungen greifen in Fällen der Gütertrennung mangels den §§ 1372 ff. BGB vergleichbaren Regelungen nicht ein.

- Im Rahmen des § 313 I BGB ist eine Abwägung der Gesamtumstände des Einzelfalls zu treffen. Ein etwaiger Ausgleich erfolgt dann nach Billigkeitsgrundsätzen.

Anmerkung: Die vorstehenden Grundsätze gelten auch bei der Beendigung einer nichtehelichen Lebensgemeinschaft, vgl. Fall 19!

V. Zur Vertiefung

- Hemmer/Wüst, Familienrecht, Rn. 257 ff. (Die Gütertrennung)
- Hemmer/Wüst, Bereicherungsrecht, Rn. 271 ff. (Abgrenzung § 812 BGB - § 313 BGB)
- BGH, FamRZ 2006, 607 = **Life&Law 8/2006, 528 ff.** = **juris**byhemmer

Fall 16: Getrenntleben

Sachverhalt:

F wurde von M, mit dem sie seit zwei Jahren verheiratet ist, mehrmals verprügelt. Deswegen begab sie sich zusammen mit ihrem dreijährigen Sohn S im August 2013 nach einer erneuten Handgreiflichkeit des M in ein Frauenhaus und blieb dort zunächst mehrere Monate.

Im Dezember beschließt sie, sich endgültig von M zu trennen, würde aber gerne die gemeinsame Ehewohnung behalten, insbesondere damit sich S in seiner gewohnten Umgebung an die neue Situation gewöhnen kann. Tatsächlich ist es so, dass S – seit sich beide im Frauenhaus aufhalten – in seinem Verhalten anderen Kindern gegenüber äußerst aggressive Züge annimmt, was Kinderpsychologen nicht zuletzt auf das plötzliche Herausreißen aus der gewohnten Umgebung und die derzeitige beengte Wohnsituation im Frauenhaus zurückführen.

Die Ehewohnung steht aber im Alleineigentum des M. F war bisher aufgrund der Betreuung des S nicht berufstätig.

Frage 1:

Hat F gegen M einen Anspruch auf Überlassung der Ehewohnung?

Frage 2:

Kann F von M während der Zeit des Getrenntlebens Unterhalt für sich verlangen, wenn sie im Jahr 2012 schriftlich auf ihren Unterhaltsanspruch verzichtet hat?

I. Einordnung

Fall 16 befasst sich mit der Trennungszeit (§§ 1361 ff. BGB). Hierunter ist die Zeit ab Auflösung der häuslichen Gemeinschaft (§ 1567 BGB) bis zur Rechtskraft der Scheidung zu verstehen. Die Ansprüche betreffen dementsprechend immer nur diesen Zeitraum. Während dieser Zeit besteht zwar eine gesteigerte Eigenverantwortung, die eheliche Solidargemeinschaft besteht jedoch weiter. Im Gegensatz hierzu gilt nach Scheidung grundsätzlich das Prinzip der Eigenverantwortung.

Trennungsunterhalt und nachehelicher Unterhalt bzw. Scheidungsunterhalt sind strikt voneinander zu unterscheiden. (Nichtidentität von Trennungsunterhalt und Scheidungsunterhalt).

hemmer-Methode: Nicht nur bei diesem, sondern auch den nachfolgenden Fällen, die sich mit Unterhaltsansprüchen befassen, müssen Sie sich keinesfalls alle Spezialprobleme verinnerlichen. Wie Sie sehen werden, gilt es hier v.a. die richtigen Normen zu den einzelnen Unterhaltsansprüchen zu finden und diese systematisch sauber durchzuprüfen. In den meisten Fällen ergeben sich dann die Lösungen für etwaige Spezialprobleme schon alleine aus der Gesetzeslektüre. Mehr als die Umsetzung der Normen wird von Ihnen bei Unterhaltsansprüchen selbst im 1. Staatsexamen nicht verlangt.

II. Gliederung

Frage 1:

Anspruch auf Überlassung der Ehewohnung gem. § 1361b I, II BGB

1. Anwendbarkeit des § 1361b BGB:
(+) da lex specialis zu § 2 GewSchG

2. Getrenntleben bzw. Trennungsabsicht:

Räumliche Trennung mit Auszug der F ins Frauenhaus (+)

Subjektiver Trennungswille

ebenfalls bereits in diesem Zeitpunkt (+); auf endgültige Trennungsabsicht kommt es nicht an

3. Vorliegen einer unbilligen Härte:
Gesamtabwägung der Umstände spricht für unbillige Härte; Berücksichtigung der Eigentumslage zwar gem. § 1361b I S. 3 BGB erforderlich, aber hier jedenfalls Kindeswohl gem. § 1361b I S. 2 BGB

4. Anspruchsumfang
zeitlich nur bis Rechtskraft der Scheidung
nur vorläufige Zuweisung
räumlich: gesamte Ehewohnung, § 1361b II S. 1 BGB

5. Ergebnis: § 1361b I BGB hinsichtlich gesamter Ehewohnung (+)

Frage 2:

Anspruch auf Trennungsunterhalt gem. § 1361 BGB

1. Getrenntleben i.S.v. § 1361 I BGB:
Legaldefinition des § 1567 BGB nach o.G. (+)

2. Bedarf: richtet sich nach den ehelichen Lebensverhältnissen

3. Bedürftigkeit der F:
kein eigenes Einkommen bzw. anrechenbares Vermögen
Erwerbstätigkeit gem. § 1361 II BGB nicht zumutbar; insbes. wg. Kindesbetreuung, i.Ü. i.R.d. Trennungsunterhalts noch eheliche Solidargemeinschaft

4. Leistungsfähigkeit des M: (+)

5. Wirksamer Unterhaltsverzicht:
§§ 1361 IV S. 4, 1360a III, 1614 I BGB (-)

6. Härteklausel des § 1361 III BGB:
(-) da keine Gründe ersichtlich

7. Ergebnis: Unterhaltsanspruch aus § 1361 I BGB.

III. Lösung Frage 1

Anspruch auf vorläufige Überlassung der Ehewohnung gem. § 1361b I, II BGB

F könnte gegen M einen Anspruch auf vorläufige Nutzungsüberlassung der Ehewohnung gem. § 1361b I, II BGB haben.

1. Anwendbarkeit des § 1361b BGB

Ein solcher Anspruch setzt zunächst voraus, dass § 1361b BGB hier überhaupt Anwendung findet. Problematisch erscheint dabei das Konkurrenzverhältnis zu § 2 GewSchG. Dieser käme hier in Betracht, weil M laut Sachverhalt gewalttätig geworden ist. Die Voraussetzungen lägen hier demnach eigentlich vor.

§ 1361b BGB ist jedoch lex specialis zu § 2 GewSchG für getrennt lebende oder trennungswillige Ehegatten, wenn sich die Ehegatten darüber streiten, wer von ihnen bei Trennung die bisherige gemeinsam genutzte Ehewohnung allein weiter nutzen darf.

hemmer-Methode: Im Umkehrschluss findet § 2 GewSchG also auf nichteheliche Lebensgemeinschaften Anwendung und auf Ehegatten, die weder getrennt leben noch die Absicht einer Trennung i.S.v. § 1567 BGB haben. Fehlender Trennungswille wird aber aufgrund der Umstände, die zur Begründung des Anspruchs aus § 2 GewSchG notwendig sind, ein seltener Fall bleiben.

Laut Sachverhalt sind M und F seit zwei Jahren miteinander verheiratet und somit Ehegatten.

2. Getrenntleben bzw. Trennungsabsicht

Fraglich ist jedoch, ob die Ehegatten voneinander getrennt leben bzw. einer der Ehegatten Trennungsabsicht i.S.v. § 1361b I BGB hat.

Hier könnte bereits ein Getrenntleben nach § 1567 I BGB vorliegen. Dies ist der Fall, wenn zwischen den Ehegatten keine häusliche Gemeinschaft besteht und ein Ehegatte sie erkennbar nicht herstellen will, weil er die eheliche Lebensgemeinschaft ablehnt.

Bereits der Auszug ins Frauenhaus könnte ein solches Getrenntleben herbeigeführt haben. Eine häusliche Gemeinschaft bestand danach jedenfalls zwischen den Ehegatten nicht mehr.

Problematisch erscheint jedoch die subjektive Seite der Trennungsabsicht. Während der Sachverhalt über die Absicht des M keinerlei Anhaltspunkte gibt, fällt der endgültige Wille, die Lebensgemeinschaft nicht wieder herzustellen, bei F erst mit dem Beschluss im Dezember.

Darauf kommt es aber gar nicht an. Maßgeblich ist gerade nicht der endgültige Wille, die Lebensgemeinschaft nicht mehr herzustellen, sondern der aktuelle Wille trotz Möglichkeit dazu,

die häusliche Gemeinschaft nicht weiterzuführen. Dementsprechend kann der Auszug ins Frauenhaus nicht mit einer beruflichen Abwesenheit o.Ä. gleichgesetzt werden, da M gerade den Anlass dazu geliefert hat.

Vielmehr liegt bereits mit Auszug ein entsprechender Trennungswille vor.

Somit ist von einem Getrenntleben i.S.v. § 1567 I BGB ab August 2013 auszugehen.

Anmerkung: Im Gegensatz zum Getrenntleben i.S.v. § 1567 BGB, das Scheidungsvoraussetzung ist, genügt für § 1361b BGB bereits die reine Trennungsabsicht ohne räumliche Trennung. Dies ermöglicht dem Ehegatten hier die vorübergehende Zuweisung der Ehewohnung zu beantragen, ohne vorher ausgezogen zu sein. Darauf kam es hier jedoch gar nicht an, da im Fall eine räumliche Trennung unproblematisch gegeben ist.

3. Vorliegen einer unbilligen Härte

a) Begriff der unbilligen Härte

Ferner setzt der Anspruch auf vorläufige Überlassung der Ehewohnung allerdings eine unbillige Härte voraus.

Hier kommt es im Einzelfall auf eine Gesamtabwägung der Umstände an.

Das Begehren auf Zuweisung ist danach dann gerechtfertigt, wenn dem Ehegatten ein Zusammenleben mit dem anderen Ehegatten in einer räumlichen Einheit nicht mehr zuzumuten ist und nach den Umständen keine andere Art der Trennung in Betracht kommt.

Insbesondere genügt hierzu auch ein Leben in fortgesetzter Demütigung und Verachtung oder die Verletzung der Privatsphäre, etwa durch Mitbringen ungewünschter Personen in die gemeinsame Ehewohnung.

Bloße Spannungen, die nicht über das Maß einer trennungsbedingten Auseinandersetzung hinausgehen, genügen aber i.d.R. nicht.

Laut Sachverhalt wurde F hier mehrmals von M verprügelt. Somit steht das Vorliegen einer unbilligen Härte außer Frage.

b) Berücksichtigung der Eigentumslage gem. § 1361b I S. 3 BGB

Fraglich ist jedoch, ob gerade der F die Ehewohnung zuzuweisen ist. Gem. § 1361b I S. 3 BGB ist die Eigentumslage an der Ehewohnung nämlich gesondert zu berücksichtigen. Da M hier Eigentümer dieser Wohnung ist, könnte man der Ansicht sein, dass er in der Ehewohnung bleiben darf, soweit der F eine andere Unterbringung möglich ist.

c) Berücksichtigung des Kindeswohls

Allerdings bedarf die Gesamtabwägung gem. § 1361b I S. 2 BGB auch der Berücksichtigung des Wohls von im Haushalt lebenden Kindern. Das Herausreißen des S aus seiner gewohnten räumlichen Umgebung hat hier bereits nachweislich negative psychische Auswirkungen gehabt.

d) Zwischenergebnis

Die erforderliche Gesamtabwägung führt unter Berücksichtigung der dinglichen Rechtslage und der Belange des Kindeswohls dazu, dass für F eine unbillige Härte i.S.v. § 1361b I BGB vorliegt.

4. Anspruchsumfang

Der Anspruch auf Überlassung der Ehewohnung beinhaltet allerdings nur eine zeitlich befristete Überlassung. Mit Rechtskraft der Scheidung verliert eine Zuweisung nach § 1361b BGB ihre Wirksamkeit. Die Zuweisung der Ehewohnung richtet sich dann nach der § 1568a BGB.

Grundsätzlich kommt i.R.d. § 1361b I BGB auch eine Teilung der Ehewohnung in Betracht, soweit dies räumlich möglich und mangels anderer Alternativen erforderlich erscheint.

Dem steht hier jedoch § 1361b II S. 1 BGB von vornherein entgegen. Da M hier F eindeutig und mehrmals widerrechtlich am Körper verletzt hat, ist ihr die gesamte Ehewohnung zuzuweisen.

Dafür, dass ein Ausnahmefall i.S.v. § 1361b II S. 2 BGB gegeben ist, erscheint nichts ersichtlich.

5. Ergebnis

F hat gegen M einen Anspruch auf vorläufige Überlassung der gesamten Ehewohnung gem. § 1361b I BGB.

Anmerkung: Ein Gegenanspruch des M auf Nutzungsvergütung gem. § 1361b III S. 2 BGB besteht nach h.M. erst ab Erhebung einer entsprechenden Forderung und nicht rückwirkend.

IV. Lösung Frage 2

Unterhaltsanspruch der F

F könnte gegen M ferner einen Unterhaltsanspruch gem. § 1361 I BGB haben.

hemmer-Methode: Schon beim Auffinden der unterhaltsrechtlichen Anspruchsgrundlage ist die Nichtidentität von Scheidungs- und Trennungsunterhalt zu berücksichtigen. Denken Sie hier deshalb nicht einmal daran, bei §§ 1570 ff. BGB nachzuschlagen.
Diese behandeln den nachehelichen Unterhalt und gelten erst nach Rechtskraft der Scheidung.

1. Getrenntleben

Ein Anspruch auf Trennungsunterhalt gem. § 1361 I BGB besteht zwischen Ehegatten in der Zeit des Getrenntlebens, d.h. ab Auszug mit Trennungsabsicht bis zur Rechtskraft der Scheidung. F und M leben nach oben Genannten hier getrennt i.S.d. §§ 1361, 1567 BGB.

hemmer-Methode: Weitere Auswirkung des Nichtidentitätsgrundsatzes: Besteht ein Anspruch auf Trennungsunterhalt, sagt dies nur etwas über die Zeit der Trennung aus. Mit Rechtskraft der Scheidung besteht ein Anspruch aus § 1361 I BGB nicht mehr.

2. Bedarf der F

Der Bedarf bestimmt sich gem. § 1361 I BGB nach den Lebensverhältnissen und den Erwerbs- und Vermögensverhältnissen der Ehegatten.

hemmer-Methode: Eine konkrete zahlenmäßige Bedarfs- bzw. Unterhaltsberechnung wird von Ihnen vor dem 2. Staatsexamen auf keinen Fall verlangt werden. Es geht i.R.d. Unterhaltsansprüche deshalb i.d.R. nur um das „Ob" eines Unterhaltsanspruchs und dessen Rechtsgrundlage.

3. Bedürftigkeit der F

Fraglich ist jedoch, ob F in voller Höhe des Bedarf bzw. überhaupt bedürftig ist. Die Bedürftigkeit entfällt, wenn und soweit der Berechtigte sich aus eigenen Mitteln selbst unterhalten kann.

Dies ist insbesondere dann der Fall, wenn der Berechtigte über eigene Einkünfte aus Erwerbstätigkeit oder über Vermögen verfügt.

F ist hier jedoch weder berufstätig, noch liegen Anhaltspunkte für ein vorhandenes Vermögen vor.

Allerdings kommt eine Minderung der Bedürftigkeit nach § 1361 II BGB in Betracht. Eine solche ergibt sich, wenn der Berechtigte es unterlässt, eine angemessene und zumutbare Erwerbstätigkeit auszuführen. Ob eine Erwerbstätigkeit zumutbar ist, richtet sich gem. § 1361 II BGB insbesondere nach den persönlichen Verhältnissen unter Berücksichtigung der Ehedauer und einer früheren Erwerbstätigkeit, sowie nach den wirtschaftlichen Verhältnissen der beiden Ehegatten.

hemmer-Methode: Trotz des Nichtidentitätsgrundsatzes dürfen Sie hier nun ausnahmsweise auf §§ 1569 ff. BGB schielen. Diese sind hier zwar keinesfalls anwendbar, können aber zu Argumentationszwecken herangezogen werden.

Hier erscheint problematisch, ob eine Erwerbstätigkeit neben der Kindesbetreuung überhaupt zumutbar ist. Wie sich aus § 1570 BGB für den Fall des nachehelichen Unterhalts ergibt, stellt die Pflege und Erziehung eines gemeinschaftlichen Kindes gerade einen Fall dar, in dem eine Erwerbstätigkeit dem Grunde nach nicht erwartet werden kann.

Zwar gilt dies nicht ausnahmslos für jede Kindesbetreuung – vielmehr ist auf Alter und Anzahl der Kinder abzustellen – doch ist bei einem dreijährigen Kind kaum von einer zumutbaren Erwerbstätigkeit neben der Pflege und Erziehung auszugehen. Dies gilt umso mehr, da F auch während des Zusammenlebens keiner Erwerbstätigkeit nachgegangen ist.

Hinzu kommt, dass im Fall einer Trennung geringere Anforderungen an die Erwerbspflicht zu stellen sind, da vor der Scheidung die eheliche Solidargemeinschaft noch fortbesteht, während nach Scheidung gem. § 1569 BGB das Prinzip der Eigenverantwortlichkeit greift.

I.d.R. entfällt deshalb ohnehin jedenfalls im ersten Trennungsjahr die Zumutbarkeit.

Insbesondere aber wegen der Kindesbetreuung kann von F somit keine Erwerbstätigkeit gem. § 1361 II BGB erwartet werden.

Die Bedürftigkeit der F besteht in voller Höhe.

4. Leistungsfähigkeit des M

Ferner muss der Unterhaltsverpflichtete aber auch leistungsfähig sein. Er muss also in der Lage sein, aus erzielten oder erzielbaren Einkünften oder aus der Verwertung von Vermögen, die von ihm erwartet werden kann, Unterhalt zu leisten.

Von der Leistungsfähigkeit ist hier jedoch mangels anderweitiger Angaben im Sachverhalt auszugehen.

5. Wirksamer Unterhaltsausschluss

Problematisch erscheint jedoch, dass F im Jahr 2012 eine Verzichtsvereinbarung mit M getroffen hat.

Gem. §§ 1361 IV S. 4, 1360a III, 1614 I BGB ist hier ein Unterhaltsverzicht jedoch für die Zukunft nicht möglich, da F überhaupt keine Dispositionsbefugnis hat. Auf Trennungsunterhalt kann nicht im Voraus verzichtet werden. Der Verzicht ist daher unwirksam, ohne dass es auf § 138 BGB ankäme.

6. Härteklausel, § 1361 III BGB

Für Härtegründe, die gem. §§ 1361 III, 1579 Nr. 2 – 8 BGB zu einer Versagung, Herabsetzung oder zeitlichen Begrenzung des Unterhaltsanspruchs der F führen, sind keine Umstände ersichtlich.

7. Ergebnis

F hat somit gegen M einen Anspruch auf angemessenen Trennungsunterhalt i.S.v. § 1361 I BGB, der gem. § 1361 IV BGB in Form einer monatlich im Voraus zu zahlenden Geldrente zu entrichten ist.

V. Zusammenfassung

- §§ 1361 ff. BGB behandeln den Zeitraum ab Trennung bis zur Rechtskraft der Scheidung.

- Ob i.R.d. § 1361b I BGB eine unbillige Härte vorliegt, ist durch Gesamtabwägung der Interessen beider Ehegatten unter Berücksichtigung der Eigentumsverhältnisse und besonderer Berücksichtigung des Wohls eines gemeinsamen Kindes zu ermitteln.

- Eine Bedürftigkeitsminderung i.R.d. § 1361 I BGB tritt v.a. dann ein, wenn der Ehefrau eine Erwerbstätigkeit zumutbar ist.

- I.R.d. Trennungsunterhalts gilt im Gegensatz zum nachehelichen Unterhalt noch die eheliche Solidargemeinschaft.

hemmer-Methode: Beachten Sie, dass sich die gleichen Probleme auch i.R. einer Lebenspartnerschaft stellen können. Dann gilt es, die §§ 12 - 14 LPartG aufzufinden und systematisch sauber durchzuprüfen.

Meistens kann dann auf die Kenntnisse zur Ehe zurückgegriffen werden. Allerdings ergeben sich hier auch einige Besonderheiten aus dem Gesetzestext, die eine Abweichung vom ehelichen Unterhaltsrecht darstellen. Keinesfalls dürfen Sie also Ihre Kenntnisse zu §§ 1361 ff. BGB blind auf die §§ 12 ff. LPartG übertragen.

- Ein Verzicht auf Trennungsunterhalt für die Zukunft ist gem. §§ 1361 IV S. 4, 1360a III, 1614 I BGB nicht möglich.

VI. Zur Vertiefung

Zum Trennungsunterhalt

- Hemmer/Wüst, Familienrecht, Rn. 88 ff.

Zur Ehewohnung und Hausratsverteilung bei Getrenntleben

- Hemmer/Wüst, Familienrecht, Rn. 125 ff.

Fall 17: Nachehelicher Unterhalt

Sachverhalt:

M und F – seit 1999 miteinander verheiratet – ließen sich am 19.01.2014 rechts-kräftig scheiden. F, die bereits vor der Ehe eine Ausbildung zur Bankkauffrau ab-solviert hat, ist seit September 2008 BWL-Studentin.

F verlangt nun von M Unterhalt, um das Studium fortsetzen zu können. M verwei-gert am 03.02.2014 jegliche Unterhaltszahlung unter Verweis auf die mögliche Er-werbstätigkeit der F als Bankkauffrau.

Mit Datum vom 04.03.2014 fordert F den M unter Angaben aller aufgelaufenen Teilbeträge schriftlich zur Zahlung auf. M zahlt jedoch auch daraufhin keinen Unter-halt.

Frage 1:

Hat F einen Unterhaltsanspruch gegen M?

Frage 2:

Wenn davon auszugehen ist, dass ein Unterhaltsanspruch dem Grunde nach be-steht, ab wann kann F dann Unterhalt verlangen.

Frage 3:

Wie wäre der Fall zu beurteilen, wenn die Mahnung der F bereits am 03.01.2014 er-folgt und M daraufhin nichts mehr von sich hören lässt, aber auch nicht zahlt?

I. Einordnung

Fall 17 befasst sich nun mit dem nach-ehelichen Unterhalt.

hemmer-Methode: Der Prüfungsauf-bau des Unterhaltsanspruchs ist hier identisch mit dem des Fall 16. Prägen Sie sich daher diesen Prüfungsaufbau für alle Unterhaltsansprüche ein:
1. Anspruchsgrundlage
2. Bedarf
3. Bedürftigkeit des Unterhaltsberech-tigten
4. Leistungsfähigkeit des Unterhalts-pflichtigen
5. Sonstige Probleme: Unterhaltsver-zicht, Härtefall, Unterhalt für die Vergangenheit, etc.

Im Gegensatz zum Trennungsunterhalt liegt hier ein Hauptaugenmerk auf der Prüfung der Anspruchsgrundlage.

Anders als während der Trennungszeit, ist Unterhalt nach rechtskräftiger Scheidung nur in den abschließend ge-nannten Fällen der §§ 1570 ff. BGB zu zahlen, sog. Grundsatz der Eigenver-antwortlichkeit, vgl. § 1569 BGB.

Dieser Grundsatz sollte durch die Un-terhaltsreform zum 01.01.2008 unter-strichen werden, da er in der Wirklich-keit oft sträflich vernachlässigt wurde.

II. Gliederung

Frage 1:

Unterhaltsanspruch der M nach § 1573 I BGB

1. **Voraussetzungen des § 1573 I BGB:**

a) kein Unterhaltsanspruch nach §§ 1570 bis 1572 BGB (+)

b) Beruf der Bankkauffrau als angemessene Erwerbstätigkeit i.S.v.
§ 1574 BGB (-)

2. Bedarf (+)

3. Bedürftigkeit der F (+),
da keine Erwerbstätigkeit und kein
anrechenbares Vermögen

4. Leistungsfähigkeit des M (+)

5. Ergebnis: Unterhaltsanspruch gem.
§§ 1573 I, 1578 BGB (+)

Frage 2:

Beginn der Zahlungspflicht

**1. Bestehen des Unterhaltsan-
spruchs** grds. mit Rechtskraft der
Scheidung

2. Unterhalt für Vergangenheit grds.
nur nach Maßgabe des § 1585b II
i.V.m. § 1613 BGB

a) keine Anzeichen für Rechtshängigkeit
eines Unterhaltsantrags

b) Verzug des Unterhaltspflichtigen?
Nicht § 286 II Nr. 1 BGB; jedenfalls
aber mit Mahnung vom 04.03.2014
(§ 286 I S. 1 BGB), hier allerdings
bereits mit Erfüllungsverweigerung
vom 03.02.2014 (§ 286 II Nr. 3 BGB)

3. Ergebnis: Unterhalt kann ab
04.02.2014 verlangt werden

Frage 3:

Mahnung vor Rechtkraft

**1. Bestehen des Unterhaltsan-
spruchs (+)**

2. Unterhalt für Vergangenheit grds.
nur nach Maßgabe des § 1585b II
i.V.m. § 1613 BGB

a) keine Anzeichen für Rechtshängigkeit eines Unterhaltsantrags

---

b) Verzug des Unterhaltspflichtigen?

Mahnung vor Rechtskraft und somit
vor Entstehen des Anspruchs i.S.d.
§ 1573 BGB

3. Ergebnis:
Unterhalt kann nicht für die
Vergangenheit geltend gemacht
werden

III. Lösung Frage 1

Unterhaltsanspruch der F gegen M

F könnte gegen M einen Anspruch aus
§ 1573 I BGB haben. M und F wurden
am 19.01.2014 i.S.v. § 1564 BGB
rechtkräftig geschieden. Somit greifen
die Unterhaltsregelungen der
§§ 1569 ff. BGB ein.

1. Voraussetzungen des § 1573 BGB

Dann müssten zunächst die Voraussetzungen des § 1573 I BGB vorliegen.

a) Subsidiarität des § 1573 I BGB

Seinem Wortlaut nach kommt § 1573 I
BGB nur in Betracht, soweit kein Anspruch aus §§ 1570 – 1572 BGB gegeben ist. § 1573 I BGB ist zu diesen also
subsidiär.

hemmer-Methode: Dies bedeutet keinesfalls, dass sich die §§ 1570 – 1572
BGB gegenseitig ausschließen würden.
Vielmehr greift § 1573 I BGB nur nicht
ein, soweit kein anderer Unterhaltsanspruch besteht. Wie sich aus § 1573 II
BGB ergibt, ist § 1573 BGB aber auch
in der Form des sog. Aufstockungsun-
terhalts denkbar. Vgl. hierzu auch
Fall 18.

Im Sachverhalt sind jedoch keinerlei Anhaltspunkte dafür ersichtlich, dass ein Unterhaltsanspruch wegen Kindesbetreuung (§ 1570 BGB), Alters (§ 1571 BGB) bzw. Krankheit oder Gebrechen (§ 1572 BGB) in Betracht kommen könnte.

§ 1573 I BGB findet somit uneingeschränkte Anwendung.

b) Angemessene Erwerbstätigkeit der F

Demnach kann F gem. § 1573 I BGB Unterhalt verlangen bis sie eine angemessene Erwerbstätigkeit findet.

Fraglich ist somit, ob der Beruf der Bankkauffrau eine angemessene Erwerbstätigkeit i.d.S. ist, F sich also darauf verweisen lassen muss.

Was unter einer angemessenen Erwerbstätigkeit zu verstehen ist, wird durch die Legaldefinition des § 1574 II BGB näher bestimmt. Wie sich aus dem Sachverhalt ergibt, hatte F die Voraussetzungen zur Aufnahme eines BWL-Studiums mitgebracht. Auch unter Berücksichtigung der ehelichen Lebensverhältnisse stellt sich somit die Tätigkeit als Bankkauffrau nicht als angemessene Tätigkeit dar, da während des ehelichen Zusammenlebens die Beendigung des Studiums vorgesehen war.

Gem. § 1574 III BGB kann sie vielmehr die zur Aufnahme einer angemessenen Tätigkeit erforderliche Ausbildung fortführen, da nichts gegen einen erfolgreichen Abschluss spricht.

Ein Unterhaltsanspruch aus § 1573 I BGB besteht somit grundsätzlich bis zum Abschluss des Studiums.

2. Unterhaltsbedarf

Der Unterhaltsbedarf richtet sich dabei gem. § 1578 I S. 1 BGB nach den ehelichen Lebensverhältnissen, die hier nicht näher bestimmt werden können.

Anmerkung: Wie bereits erwähnt, ist die Unterhaltsbemessung bis zum Ersten Staatsexamen kein geeignetes Klausurthema.

3. Bedürftigkeit der F

Da weder ein anrechenbares Vermögen noch Einkommen der F ersichtlich ist und diese nach o.G. auch zur Aufnahme einer Erwerbstätigkeit nicht verpflichtet ist, ist F auch in voller Höhe bedürftig. Eine Kürzung des Maßes des Unterhalts erfolgt nicht.

4. Leistungsfähigkeit des M

Mangels gegenteiliger Anhaltspunkte ist der Unterhaltpflichtige M auch leistungsfähig i.S.v. § 1581 BGB

5. Ergebnis

F hat gegen M bis zur erfolgreichen Beendigung ihres Studiums einen Anspruch auf nachehelichen Unterhalt gem. § 1573 I BGB, der sich nach den ehelichen Lebensverhältnissen gem. § 1578 BGB bestimmt.

IV. Lösung Frage 2

1. Unterhaltsanspruch gem. § 1573 I BGB

Nach dem Sachverhalt ist davon auszugehen, dass ein Unterhaltanspruch i.S.v. § 1573 I BGB unabhängig von der Beantwortung der Frage 1 besteht.

2. Unterhalt für Vergangenheit

Problematisch erscheint jedoch, dass F auch Unterhalt für die Vergangenheit haben möchte. Frühestmöglicher Zeitpunkt hierfür ist jedoch der Zeitpunkt der Rechtskraft der Scheidung. Erst mit Rechtskraft der Scheidung greift § 1573 I BGB ein, womit der Anspruch auch erstmalig nach Rechtskraft entstehen kann.

Fraglich ist jedoch, ob F tatsächlich Unterhalt ab 19.01.2014 verlangen kann.

Insoweit enthält § 1585b II BGB jedoch eine Einschränkung. Unterhalt für die Vergangenheit kann - abgesehen von den Fällen des Sonderbedarfs nach § 1585b I BGB – nur unter den Voraussetzungen des § 1613 BGB verlangt werden.

Nach § 1613 BGB kann Unterhalt für die Vergangenheit erst von dem Zeitpunkt an gefordert werden, zu dem der Unterhaltspflichtige in Verzug gekommen ist, der Unterhaltsanspruch rechtshängig geworden ist oder der Verpflichtete wenigstens zur Auskunftserteilung zum Zwecke der Unterhaltsberechnung aufgefordert wurde.

a) Rechtshängigkeit eines Unterhaltsantrags

Dafür, dass ein Unterhaltsantrag der F bereits rechtshängig ist, enthält der Sachverhalt keinerlei Anhaltspunkte.

hemmer-Methode: Beachten Sie, dass nach § 113 V Nr. 2 FamFG in Familien(streit)sachen keine „Klage" erhoben, sondern ein „Antrag" gestellt wird!

b) Verzug des M

Möglicherweise befindet sich M jedoch mit den Unterhaltszahlungen bereits in Verzug. Dies bestimmt sich nach § 286 BGB.

aa) Nichtleistung trotz Fälligkeit

Voraussetzung ist daher zunächst eine Nichtleistung des Schuldners trotz Fälligkeit der Forderung.

Gem. § 1585 I BGB ist der Unterhalt in Form einer Geldrente monatlich im Voraus zu gewähren.

Da M bisher überhaupt nicht gezahlt hat, liegt eine Nichtleistung trotz Fälligkeit für die vergangenen Monate in jedem Fall vor.

bb) Vertretenmüssen der Nichtleistung

Das Vertretenmüssen dieser Nichtleistung trotz Fälligkeit wird gem. § 286 IV BGB auch vermutet. Gegenteilige Anhaltspunkte sind nicht ersichtlich.

cc) Mahnung, § 286 I S. 1 BGB

Gem. § 286 I S. 1 BGB müsste jedoch ferner eine Mahnung vorliegen, die nach dem Eintritt der Fälligkeit erfolgt.

Eine solche liegt jedenfalls mit dem 04.03.2014 vor, da laut Sachverhalt F zu diesem Zeitpunkt den M zur Zahlung schriftlich auffordert. Zu diesem Zeitpunkt liegt auch ein sukzessiv fälliger Anspruch auf nachehelichen Unterhalt vor. Nicht erforderlich ist dabei, dass die Mahnung jeden Monat wiederholt wird.

Somit könnte gem. §§ 1585b II, 1613 I BGB BGB Unterhalt erst ab dem März 2014 gefordert werden.

dd) Entbehrlichkeit nach § 286 II Nr. 1 BGB

Fraglich ist, ob eine solche Mahnung nicht vielleicht entbehrlich ist und M sich somit bereits zu einem früheren Zeitpunkt in Verzug befindet.

In Betracht käme dabei zunächst § 286 II Nr. 1 BGB. Fraglich ist, ob die Unterhaltsansprüche i.d.S. kalendermäßig bestimmt sind. Zwar ist gem. § 1585 I S. 2 BGB der Unterhalt jeweils monatlich im Voraus zu entrichten; nach ganz h.M. und BGH genügt diese Angabe einer kalendermäßigen Bestimmung i.S.v. § 286 II Nr. 1 BGB aber nicht.

Grund dafür ist, dass ansonsten die Norm des § 1585b II BGB nahezu leer liefe, da i.d.R. Verzug mit Fälligkeit eintreten würde.

ee) Entbehrlichkeit nach § 286 II Nr. 3 BGB

Die Mahnung könnte aber hier gem. § 286 II Nr. 3 BGB entbehrlich sein, wenn eine ernsthafte und endgültige Erfüllungsverweigerung des M vorliegt. Eine solche ist hier nicht erst in der Nichtzahlung nach Mahnung am 04.03.2014 zu sehen, sondern bereits in der strikten Weigerung vom 03.02.2014.

c) Zwischenergebnis

Somit befand sich M ab dem 03.02.2014 gem. § 286 I, II Nr. 3 BGB in Verzug.

3. Ergebnis

Im Ergebnis kann F gem. §§ 1585b II, 1613 I BGB ab Februar 2014 Scheidungsunterhalt i.S.v. § 1573 I BGB fordern.

V. Lösung Frage 3

Fraglich ist, ob sich an dem gefundenen Ergebnis dadurch etwas ändert, dass die Mahnung und Zahlungsverweigerung hier bereits vor Rechtskraft des Urteils erfolgten.

1. Unterhaltsanspruch gem. § 1573 I BGB

Wie oben bereits festgestellt, besteht ein Unterhaltsanspruch gem. § 1573 I BGB erst nach Rechtskraft der Scheidung.

Somit kommt eine Unterhaltsforderung auf der Grundlage von § 1573 I BGB erst ab dem 20.01.2014 in Betracht.

hemmer-Methode: Diese Auswirkung des Nichtidentitätsgrundsatzes dürfte Ihnen bereits aus dem vorherigen Fall bekannt sein. Vor Rechtskraft der Scheidung besteht allenfalls ein Anspruch auf Trennungsunterhalt nach § 1361 I BGB.

2. Unterhalt für Vergangenheit

Fraglich ist jedoch, ob auch hier nach § 1585b II BGB i.V.m. § 1613 I BGB Einfluss auf den Zeitpunkt hat, ab dem Unterhalt für die Vergangenheit gefordert werden kann. Es gilt auch hier, dass frühestmöglicher Zeitpunkt hierfür die Rechtshängigkeit eines Unterhaltsantrags bzw. Verzug mit der Zahlung oder das entsprechende Auskunftsverlangen ist.

a) Rechtshängigkeit eines Unterhaltsantrags

Ein Unterhaltsantrag ist nicht rechtshängig.

b) Verzug des M

Fraglich ist damit erneut, ab welchem Zeitpunkt sich M in Verzug befindet.

Nichtleistung trotz Fälligkeit und Verschulden sind nach o.G. auch hier gegeben.

Fraglich ist, ob die gem. § 286 I S. 1 BGB erforderliche Mahnung vom 03.01.2014 verzugsbegründend wirken kann. Dies könnte daran scheitern, dass § 286 I S. 1 BGB eine Mahnung nach Fälligkeit voraussetzt.

Wie bereits festgestellt, richtet sich die Fälligkeit des Unterhaltsanspruchs nach § 1585 BGB. Dieser gilt aber erst für die Zeit nach Eintritt der Rechtskraft der Scheidung am 19.01.2014, da der Anspruch auf nacheheliche Unterhalt dann überhaupt erst entsteht.

Möglicherweise bestand zum Zeitpunkt der Mahnung jedoch ein Anspruch auf Trennungsunterhalt gem. § 1361 BGB.

Hierauf kommt es aber gar nicht an. Selbst wenn sich die Mahnung auf einen bestehenden Trennungsunterhaltsanspruch bezieht, setzt diese den Schuldner nicht auch wegen eines künftigen Anspruchs auf nacheheliche Unterhalt in Verzug.

Nach oben Genanntem ist zwar bei wiederkehrenden Leistungen die Mahnung nicht monatlich zu erneuern. Hier greift jedoch erneut der Grundsatz der Nichtidentität zwischen Trennungs- und Scheidungsunterhalt ein.

Mit Rechtskraft des Scheidungsurteils besteht hinsichtlich des Unterhaltsanspruchs ein Identitätswechsel; von einer einheitlichen wiederkehrenden Leistung, die eine erneute Mahnung entbehrlich macht, kann dann nicht mehr die Rede sein.

Es kann auch dahingestellt bleiben, ob M mit der Mahnung vom 03.01.2014 wirksam im Hinblick auf den Trennungsunterhalt in Verzug gesetzt wurde, da sich die Fallfrage hierauf gerade nicht bezieht.

Vielmehr bleibt festzuhalten, dass eine wirksame Mahnung im Hinblick auf den Scheidungsunterhalt gerade nicht vorliegt.

Auch eine Entbehrlichkeit der Mahnung ist in der Fallabwandlung nicht ersichtlich. Insbesondere liegt hier keine ernsthafte und endgültige Erfüllungsverweigerung i.S.v. § 286 II Nr. 3 BGB vor.

c) Zwischenergebnis

Somit liegt weder Verzug noch Rechtshängigkeit des Unterhaltsantrags noch eine Mahnung zum Zweck der Berechnung des nachehelichen Unterhalts gem. §§ 1585b II, 1613 BGB vor.

3. Ergebnis

F kann für die Zeit nach dem 19.01.2014 keinerlei Unterhalt (Scheidungsunterhalt) mehr beanspruchen. Vielmehr müsste diese nun umgehend Auskunft zum Zweck der Unterhaltsberechnung verlangen, mahnen bzw. einen Unterhaltsantrag anhängig machen.

hemmer-Methode: Auch hier ergeben sich teilweise parallele Problematiken bei der eingetragenen Lebenspartnerschaft. § 16 LPartG enthält eine spezielle Regelung für den nachpartnerschaftlichen Unterhalt. In einer Klausur dürften Spezialkenntnisse von Ihnen aber kaum erwartet werden. Umso mehr gilt es dann genau zu arbeiten. Dabei dürfen Sie Ihr bestes Hilfsmittel – das Gesetz – keinesfalls aus den Augen verlieren.

VI. Zusammenfassung

- Nach Scheidung gilt das Prinzip der Eigenverantwortung, d.h. ein Unterhaltsanspruch besteht nur, wenn die Voraussetzungen einer der Anspruchsgrundlagen gem. §§ 1570 – 1576 BGB erfüllt sind.

- Nachehelicher Unterhalt kann nach Maßgabe des § 1585b BGB für die Vergangenheit erst ab Rechtshängigkeit des Unterhaltsantrags bzw. Verzug mit der Unterhaltsforderung verlangt werden.

- § 1585 I S. 2 BGB führt nicht zu einer kalendermäßigen Bestimmung der Leistungszeit i.S.v. § 286 II Nr. 1 BGB.

- Bei gleichbleibenden wiederkehrenden Leistung wie Unterhalt, ist eine monatliche Mahnung nicht notwendig; vielmehr genügt eine einmalige Mahnung.

- Nachehelicher Unterhalt und Trennungsunterhalt sind nicht identisch; eine Mahnung hinsichtlich der Unterhaltsansprüche während der Trennungszeit bezieht sich demnach im Zweifel nur auf den Trennungsunterhalt.

VII. Zur Vertiefung

Zum Scheidungsunterhalt

- Hemmer/Wüst, Familienrecht, Rn. 295 ff.

Fall 18: Inhaltskontrolle von Eheverträgen

Sachverhalt:

Die seit April 2013 geschiedenen Eheleute M und F (beide geboren 1964) hatten 1988 geheiratet. Aus der Ehe sind zwei Kinder hervorgegangen, die zwischenzeitlich beide volljährig sind und bereits arbeiten.

M ist als Immobilienmakler tätig. F war vor Eingehung der Ehe als Informatikerin tätig, gab diese Tätigkeit auf Wunsch des M allerdings nach der Schwangerschaft auf, um sich voll und ganz den Kindern zu widmen und den Haushalt zu führen.

Kurze Zeit nach der Geburt des zweiten Kindes schlossen beide auf Wunsch des M einen notariellen Ehevertrag, in dem sie u.a. für den Fall der Scheidung gegenseitig auf jegliche Unterhaltsansprüche mit Ausnahme des Unterhalts wegen Betreuung eines Kindes verzichteten. Zum Ausgleich hierfür schloss M zur Absicherung der Versorgung der F eine Kapitallebensversicherung mit Rentenwahlrecht ab.

Trotz zahlreicher Bemühungen gelang es F nach der Scheidung nicht, in ihren erlernten Beruf zurückzukehren, da sich die Computerbranche bekanntermaßen sehr schnell weiterentwickelt. Während der Ehe hatte F aufgrund Zeitmangels nur wenige Fortbildungen und Lehrgänge besucht. Die Kenntnisse der F genügten daher den heutigen Anforderungen nicht mehr.

F hat zwischenzeitlich eine Teilzeit-Tätigkeit als Kassiererin in einem Supermarkt aufgenommen. Ein besserer Job war trotz intensiver Bemühungen nicht zu bekommen.

Frage:

Kann F Unterhalt von M verlangen, wenn eine Berechnung ergibt, dass F ein Unterhalt in Höhe von 950,- € zustünde, um den ehelichen Lebensverhältnissen entsprechend weiterleben zu können.

I. Einordnung

Fall 18 befasst sich erneut mit dem nachehelichen Unterhalt, wobei es jedoch v.a. um die Wirksamkeit ehevertraglicher Vereinbarungen geht. Es zeigt sich anhand des Falls erneut, dass viele Klausuren nur ihren Aufhänger im Familienrecht haben, die fallentscheidende Frage aber nach allgemeinen Rechtsgrundsätzen zu lösen ist.

In der Vergangenheit musste sich der BGH des Öfteren mit der Wirksamkeit ehevertraglicher Vereinbarungen beschäftigen. Sie sollten daher unbedingt auch die Vertiefungshinweise beachten.

II. Gliederung

Anspruch auf nachehelichen Unterhalt
1. Anspruchsgrundlage
a) § 1570 BGB (-)
b) § 1571 BGB (-)
c) § 1573 II BGB (+) Aufstockungsunterhalt
2. Wirksamkeit des Unterhaltsverzichts
a) Grds. gem. § 1585c BGB Dispositionsfreiheit
b) Form

c) Grenzen der Vertragsfreiheit: keine Sittenwidrigkeit nach § 138 I BGB; Berufung auf Unterhaltsverzicht durch M aber gem. § 242 BGB treuwidrig

3. **Ergebnis:** F kann Unterhalt verlangen

III. Lösung

Bestehen eines Unterhaltsanspruchs

1. Anspruchsgrundlage

Problematisch erscheint im vorliegenden Fall zunächst die Anspruchsgrundlage.

a) § 1570 BGB

Ein Anspruch auf Betreuungsunterhalt gem. § 1570 BGB für die Erziehung der beiden Kinder scheidet von vornherein aus. Wie sich aus dem Sachverhalt ergibt, sind beide bereits volljährig und berufstätig.

I.d.R. ist darüber hinaus davon auszugehen, dass es dem betreuenden Elternteil ab einem Alter der Kinder von sechzehn Jahren möglich und zumutbar ist, eine Vollzeitbeschäftigung auszuüben.

b) § 1571 BGB

Fraglich ist, ob sich ein Unterhaltsanspruch aus § 1571 BGB ergeben könnte.

Dies erscheint insbesondere deshalb problematisch, weil F 1964 geboren, mithin im Zeitpunkt der Scheidung erst 49 Jahre ist.

Der BGH hat allerdings im Falle besonderer Umstände, z.B. bei besonders langer Ehedauer und ausschließlicher Kinderbetreuung bzw. sehr guter beruflicher Stellung des anderen Ehegatten, einen Anspruch auf Altersunterhalt bereits bei einem Alter von unter 60 Jahren anerkannt.

Andererseits hat er bei einer 50-jährigen Frau und ausschließlicher Haushaltsführung während langjähriger Ehe die Erwerbsverpflichtung ohne Einschränkung bejaht.

Hier ist F 49 Jahre alt; weitere Anhaltspunkte, die gegen die Unzumutbarkeit einer Vollzeitbeschäftigung sprechen, sind nicht ersichtlich.

Somit besteht auch kein Anspruch auf Altersunterhalt nach § 1571 BGB.

c) Aufstockungsunterhalt, § 1573 II BGB

In Betracht kommt somit nur ein Anspruch auf Aufstockungsunterhalt nach § 1573 II BGB.

Wie festgestellt, bestehen Ansprüche aus §§ 1570, 1571 BGB nicht. Auch Unterhaltsansprüche wegen Krankheit oder Gebrechen gem. § 1572 BGB kommen nicht in Betracht. Somit kann der subsidiäre § 1573 II BGB eingreifen.

Ferner müssten die Einkünfte der F aber auch hinter dem vollen Unterhaltsbedarf zurückbleiben. Bzgl. des Unterschiedsbetrags bestünde dann ein Anspruch aus § 1573 II BGB.

Nach Prüfung von Bedarf (§ 1578 BGB), Bedürftigkeit (§ 1577 BGB) und Leistungsfähigkeit (§ 1581 BGB) ergibt sich nach dem Sachverhalt ein Anspruch in Höhe von 950,- €.

2. Wirksamkeit des Unterhaltsverzichts

Fraglich ist jedoch, ob aufgrund des vereinbarten Unterhaltsverzichts ein Anspruch tatsächlich besteht bzw. dieser Unterhaltsverzicht dem entgegensteht.

Maßgeblich hierfür ist, ob der Unterhaltsverzicht wirksam vereinbart wurde.

a) § 1585c BGB

Gem. § 1585c BGB können die Ehegatten für die Zeit nach der Scheidung, also für den nachehelichen Unterhalt Vereinbarungen treffen und somit grundsätzlich auch einen vollständigen Verzicht vereinbaren.

hemmer-Methode: Beachten Sie, dass § 1585c BGB ausschließlich für den nachehelichen Unterhalt gilt. Bzgl. aller anderen Unterhaltsansprüche ist ein Verzicht für die Zukunft unwirksam, weil dem Unterhaltsberechtigten die Dispositionsbefugnis hierfür fehlt; vgl. §§ 1614 I, 1615l III S. 1, 1360a III, 1361 IV S. 4 BGB.

Anders als beim Trennungsunterhalt, bei dem ein Verzicht unwirksam ist, gilt nach vollzogener Scheidung der Grundsatz der Eigenverantwortlichkeit. Dementsprechend sind die Eheleute auch in der Gestaltung etwaiger Unterhaltsansprüche grundsätzlich frei von gesetzlichen Vorgaben. Die §§ 1569 ff. BGB sind insoweit disponibel.

b) Form

Die Form des § 1585c BGB, notarielle Beurkundung, ist laut Sachverhalt eingehalten.

hemmer-Methode: § 1585c BGB wurde zum 01.01.2008 **neu gefasst**. Bis dato waren Unterhaltsverträge formfrei möglich. Künftig herrscht Formzwang, der dem des Ehevertrages nach § 1410 BGB ähnelt. § 1410 BGB setzt als besondere Formvorschrift die gleichzeitige Anwesenheit beider Teile zur Niederschrift eines Notars voraus. Keinesfalls ist der Abschluss eines Ehevertrags aber ein höchstpersönliches Geschäft, wie etwa die Eheschließung gem. § 1311 BGB. Eine Vertretung ist daher nicht ausgeschlossen.

3. Grenzen der Vertragsfreiheit

Fraglich ist jedoch, ob § 1585c BGB dazu führt, dass ein Unterhaltsverzicht stets wirksam ist. Während § 1585c BGB diesbezüglich inhaltlich keine Grenzen setzt, hat das BVerfG in ständiger Rechtsprechung betont, dass im Privatrechtsverkehr die Grundrechte ihre Wirksamkeit als verfassungsrechtliche Wertentscheidung v.a. durch die zivilrechtlichen Generalklauseln entfalten.

Der Staat hat die Grundrechte des Einzelnen zu schützen und vor Verletzung durch andere zu bewahren.

Verfassungsrechtlich geschützt ist gem. Art. 6 I GG i.V.m. Art. 3 II GG eine Ehe, in der Mann und Frau in gleichberechtigter Partnerschaft zueinander stehen.

Der Vertragsfreiheit sind im Hinblick auf einen Unterhaltsverzicht deshalb dort Grenzen zu setzen, wo der Vertrag eine auf ungleiche Verhandlungsposition basierende einseitige Dominanz eines Ehepartners widerspiegelt.

Einfallstor für die Grundrechte sind somit die im BGB verankerten Generalklauseln, die insoweit zu einer Inhaltskontrolle des Vertrags führen.

a) § 138 I BGB

Eine Unwirksamkeit des Unterhaltsverzichts könnte sich somit aus § 138 I BGB ergeben, wenn der Vertrag als sittenwidrig einzustufen wäre.

Sittenwidrigkeit liegt vor, wenn in objektiver Hinsicht eine einseitige Benachteiligung vorliegt und auf subjektiver Ebene das Verhalten eines oder beider Vertragspartner mit dem Anstandsgefühl aller billig und gerecht denkenden nicht mehr zu vereinbaren ist.

aa) Einseitige Benachteiligung

Fraglich ist somit zunächst, ob in objektiver Hinsicht eine einseitige Benachteiligung einer der Vertragsparteien vorliegt.

Eine solche liegt vor, wenn der Vertrag nur einseitig belastet und die Interessen des Belasteten keine ausreichende Berücksichtigung finden. Ob dem so ist, ist aufgrund einer Gesamtschau der Umstände festzustellen, wobei auch die Lebensplanung der Ehegatten ein wesentliches Kriterium darstellt.

Gerade wenn - wie hier - einer der Ehegatten auf Wunsch des anderen seinen Job aufgibt und sich der Haushaltsführung und Kindeserziehung widmet, stellt ein Verzicht auf einen nachehelichen Unterhalt durch den nicht mehr berufstätigen Ehegatten ohne Zweifel eine Benachteiligung dar.

Demnach liegt nach Gesamtbetrachtung der Umstände insbesondere aufgrund der vom Mann angeregten „Rollenverteilung" in der Ehe mit dem Unterhaltsverzicht eine einseitige Benachteiligung der F vor.

bb) Ausnutzen einer Zwangslage

Nach oben Genanntem müssen zu den objektiven Umständen auch auf subjektiver Seite weitere Umstände vorliegen, um dem Vertrag den Stempel der Sittenwidrigkeit aufdrücken zu können. Dies kann insbesondere dann der Fall sein, wenn ein einseitiges Ausnutzen einer Zwangslage durch einen der beiden Ehepartner vorliegt.

hemmer-Methode: Auch wenn es hier um die Frage nach einer Zwangslage geht, ist nicht § 138 II BGB einschlägig, da kein Austausch von Leistungen stattfindet. Paradebeispiel für eine Zwangslage ist eine Entscheidung des BVerfG, in der der spätere Ehemann die Eheschließung gegenüber einer Schwangeren von einem Unterhaltsverzicht abhängig gemacht hat. Hier wurde vom BVerfG die Ausnutzung der Zwangslage durch den Ehemann vermutet und § 138 I BGB infolgedessen bejaht.

Eine solche Zwangslage ist hier jedoch nicht ersichtlich. Vielmehr wurde der Unterhaltsverzicht kurze Zeit nach der Geburt des zweiten Kindes und erst nach Eheschließung vereinbart. Für eine Zwangslage enthält der Sachverhalt keinerlei Anhaltspunkte.

cc) Absolut geschützter Kernbereich

Möglicherweise führt jedoch schon alleine das Vorliegen einer einseitigen Benachteiligung zur Sittenwidrigkeit des Unterhaltsverzichts. Dies wäre allerdings nur dann denkbar, wenn es einen absolut geschützten Kernbereich von Scheidungsfolgen gibt, der unantastbar ist.

Ein solcher ist den §§ 1569 ff. BGB allerdings nicht zu entnehmen. Vielmehr sind diese nach o.G. disponibel.

Andererseits darf die Vertragsfreiheit nicht dazu führen, dass dadurch der Schutzzweck der jeweiligen Regelung beliebig unterlaufen wird.

Die Belastung eines Ehegatten wiegt dabei umso schwerer, je unmittelbarer die vertraglichen Regelungen in den Kernbereich des Scheidungsfolgerechts eingreifen.

Dabei stellt das Unterhaltsrecht sicher einen wichtigen Bestandteil des Scheidungsfolgerechts dar.

Es gilt jedoch zu berücksichtigen, dass innerhalb des Unterhaltsrechts hinsichtlich der verschiedenen Anspruchsgrundlagen der §§ 1570 ff. BGB eine wertmäßige Abstufung vorzunehmen ist. Der vollständige Verzicht auf Betreuungsunterhalt ist dabei i.d.R. nicht hinnehmbar, da er grundsätzlich zu Lasten des Kindes geht.

Ein solcher wurde hier jedoch weder vereinbart, noch steht dieser konkret in Frage.

Auch der Unterhalt wegen Krankheit und Alter erscheint im Vergleich zum Aufstockungsunterhalt nach § 1573 II BGB höherrangig.

Im Ergebnis steht somit jedenfalls fest, dass aufgrund des Ausschlusses des Betreuungsunterhalts vom Unterhaltsverzicht nicht in einen unantastbaren Kernbereich eingegriffen wurde. Selbst dieser Betreuungsunterhalt ist nicht von vornherein unabänderbar; auch hier sind Fälle denkbar, in denen der Betreuungsunterhalt einer vertraglichen Regelung zugänglich ist.

Zwar ist bei der Gesamtbetrachtung zu berücksichtigen, dass aufgrund der bei Abschluss des Vertrags bereits vorhandenen Rollenverteilung in der Ehe absehbar war, dass der Unterhaltsverzicht letztendlich nur zu Lasten der F gehen wird. Anderseits muss jedoch der Abschluss der Lebensversicherung durch M für F als Ausgleich hierfür gewertet werden.

dd) Zwischenergebnis

Somit ist alleine eine einseitige Benachteiligung der F in objektiver Hinsicht ersichtlich. Weder liegt aber ein Ausnutzen einer Zwangslage durch den M vor, noch wird durch den Unterhaltsverzicht der Kernbereich des Scheidungsfolgerechts berührt.

§ 138 I BGB führt somit nicht zur Unwirksamkeit des Unterhaltsverzichts.

b) § 242 BGB

aa) Treuwidrigkeit der Berufung auf Unterhaltsverzicht

Art. 6 I, 3 II GG könnten jedoch über § 242 BGB trotz Wirksamkeit eines Unterhaltsverzichts dazu führen, dass der Begünstigte gehindert ist, sich auf den vereinbarten Ausschluss zu berufen.

Maßgeblich hierfür ist, ob im Zeitpunkt des Scheiterns der Ehe der vereinbarte Ausschluss der Scheidungsfolge zu einer evident einseitigen Lastenverteilung führt, die auch bei angemessener Berücksichtigung der Belange des Begünstigten und dessen Vertrauen in die Geltung der getroffenen Abrede bei verständiger Würdigung des Wesens der Ehe für den Belasteten unzumutbar ist.

hemmer-Methode: Während also bei § 138 BGB eine Überprüfung der Wirksamkeit anhand der Umstände bei Abschluss des Unterhaltsverzichts erfolgt, kommt es bei § 242 BGB vorwiegend darauf an, ob die Ausübung des tatsächlich bestehenden Rechts (Berufung auf den Unterhaltsverzicht) im konkreten Zeitpunkt rechtsmissbräuchlich ist.

Während eine solche Unzumutbarkeit vom BGH in der Vergangenheit grundsätzlich nur bejaht wurde, solange und soweit die getroffene Regelung mit überwiegend schutzwürdigen Interessen gemeinsamer Kinder unvereinbar ist, können nach neuerer Rechtsprechung auch alleine die betroffenen Interessen des Ehegatten eine Treuwidrigkeit begründen.

F hat hier mit der Aufgabe ihrer Berufstätigkeit ein Risiko aufgenommen, das sich mit dem Scheitern der Ehe zu einem Nachteil verdichtet, da sich nun nach Ende der Betreuungsbedürftigkeit der Kinder erwiesen hat, dass ihr ein Wiedereinstieg in den Beruf nicht oder nur unter deutlich ungünstigeren Konditionen möglich ist.

Dabei entsprach es insbesondere dem Wunsch von M, dass F dauerhaft im Interesse der Familie auf eine weitere Tätigkeit in ihrem Beruf verzichtet.

Angesichts dieser Tatsachen erscheint es unbillig, wenn F alleine für dieses realisierte Risiko einzustehen hätte.

Der F ist somit ein Unterhaltsanspruch gem. § 1573 II BGB zuzuerkennen. Die Berufung auf den vollständigen Unterhaltsverzicht stellt sich insoweit als missbräuchlich dar.

bb) Rechtsfolge

Fraglich ist jedoch, ob als Folge der Treuwidrigkeit die Vereinbarung überhaupt keine Berücksichtigung mehr findet. § 242 BGB führt dabei anders als § 138 BGB nicht zur Unwirksamkeit der Vereinbarung. Vielmehr ist eine Berufung auf den Unterhaltsverzicht nur ausgeschlossen, solange und soweit diese sich als treuwidrig darstellt.

Der BGH hat hieraus früher gefolgert, dass im Falle des § 242 BGB nur ein Anspruch auf Sicherung des Mindestbedarfs bzw. Existenzminimums besteht, wobei man sich an den Sozialhilfesätzen orientieren kann.

Zwischenzeitlich orientiert sich auch der BGH an der gesetzlichen Höhe je nach Rang des betroffenen Rechts. Im konkreten Fall ist F also ein Unterhaltsanspruch zuzuerkennen, der jedenfalls ihre ehebedingten Erwerbsnachteile ausgleicht. Eine Bemessung kann daher etwa nach der Differenz des Einkommens, das F aus ihrer Ausbildung bei entsprechend kontinuierlich ausgeübter Berufstätigkeit hätte erzielen können und dem Verdienst, den sie aus ihrer nach Berufsverzicht noch möglichen und zumutbaren vollen Erwerbstätigkeit erlöst bzw. erlösen könnte, erfolgen. Die obere Grenze muss dabei allerdings bei dem nach den ehelichen Lebensverhältnissen bemessenen vollen Unterhalt liegen.

cc) Zwischenergebnis

Im Ergebnis stellt sich eine Berufung des M auf den Unterhaltsverzicht in der gegenwärtigen Situation als treuwidrig dar.

Als Rechtsfolge besteht ein Anspruch der F auf den Teil des Unterhalts der ihre ehebedingten Erwerbsnachteile ausgleicht, wobei sich die konkrete Höhe an dem vollen Unterhalt in Höhe von 950,- € orientieren sollte, diesen aber nicht erreichen darf.

4.   Ergebnis

Der Unterhaltsverzicht ist wirksam. Dem M ist es jedoch gem. § 242 BGB verwehrt, sich in der derzeitigen Situation auf den Unterhaltsverzicht zu berufen.

V. Zusammenfassung

- Das Scheidungsfolgerecht ist grundsätzlich disponibel.

- Sittenwidrigkeit einer vertraglichen Vereinbarung kommt allerdings dann in Betracht, wenn neben einer einseitigen Belastung, in subjektiver Hinsicht ein Ausnutzen einer Zwangslage zumindest zu vermuten ist bzw. die vertragliche Regelung in den Kernbereich des Scheidungsfolgerechts eingreift, ohne dass dieser Eingriff aufgrund gewichtiger Belange des begünstigten Ehegatten berechtigt ist.

- Die Bestimmung des Kernbereichs hat durch Rangabstufung der einzelnen Scheidungsfolgen zu erfolgen, wobei dem Betreuungsunterhalt der höchste, nicht aber ein unantastbarer Rang zukommt.

- § 242 BGB führt nicht zur Unwirksamkeit einer vertraglichen Vereinbarung, sondern führt zur Treuwidrigkeit der Berufung auf diese, solange und soweit dies für den belasteten Ehegatten unzumutbar wäre.

- Nach Gesamtabwägung der Umstände ist dem belasteten Ehegatten ein Unterhaltsanspruch zuzusprechen, der in seiner Höhe allerdings nicht über den gesetzlich vorgesehenen Betrag hinausgehen darf.

VI. Zur Vertiefung

Zum Verzicht auf Scheidungsunterhalt

- Hemmer/Wüst, Familienrecht, Rn. 305 ff.

Rechtsprechung und Aufsätze zur Wirksamkeit von Eheverträgen

- BGH, FamRZ 2007, 2851; BGH, FamRZ 2007, 974 = NJW 2007, 2848; BGH, FamRZ 2006, 1359 = NJW 2006, 3143; BGH, NJW 2004, 930; BGH, FamRZ 2009, 1041 = **juris**byhemmer.

- Schneider, **Life&Law 4/2001, 293 ff.**; **Life&Law 5/2004, 305 ff.**

Kapitel V: Nichteheliche Lebensgemeinschaft

Fall 19: Auflösung der nichtehelichen Lebens-
gemeinschaft

Sachverhalt:

M und F leben seit 2004 zusammen, ohne verheiratet zu sein. F führt den Haushalt, M sorgt für das Einkommen. Er ist Geschäftsführer eines Autohauses. Aufgrund „Zeitmangels" ist die Beziehung bisher kinderlos geblieben. Auch zum Heiraten hatte sich bisher nicht der richtige Zeitpunkt ergeben, was aber v.a. auch daran liegt, dass beide keinen großen Wert auf einen Trauschein legen und der Ansicht sind, dass dieser für ein glückliches Zusammenleben nicht notwendig ist.

Im Januar 2014 sieht F keine Zukunft mehr für eine gemeinsame Beziehung, da sich M immer mehr von ihr abwendet. Auch für M kommt eine Trennung nicht ungelegen, da er gerade eine überaus attraktive Sekretärin S eingestellt hat, die ihm nicht nur für die Büroarbeiten sehr gut geeignet erschien.

Als F davon erfährt, kann sie eine so reibungslose Trennung nicht mehr hinnehmen. Sie kommt sich ausgenutzt vor und begehrt von M Ersatz für ihre bisherige Haushaltstätigkeit.

Frage: *Bestehen Ansprüche der F gegen M?*

I. Einordnung

Die Auflösung der nichtehelichen Lebensgemeinschaft ist ein beliebtes Klausurthema. In Ermangelung gesetzlicher Regelungen wirft die nichteheliche Lebensgemeinschaft eine Vielzahl von Problemen auf, die es ermöglicht, trotz eines familienrechtlichen Aufhängers schuldrechtliche Probleme abzufragen. Dabei gilt es jedoch, immer die Besonderheiten, die sich aus der hierzu ergangenen Rechtsprechung ergeben, zu berücksichtigen.

hemmer-Methode: Verwechseln Sie im Eifer des Gefechts nicht die nichteheliche Lebensgemeinschaft mit der eingetragenen Lebenspartnerschaft. Die eingetragene Lebenspartnerschaft ist gesetzlich im LPartG geregelt und nur unter gleichgeschlechtlichen Partnern möglich.

II. Gliederung

Ansprüche der F gegen M

1. **§§ 611, 612 I BGB:** Vertragsschluss (-)

2. **Eherecht analog:**
   schon vergleichbare Interessenlage fraglich; jedenfalls aber keine planwidrige Gesetzeslücke; Schutz der Ehe nach Art. 6 GG als Grundsatzentscheidung

3. **§ 1298 I S. 1 BGB:**
   keine Leistung in Erwartung der Ehe (-)

4. **§§ 733 II S. 1, 734 BGB:**
   Vorliegen einer GbR i.S.v. § 705 BGB problematisch; soweit zu bejahen:
   Ende der Gesellschaft wg. Unmöglichkeit der Zweckerreichung; § 726 BGB

Einlagen von M und F gem.
§§ 733 III S. 1, 706 I, III BGB
gleichwertig

aber: kein Gesellschaftsvermögen

⇨ kein Ausgleichsanspruch nach
§§ 733 II S. 1, 734 BGB

5. **Störung der Geschäftsgrundlage,
§ 313 BGB**

NeLG wegen jederzeitiger Auflös-
barkeit keine Geschäftsgrundlage für
alltägliche Zuwendungen

6. **§ 812 I S. 1 Alt. 1 BGB:** NeLG kein
Rechtsgrund; jdf. § 814 BGB

7. **§ 812 I S. 2 Alt. 2 BGB:**
(-); keine Zweckvereinbarung

8. **Ergebnis:** F hat keinerlei Ansprüche

III. Lösung

hemmer-Methode: Schon vom Aufbau
und den in Frage kommenden Ansprü-
chen her, dürfte Ihnen die folgende
Prüfung bekannt vorkommen. Bereits in
den Fällen 12 und 13 wurden ähnliche
Konstellationen behandelt. So stellt
sich der Hausbau vor Eheschließung
dem Grunde nach als Ausgleich bei
gescheiterter nichtehelicher Lebensgemeinschaft dar. Sog. „unbenannte
Zuwendungen" innerhalb der Ehe sind
nach deren Scheitern ebenfalls auf die
angesprochenen Anspruchsgrundlagen
abzuklopfen.

Ansprüche der F gegen M

1. **Anspruch aus Dienstvertrag,
§§ 611, 612 I BGB**

Bezüglich der Haushaltstätigkeit der F
kommt zunächst ein Anspruch auf
Lohnzahlung aus Dienstvertrag gem.
§§ 611, 612 I BGB in Betracht.

a) Vertragsschluss

Dann müsste jedoch der Abschluss eines Dienstvertrags gem. § 611 I BGB
vorliegen. Ein solcher wurde hier keinesfalls ausdrücklich abgeschlossen.
Allenfalls kommt ein konkludenter Abschluss in Betracht.

Dem steht jedoch entgegen, dass ein
Dienstvertrag inhaltlich ein Austausch-
verhältnis aus Dienstleistung und Vergütung zum Inhalt hat.

F erbrachte hier jedoch ihre Dienstleis-
tungen im Hinblick auf das gemeinschaftliche Zusammenleben und keinesfalls, um im Gegenzug von M hierfür eine Vergütung zu erhalten.

Insoweit fehlt sowohl M als auch F im
Hinblick auf den Abschluss eines
Dienstvertrags der Rechtsbindungswil-
len.

Etwas anderes könnte sich nur dann
ergeben, wenn F nicht nur den Haushalt in einem normalen Maße geführt
hätte, sondern darüber hinaus Reini-
gungsarbeiten o.Ä., etwa auch zugunsten des Autohauses erbracht hätte. Dafür ist hier jedoch nichts ersichtlich.

Fraglich ist, ob § 612 I BGB hieran etwas zu ändern vermag. Dieser setzt
seinerseits jedoch gerade keinen Vertragsschluss voraus und sagt nur etwas
darüber aus, dass eine Vergütung als
stillschweigend vereinbart gilt, wenn
den Umständen nach eine solche zu
erwarten ist. Ob dies hier der Fall ist,
kann jedoch dahingestellt bleiben, da
§ 612 I BGB keinesfalls den hier fehlenden Vertragsschluss ersetzt.

b) Zwischenergebnis

Demnach kann ein stillschweigender
Vertragsschluss nicht angenommen
werden. Ein Anspruch aus §§ 611 I,
612 I BGB besteht nicht.

2. Analoge Anwendung des Eherechts

Möglicherweise ergibt sich ein Anspruch der F jedoch aus der analogen Anwendung des Eherechts. In Betracht käme dabei insbesondere ein Anspruch auf Zugewinnausgleich gem. §§ 1372, 1378 I BGB, ggf. noch ein Unterhaltsanspruch gem. §§ 1569 ff. BGB.

Voraussetzung einer analogen Anwendung ist jedoch immer das Vorliegen einer vergleichbaren Interessenlage, sowie einer planwidrigen gesetzlichen Regelungslücke.

a) Vergleichbare Interessenlage

Fraglich ist demnach zunächst das Vorliegen einer vergleichbaren Interessenlage.

Eine solche könnte man hier mit dem Argument bejahen, dass sowohl die Ehe, als auch die nichteheliche Lebensgemeinschaft i.d.R. auf ein dauerhaftes Zusammenleben angelegt sind. Somit besteht zwischen beiden eine große Ähnlichkeit.

Ob tatsächlich eine vergleichbare Interessenlage zu bejahen ist, kann jedoch dahingestellt bleiben, wenn jedenfalls keine Regelungslücke im Gesetz vorliegt.

b) Planwidrige Gesetzeslücke

Eine solche Regelungslücke kann hier nicht angenommen werden. Es handelt sich gerade um eine Grundsatzentscheidung nicht nur des Gesetzgebers, dass die eheliche Lebensgemeinschaft im Gegensatz zur nichtehelichen gesetzlich geregelt ist.

Auch die Wertungen des Art. 6 I GG stehen einer analogen Anwendung des Eherechts entgegen.

Wertung des Art. 6 I GG ist gerade, dass nur die Ehe als Institution besonderen Schutz genießt. Wer sich nicht in den Hafen der Ehe begibt und sich somit diesem Schutz freiwillig entzieht, kann sich auch nicht auf die Vorschriften des Eherechts berufen.

Darüber hinaus würden sich dann auch schwierige Abgrenzungsfragen ergeben, wann von einer „echten nichtehelichen Lebensgemeinschaft", die ebenso wie die Ehe auf Dauer angelegt ist, ausgegangen werden kann. Die nichteheliche Lebensgemeinschaft wird zwar als Verbindung zweier Personen zwecks gemeinsamer Lebensführung ohne Trauschein definiert. Dieser Definition fehlt aber gerade das nur schwer greifbare Merkmal einer auf Dauer bzw. Lebensdauer angelegten Beziehung.

Anmerkung: Die Definition einer nichtehelichen Lebensgemeinschaft ist demnach – zumindest für den hier vorliegenden Fall – rechtlich völlig irrelevant. Dennoch sei die Anmerkung erlaubt, dass sich der bisher herrschende Streit, ob eine nichteheliche Lebensgemeinschaft Geschlechtsverschiedenheit voraussetzt, mit Inkrafttreten des Lebenspartnerschaftsgesetzes (LPartG) erledigt haben dürfte.
Mit der Existenz des LPartG genießt nunmehr nämlich auch die eingetragene Lebenspartnerschaft unter Gleichgeschlechtlichen einen – wenn auch nicht so umfänglichen – Schutz wie die Ehe. Demnach kann sich auch bzgl. gleichgeschlechtlicher Lebenspartner in Zukunft die Frage einer analogen Anwendung der Regelungen des LPartG ergeben. Natürlich kann dann nicht mit dem Schutz des Art. 6 GG argumentiert werden.

Allerdings zeigt bereits die Neueinführung des LPartG, dass der Gesetzgeber die nicht eingetragene gleichgeschlechtliche Lebenspartnerschaft nicht regeln wollte, womit unzweifelhaft keine gesetzliche Regelungslücke vorliegt.

c) Zwischenergebnis

Eine analoge Anwendung des Eherechts kommt nicht in Betracht.

3. Ersatzanspruch aus § 1298 BGB

In Betracht kommen jedoch Ersatzansprüche aus § 1298 I BGB.
Wie sich aus dem Sachverhalt ergibt, waren M und F durchaus heiratswillig. Möglicherweise kann deshalb von einem Verlöbnis ausgegangen werden. Die Trennung stellt dann den Rücktritt vom Verlöbnis dar.
§ 1298 I S. 1 BGB setzt jedoch insbesondere voraus, dass in Erwartung der Ehe Aufwendungen gemacht oder Verbindlichkeiten eingegangen wurden. Gem. § 1298 I S. 2 BGB sind dabei auch die Erwerbsstellung berührende Maßnahmen ersatzfähig. Solche liegen mit dem Verzicht auf eine Erwerbstätigkeit aufgrund Haushaltsführung in jedem Fall vor. Allerdings erscheint es fraglich, ob die Haushaltsführung in Erwartung der Ehe geleistet wurde.
Dem ist hier nicht so. Vielmehr diente die Haushaltsführung einer bereits bestehenden Lebensgemeinschaft und wurden nicht um der zukünftigen Ehe willen erbracht.
Eine Ersatzpflicht gem. § 1298 I BGB besteht demnach ebenfalls nicht.

4. Anspruch gem. §§ 734, 733 II S. 1 BGB

F könnte gegen M jedoch einen Anspruch auf Erstattung ihrer Einlage gem. §§ 734, 733 II S. 1 BGB haben.

a) Anwendbarkeit von Gesellschaftsrecht

Dann müsste Gesellschaftsrecht hier zunächst überhaupt anwendbar sein. Dies setzt den Abschluss eines Gesellschaftsvertrags i.S.v. § 705 BGB, zumindest in der Form einer Innengesellschaft voraus. Erforderlich ist hierzu, dass im Einzelfall ein über das bloße Zusammenleben hinausgehender gemeinsamer Zweck vorliegt. Ein solcher erscheint hier aufgrund der fehlenden Angaben bereits fraglich.

b) Auflösung der Gesellschaft

Eine Entscheidung kann jedoch dahinstehen, wenn ein Anspruch aus §§ 734, 733 II S. 1 BGB aus einem anderen Grund ausscheidet.
Ein solcher setzt zunächst die Auflösung der Gesellschaft voraus. Mit der Trennung ist die Zweckerreichung jedenfalls gem. § 726 BGB unmöglich geworden, womit die Gesellschaft endet.

c) Einlagen von M und F

Fraglich ist dann jedoch, worin die Einlagen von M und F gem. § 733 II S. 1 BGB zu sehen sind.
Bei M sind diese dabei in der finanziellen Unterstützung der F zu sehen, insbesondere in den Leistungen, die um der Aufrechterhaltung der Lebensgemeinschaft willen, wie etwa Haushaltsgeld, erbracht wurden.

Bei F könnten diese in der Haushaltstätigkeit zu sehen sein. Dem steht § 733 II S. 3 BGB jedenfalls nicht entgegen. Zwar bestimmt dieser, dass für Einlagen, die in der Leistung von Diensten bestanden haben, kein Ersatz verlangt werden kann. Bei § 733 II S. 3 BGB handelt es sich jedoch um eine abdingbare Vorschrift.

Von einer Abbedingung im stillschweigend geschlossenen Ehevertrag ist insbesondere dann auszugehen, wenn wie hier beide Partner unterschiedliche Leistungen erbringen, die jedoch als gleichwertig anzusehen sind.

Dafür spricht auch Sinn und Zweck des § 733 II S. 3 BGB. Dieser will Auslegungs-, Beweis- und Bewertungsprobleme vermeiden. Solche treten hier jedoch gar nicht auf. Mangels anderslautender Vereinbarungen zwischen M und F ist nämlich gem. § 706 I BGB davon auszugehen, dass beide gleiche Beiträge geleistet haben. § 706 III BGB stellt dabei ausdrücklich klar, dass der Beitrag eines Gesellschafters auch in der Leistung von Diensten bestehen kann.

Somit ist grundsätzlich von der Leistung gleichwertiger Einlagen auszugehen.

d) Gesellschaftsvermögen

Ein Anspruch aus §§ 733 II S. 1, 734 BGB setzt jedoch das Vorhandensein von Gesellschaftsvermögen voraus, womit der Anspruch jedenfalls dann ausscheidet, wenn das von dem einen Partner erwirtschaftete Vermögen keinem Gesellschaftszweck zugeordnet ist.

Hier ist nicht davon auszugehen, dass der von M in der Zeit des Zusammenlebens erwirtschaftete Verdienst Gesellschaftsvermögen werden sollte, da hierfür keinerlei Anhaltspunkte ersichtlich sind.

e) Zwischenergebnis

Mangels vorhandenen Gesellschaftsvermögens bleibt F ohne Rückerstattungsanspruch nach §§ 733 II S. 1, 734 BGB

hemmer-Methode: Zugegebener Maßen eine etwas abstruse und sicherlich mit guten Gründen auch schon mangels Gesellschaftszweck abzulehnende Konstruktion. Sie zeigt Ihnen jedoch, wie tief Sie ein eigentlicher familienrechtlich einzustufender Fall in ein ganz anderes Rechtsgebiet führen kann.

5. Störung der Geschäftsgrundlage, § 313 BGB

Ein Anspruch nach den Regeln über die Störung der Geschäftsgrundlage setzt zunächst voraus, dass die Geschäftsgrundlage eines **Vertrags** gestört ist.

Ein Vertrag, dessen Geschäftsgrundlage gestört sein könnte, liegt bei der neLG aber grundsätzlich gerade nicht vor (s.o.).

Allerdings könnte § 313 I BGB wegen Störung der Geschäftsgrundlage einer „unbenannten Zuwendung" herangezogen werden kann.

Bei Eheleuten wird von der Rechtsprechung vertreten, dass eine „um der Ehe willen" bedingte Zuwendung auf Grund eines „familienrechtlichen Kooperationsvertrages sui generis" erbracht werde, deren Geschäftsgrundlage das Fortbestehen der Ehe sei. (sog. unbenannte Zuwendung).

Eine Übertragung dieser Rechtsprechung auf die neLG ist vom BGH stets abgelehnt worden.

Nach der früher ständigen Rechtsprechung des BGH liegt beim Zusammenschluss zu einer neLG kein Vertrag vor, wenn die Partner einer neLG ihre Beziehungen nicht besonders regeln.

In diesem Fall handele es sich um einen rein tatsächlichen Vorgang, der keine Rechtsgemeinschaft begründe.

Diese Rechtsprechung hat der BGH mittlerweile aufgegeben.

Der BGH begründet dies damit, dass gerade aufgrund seiner restriktiven Rechtsprechung zum Vorliegen eines Gesellschaftsvertrages in bestimmten Fällen das Bedürfnis besteht, einen nicht auf die §§ 730 ff. BGB beschränkten Ausgleichsanspruch anzuerkennen.

Wenn bei der Ehe, in welcher die persönlichen Beziehungen das vermögensbezogene Handeln der Ehegatten bestimmen, bei ehebezogenen Zuwendungen nach Scheidung der Ehe (insbesondere bei Gütertrennung) Ausgleichsansprüche nach den Grundsätzen über die Störung der Geschäftsgrundlage bejaht werden, so kann dies bei der neLG nicht anders sein.

Auch das Argument, der leistende Partner einer neLG habe deren Scheitern bewusst in Kauf genommen und nicht auf deren Bestand vertrauen dürfen, vermag nach Ansicht des BGH nicht länger zu überzeugen.

Jeder Partner weiß zwar, dass die neLG jederzeit beendet werden kann. Seiner Zuwendung wird aber regelmäßig die Erwartung zugrunde liegen, dass die Gemeinschaft von Bestand sein werde. Soweit er hierauf tatsächlich und für den Empfänger der Leistung erkennbar vertraut hat, erscheint dies schutzwürdig.

hemmer-Methode: Mit anderen Worten: Dass nur das Vertrauen von Ehegatten in die lebenslange Dauer (vgl. § 1353 I S. 1 BGB) ihrer Verbindung rechtlich geschützt ist, vermag mit Blick auf die hohe Scheidungsquote eine unterschiedliche Behandlung nicht überzeugend zu begründen.

Mit Rücksicht hierauf hält der BGH nicht mehr daran fest, Ansprüche nach den Regeln über die Störung der Geschäftsgrundlage (§ 313 BGB) oder die ungerechtfertigte Bereicherung wegen Zweckverfehlung (§ 812 I S. 2 Alt. 2 BGB) zwischen den Partnern einer beendeten neLG grundsätzlich zu verneinen. Vielmehr ist bei Leistungen, die über das hinausgehen, was das tägliche Zusammenleben erst ermöglicht, im Einzelfall zu prüfen, ob ein Ausgleichsverlangen unter diesen rechtlichen Gesichtspunkten begründet ist.

Ein Ausgleichsanspruch nach den Grundsätzen über die Störung der Geschäftsgrundlage (§ 313 BGB) setzt nun voraus, dass die Geschäftsgrundlage der aufgrund eines „familienrechtlichen Kooperationsvertrages sui generis" erbrachten gemeinschaftsbezogenen Zuwendung durch Trennung weggefallen ist (§ 313 I BGB) oder sich später als unzutreffend herausstellt (§ 313 II BGB).

Geschäftsgrundlage war bei der Erbringung der Leistungen der F deren Vorstellung oder Erwartung, dass die Lebensgemeinschaft mit M Bestand haben werde (sog. **„reales Element"**).

Voraussetzung für die Anwendung des § 313 I, II BGB ist weiterhin, dass F ihre Leistung nicht oder nicht in diesem Umfang erbracht hätte, hätte sie das Ende der neLG mit M vorausgesehen (sog. **„hypothetisches Element"**).

Bei der Abwägung, ob und gegebenenfalls in welchem Umfang Zuwendungen zurückerstattet oder Arbeitsleistungen ausgeglichen werden müssen, ist außerdem zu berücksichtigen, dass F es einmal für richtig erachtet hat, M Leistungen zu gewähren. Ein korrigierender Eingriff ist grundsätzlich nur gerechtfertigt, wenn F die Beibehaltung der durch die Leistungen geschaffenen Vermögensverhältnisse nach Treu und Glauben nicht zuzumuten ist (sog. „normatives Element").

Nach Ansicht des BGH erscheint es sachgerecht, auf den Maßstab zurückzugreifen, der für den Ausgleich von Zuwendungen unter Ehegatten gilt, die im Güterstand der Gütertrennung leben.

Das Merkmal der Unbilligkeit impliziert zugleich, dass ein Ausgleich nur wegen solcher Leistungen in Betracht kommt, denen nach den jeweiligen Verhältnissen erhebliche Bedeutung zukommt. Maßgebend ist eine Gesamtabwägung der Umstände des Einzelfalls, in die auch der Zweck der Zuwendung einzubeziehen ist, sowie zu berücksichtigen ist, inwieweit dieser Zweck erreicht worden ist.

Ein Ausgleich für Aufwendungen des täglichen Lebens findet insoweit nicht statt. Genau um solche Aufwendungen geht es aber hier, wenn F Ersatz für ihre Haushaltsführung geht. Ein Anspruch aus § 313 BGB besteht mithin nicht.

hemmer-Methode: Hinter dieser Einschränkung des § 313 BGB stehen letztlich auch Praktikabilitätserwägungen, da andernfalls M mit seinen finanziellen Zuwendungen für das gemeinsame Zusammenleben aufrechnen könnte. Will F wirklich an dem durch das tägliche Leben „gemeinsam" erwirtschaftete partizipieren, bleibt ihr der Weg zum Standesamt nicht „erspart".

6.   § 812 I S. 1 Alt. 1 BGB

In Betracht kommt ferner ein bereicherungsrechtlicher Anspruch nach Leistungskondiktion aus § 812 I S. 1 Alt. 1 BGB (condictio indebiti).

Eine Leistung ist dabei in der Haushaltstätigkeit der F zu sehen, da diese für M einen Vermögensvorteil darstellt.

Fraglich erscheint jedoch bereits, ob eine nichteheliche Lebensgemeinschaft überhaupt Rechtsgrund i.S.v. § 812 I S. 1 Alt. 1 BGB sein kann.

Selbst wenn dies anzunehmen ist, scheitert ein Anspruch aber jedenfalls an § 814 BGB. Für F war offensichtlich, dass sie zur Führung des Haushalts nicht verpflichtet war.

7.   Anspruch aus § 812 I S. 2 Alt. 2 BGB

Erforderlich für einen Anspruch nach Zweckkondiktion aus § 812 I S. 2 Alt. 2 BGB (condictio ob rem) ist, dass mit der Leistung ein über den bloßen Leistungszweck hinausgehender Erfolg bezweckt werden sollte, der von beiden Partnern als solcher vereinbart wurde.

Als bezweckter Erfolg kommt hier zum einen die Aufrechterhaltung der nichtehelichen Lebensgemeinschaft, zum anderen auch die Eingehung der Ehe in Betracht.

Im vorliegenden Fall fehlt es allerdings an einer entsprechenden Vereinbarung zwischen M und F.

Auch ein Anspruch aus § 812 I S. 2 Alt. 2 BGB besteht nicht.

Anmerkung: Auch der BGH lehnt eine Abwicklung einer gescheiterten nichtehelichen Lebensgemeinschaft über § 313 BGB und Bereicherungsrecht i.d.R. ab. Nur bei größeren Vermögen, wenn es absolut unbillig erscheint, keinen Vermögensausgleich vorzunehmen, bejaht der BGH Ansprüche aus § 313 BGB.

F hat keinerlei Ansprüche gegen M.

V. Zusammenfassung

- Eine analoge Anwendung des Eherechts auf die nichteheliche Lebensgemeinschaft scheidet aus.

- Die Anwendung von Gesellschaftsrecht auf die nichteheliche Lebensgemeinschaft setzt voraus, dass im Einzelfall ein über das bloße Zusammenleben hinausgehender gemeinsamer Zweck verfolgt wird.

- Bei größeren Zuwendungen außerhalb des Rahmens des täglichen Lebens kommen Ausgleichsansprüche nach § 313 BGB in Betracht. Solche scheiden hingegen aus bei Zuwendungen, die nur dem täglichen Zusammenleben dienen.

- Bereicherungsrechtliche Ansprüche scheiden bei der neLG i.d.R. aus, soweit keine Zweckvereinbarung i.S.v. § 812 I S. 2 Alt. 2 BGB getroffen wurde.

VI. Zur Vertiefung

Nichteheliche Lebensgemeinschaft
- Hemmer/Wüst, Familienrecht, Rn. 319 ff.
- BGH, FamRZ 2010, 277 = **Life&Law 4/2010, 234 ff.**; BGH, **Life&Law 4/2007, 237 ff.** = NJW 2007, 992 ff.; BGH, FamRZ 2009, 849 = **Life&Law 7/2009, 499 (kompakt)**; NJW 2013, 2187 = **Life&Law 01/2014 = juris**byhemmer

Fall 20: Aufnahme eines Lebensgefährten in die Wohnung

Sachverhalt:

Der überzeugte Single S bezog im Jahre 2002 eine neue Wohnung vom Vermieter V. Doch im Jahre 2004 änderte sich seine Lebenseinstellung völlig. Grund für diesen Wandel war die liebreizende L. Die beiden wollten schnell einen gemeinsamen Hausstand gründen und wählten hierfür die größere Wohnung des S aus. S informierte daraufhin V von der geplanten Aufnahme der L. V wollte allerdings derartige „unsittliche" Umtriebe ohne Trauschein in seinem Haus nicht zulassen und versagte diesbezüglich eine Erlaubnis.

S ist aber der Ansicht, dass eine derartige Erlaubnis überhaupt nicht notwendig sei, sondern für seine Lebensgefährtin per se ein Anspruch auf Aufnahme bestehe. Da er sich aber nicht sicher ist, erbittet er von dem ihm bekannten Rechtsanwalt R Auskunft in dieser Angelegenheit.

Frage:

Wie werden die Auskünfte des RA R ausfallen?

I. Einordnung

Die nichteheliche Lebensgemeinschaft wirft bei ihrer Auflösung nicht nur Probleme im vermögensrechtlichen Bereich auf. Auch in anderen Rechtsbereichen kann sie durchaus klausurträchtig sein. Ein Beispiel hierfür stellt der folgende Fall dar, der im Mietrecht angesiedelt ist.

Im Mittelpunkt des Falles steht die Frage nach der Erlaubnisbedürftigkeit im Rahmen der §§ 540, 553 BGB. Inzident ist dabei auch von Interesse, wie sich die Rechtsstellung des Lebensgefährten bei § 540 BGB darstellt, also ob dieser als Familienangehöriger oder als Dritter i.S.d. § 540 I BGB anzusehen ist.

II. Gliederung

1. Erlaubnisbedürftigkeit
§ 540 I BGB

(P): Lebensgefährte als Dritter

2. Anspruch auf Aufnahme
Anspruch auf § 553 I BGB

keine Versagungsgründe

III. Lösung

Fraglich ist zuerst, ob S die L nicht einfach aufnehmen kann. Sollte die Aufnahme aber von einer Erlaubnis des V abhängen, ist weiter zu prüfen, ob hinsichtlich der Erlaubnis ein Anspruch besteht.

Anmerkung: Wenn beide nichtehelichen Partner die Wohnung zusammen mieten, dann sind beide Vertragspartner des Vermieters, vgl. § 427 BGB.

1. Erlaubnisbedürftigkeit

Vorrangig ist zu klären, ob S überhaupt einer Erlaubnis für die Aufnahme der L bedarf.

Eine solche Erlaubnisbedürftigkeit könnte sich aus § 540 I S. 1 BGB ergeben, der auch auf Mietverhältnisse über Wohnraum Anwendung findet, vgl. § 549 I BGB.

a) Gebrauchsüberlassung

Zunächst müsste es sich dann bei der Aufnahme der L um eine Gebrauchsüberlassung gem. § 540 I S. 1 BGB handeln.

Dies erscheint deshalb nicht völlig unproblematisch, da die Gebrauchsüberlassung nur eine Überlassung zum selbstständigen Gebrauch an eine dritte Person umfassen könnte. Dies wäre hier ja gerade nicht der Fall, da zwischen S und L nur ein Mitgebrauch beabsichtigt ist.

Allerdings ist es ganz h.M., dass ein dauerhafter Mitgebrauch durch Aufnahme in den Haushalt eine Gebrauchsüberlassung i.S.d. § 540 I S. 1 BGB darstellt.

Anmerkung: Keine Gebrauchsüberlassung in diesem Sinne sind nur vorübergehende Aufenthalte, wie etwa Besuche.

Damit liegt hier also eine Gebrauchsüberlassung gem. § 540 I S. 1 BGB vor.

b) „Dritter" gem. § 540 I S. 1 BGB

Eine Erlaubnispflicht gem. § 540 I S. 1 BGB besteht ferner aber nur dann, wenn die Lebensgefährtin L „Dritte" in diesem Sinne ist.

aa) Eine Ansicht: kein Dritter

Nach der ersten Ansicht stellt der Lebensgefährte keinen Dritter i.S.d. § 540 I S. 1 BGB dar.

Rechtsfolge dieser Ansicht ist dann, dass eine Aufnahme des Lebensgefährten in die Wohnung keiner Erlaubnis des Vermieters bedarf.

Begründet wird dies damit, dass eine auf Dauer angelegte Beziehung zum persönlichen Lebensbereich des Mieters gehöre und damit auch von dem vertragsgemäßen Gebrauch der Wohnung umfasst wird. Auch sollte den gewandelten gesellschaftlichen Anschauungen Rechnung getragen werden, sodass eine Unterscheidung zwischen Lebensgefährten und Ehegatten nicht mehr zeitgemäß sei.

Daneben seien auch die Interessen des Vermieters nicht tangiert, da gegen einen etwaigen vertragswidrigen Gebrauch des Lebensgefährten die Möglichkeit einer Kündigung ausreichend Schutz biete.

Ein weiteres Argument ergibt sich aus § 563 II BGB. Diese Regelung gibt gleichgeschlechtlichen Lebenspartnern und nichtehelichen Lebensgefährten nach dem Tode des Mieters ein Eintrittsrecht ähnlich dem des Ehegatten. Damit habe der Gesetzgeber eine Wertung getroffen, die auch im Rahmen des § 540 I S. 1 BGB zu beachten sei.

Anmerkung: Eine nichteheliche Lebensgemeinschaft besteht nach der Rspr. unter folgenden Voraussetzungen:
- eine auf Dauer angelegte Lebensgemeinschaft zwischen zwei Personen
- keine weitere bestehende Lebensgemeinschaft oder Ehe gleicher Art
- innere Bindung mit gegenseitigem Einstehen füreinander

bb) h.M. Dritter i.S.d. § 540 I S. 1 BGB

Der BGH sieht deshalb grundsätzlich jede Person, die nicht Partei des Mietvertrages ist, als „Dritten" i.S.d. § 540 I S. 1 BGB an. Dies folgt zum einen aus dem Wortlaut, der zunächst keinerlei Ausnahmen macht. Auch der Wille des Gesetzgebers spricht nicht für eine Gleichbehandlung von Ehegatten und Lebensgefährten. Schließlich wurde für den Wohnraum die Sondervorschrift des § 553 I BGB in Ergänzung der allgemeinen Vorschrift des § 540 I S. 1 BGB konzipiert.

Anmerkung: Eine Ausnahme von der Erlaubnispflicht wird nur für Familienangehörige aus der verfassungsrechtlichen Wertung des Art. 6 GG abgeleitet. Hier wird keine Gebrauchsüberlassung i.S.d. § 540 I S. 1 BGB, sondern ein vertragsgemäßer und damit auch erlaubnisfreier Gebrauch der Mietwohnung angenommen.

Fraglich ist aber, ob aus der Regelung des § 563 I S. 2, II BGB eine andere Wertung folgt. Allerdings fehlt im Rahmen des § 553 BGB gerade eine klarstellende Vorschrift wie § 563 II S. 4 BGB, sodass gerade kein geänderter Wille des Gesetzgebers festzustellen ist.
Zu beachten ist zudem, dass auch i.R.d. § 563 BGB keine vollständige Gleichstellung zu den Familienangehörigen besteht. Lebensgefährten werden nämlich insoweit auch nur nachrangig berücksichtigt.

Anmerkung: Auch die Intention des § 540 BGB und des § 563 BGB ist nicht identisch.

Soll bei § 563 BGB nur die Aufgabe eines jahrelangen Lebensmittelpunktes verhindert werden, so soll § 540 BGB verhindern, dass gegen den Willen des Vermieters erst ein neues Verhältnis begründet wird.

Aus Art. 2 I GG folgt auch nicht das Gebot, die Aufnahme ohne Erlaubnis zuzulassen, da § 540 BGB auch die verfassungsgemäßen Rechte des Vermieters angemessen berücksichtigt.

cc) Zwischenergebnis

Aufgrund der Systematik der §§ 540, 553 BGB und der damit einhergehenden gesetzlichen Wertung ist der Lebensgefährte als Dritter i.S.d. § 540 I S. 1 BGB anzusehen.

c) Ergebnis zur Erlaubnispflichtigkeit

L ist folglich Dritte gem. § 540 I S. 1 BGB und damit unterfällt deren Aufnahme auch der Erlaubnispflicht.

2. Anspruch auf Aufnahme

Fraglich ist aber, ob nicht ein Anspruch auf Aufnahme der L gegen den Vermieter V besteht.
Ein solcher könnte hier aus § 553 I S. 1 BGB folgen.
Danach besteht ein solcher Anspruch bei berechtigtem Interesse des Mieters, vgl. § 553 I S. 1 BGB.
Ausgeschlossen ist der Anspruch gem. § 553 I S. 2 BGB beim Vorliegen der hier aufgeführten Versagungsgründe.

Anmerkung: Die Erlaubnis ist aber möglicherweise gem. § 553 II BGB mit einer Mieterhöhung verbunden.

a) Berechtigtes Interesse

Zunächst müsste also seitens des S ein berechtigtes Interesse hinsichtlich der Aufnahme in einen Teil des Mietraumes bestehen.

Dieses besteht dann, wenn der Mieter vernünftige Gründe für die Bildung einer Wohngemeinschaft oder einer ähnlichen Form des Zusammenlebens darlegt.

Ein solches berechtigtes Interesse ist bei Vorliegen einer nichtehelichen Lebensgemeinschaft in der Regel anzunehmen. Gegenteiliges ist hier bei S und L nicht festzustellen.

b) Versagungsgründe

Fraglich ist aber weiterhin, ob auf Seiten des Vermieters V Versagungsgründe gem. § 553 I S. 2 BGB vorliegen.

Ein solcher Versagungsgrund liegt hiernach nur bei einem wichtigen Grund in der Person des Dritten, bei übermäßiger Belegung des Wohnraumes sowie bei Unzumutbarkeit für den Vermieter aus anderen Gründen vor.

Hier führt der V an, dass er diese „unsittlichen Umtriebe" unter seinem Dach nicht dulden will, sodass hier also eine Unzumutbarkeit aus anderen Gründen vorliegen könnte.

Aufgrund der geänderten gesellschaftlichen Ansichten und aufgrund des Ausnahmecharakters des § 553 I S. 2 BGB reicht eine unterschiedliche Moralauffassung alleine nicht für das Vorliegen eines Versagungsgrundes aus (a.A. wohl kaum mehr vertretbar).

c) Ergebnis zu Aufnahmeanspruch

Damit besteht gem. § 553 I S. 1 BGB ein Anspruch auf Aufnahme der L in die Wohnung.

Anmerkung: Beachten Sie, dass in den Fällen, in denen eben nur ein Lebensgefährte Partei des Mietvertrages ist, der andere Partner aufgrund der wechselseitigen Fürsorgepflicht in den Schutzbereich des Vertrages einbezogen ist.

IV. Zusammenfassung

- Die Aufnahme in eine Mietwohnung stellt eine Gebrauchsüberlassung i.S.d. § 540 I S. 1 BGB dar.

- Der nichteheliche Lebensgefährte ist Dritter i.S.d. § 540 I S. 1 BGB.

- Damit unterliegt die Aufnahme des nichtehelichen Lebensgefährten der Erlaubnispflicht des § 540 I S. 1 BGB.

- Bei Wohnraum steht dem Mieter gem. § 553 I S. 1 BGB ein Anspruch auf Aufnahme zu.

- Dieser Aufnahme können nur die Versagungsgründe des § 553 I S. 2 BGB entgegengesetzt werden.

V. Zur Vertiefung

- Hemmer/Wüst, Familienrecht, Rn. 320 ff. (Mietrecht bei NeLG)
- **Life&Law 4/2004, 229 ff.**

Kapitel VI: Unterhaltsrecht

Fall 21: Unterhalt nach § 1615l BGB

Sachverhalt:

Auch die Sekretärin S (siehe Fall 19) hat sich zwischenzeitlich von den Fähigkeiten des M – nicht nur als Geschäftsführer – überzeugen lassen. Ergebnis dieses Kompetenzaustausches ist der gemeinsame Sohn Knut (K), der am 3.10.2010 das Licht der Welt erblickt.

Nachdem S die Vaterschaft des M gerichtlich hat feststellen lassen, begehrt sie nun Unterhalt für sich selbst, da sie sich aufgrund einer Behinderung des K nicht im Stande fühlt, neben der Betreuung des K auch noch zu arbeiten. M, der sich nach Kenntnis von der Schwangerschaft der S von dieser getrennt hatte, weigert sich jedoch zu zahlen. Er ist der Ansicht, dass er ebenso wie bei seiner früheren Lebensgefährtin nichts zahlen müsse, weil er ja schließlich auch mit S nicht verheiratet war.

Frage 1:

Kann S von M Unterhalt für sich selbst verlangen? Unterhaltsansprüche des K bleiben außer Betracht.

Abwandlung:

Da M durch den mit seiner Ex-Freundin geführten Rechtsstreit verunsichert ist, hatte er sich im Januar 2004 eine „Verpflichtungserklärung" von S unterschreiben lassen, in der sich diese zur „regelmäßigen Einnahme der Pille" verpflichtete und auf etwaige Ausgleichs- und Unterhaltsansprüche nach Beendigung der Beziehung verzichtet.

Frage 2:

Ändert sich hierdurch etwas am gefundenen Ergebnis?

I. Einordnung

Fall 21 befasst sich nun mit dem Unterhaltsrecht. Zwar wurden bereits im Rahmen des Scheidungsrechts der nacheheliche Unterhalt und der Trennungsunterhalt behandelt. Fall 21 kann aber im Vergleich dazu systematisch keinesfalls Kapitel V über die nichteheliche Lebensgemeinschaft zugeordnet werden.

Wie Sie bereits gesehen haben, setzen die §§ 1569 ff. BGB für nachehelichen Unterhalt die Scheidung einer Ehe voraus bzw. für Trennungsunterhalt gem. § 1361 BGB das Getrenntleben während der Ehe. Grundvoraussetzung dieser Unterhaltsansprüche ist demnach, dass eine Ehe bestanden hat bzw. noch besteht.

Systematisch kann man diese ehelichen bzw. nachehelichen Unterhaltsansprüche auch den allgemeinen Ehewirkungen zuordnen.

Auch wenn dies im hier vorliegenden Fall so ist, ist ein solches Zusammenleben in einer nichtehelichen Lebensgemeinschaft gerade keine Voraussetzung des Unterhaltsanspruchs aus Anlass der Geburt i.S.v. § 1615l BGB. Hier ist alleine auf die Zeugung des Kindes abzustellen. Ob dies innerhalb einer nichtehelichen Lebensgemeinschaft geschieht, ist völlig irrelevant. Vielmehr kann ein Anspruch aus § 1615l BGB selbst dann entstehen, wenn eine verheiratete Frau mit einem verheirateten Mann einen „One-Night-Stand" hat und daraus ein Kind hervorgeht.

hemmer-Methode: Was Sie aber aus den Fällen 16 und 17 mitnehmen können, ist der Prüfungsaufbau. Auch hier gilt wie bei jedem Unterhaltsanspruch: Prüfung der Anspruchsgrundlage – Bedarf – Bedürftigkeit – Leistungsfähigkeit – sonstige Probleme.

II. Gliederung

> **Frage 1:**
> **Unterhaltsansprüche der S gegen M**
>
> **1. Anspruchsgrundlage, § 1615l BGB**
>
> Mutterschaft der S gem. § 1591, Vaterschaft des M gem. § 1592 Nr. 3 BGB
>
> § 1615l I S. 1 BGB für Zeitraum von sechs Wochen vor bis acht Wochen nach der Geburt
>
> § 1615l II S. 2 BGB für Zeitraum von neun Wochen nach der Geburt bis mindestens drei Jahre nach der Geburt; hier (+) wg. Behinderung auch länger, vgl. § 1615l S. 3 - 5
>
> **2. Bedarf**
> gem. §§ 1615l III, 1610 BGB

> **3. Bedürftigkeit**
> gem. §§ 1615l III, 1602 BGB
> **4. Leistungsfähigkeit**
> gem. §§ 1615l III, 1603 BGB
> **5. Ergebnis:** Unterhaltsanspruch der S (+)

> **Frage 2:**
> **Unterhaltsanspruch der S bei entgegenstehender Vereinbarung**
> Unterhaltsverzicht gem. §§ 1615l III, 1614 I BGB unwirksam
> ⇨ keine Änderung des gefundenen Ergebnisses

III. Lösung Frage 1

Unterhaltsanspruch der S gegen M

S könnte gegen M einen Unterhaltanspruch gem. § 1615l BGB aus Anlass der Geburt haben.

1. Voraussetzungen der Anspruchsgrundlage, § 1615l BGB

Ein Unterhaltsanspruch gem. § 1615l I BGB besteht jedoch nur zwischen Kindesmutter und Kindesvater.

a) Mutterschaft und Vaterschaft

Die Mutterschaft ist hier gem. § 1591 BGB eindeutig festzustellen. S ist die Kindesmutter.

Problematisch kann hingegen die Vaterschaft gem. § 1592 BGB werden. Nach dem Sachverhalt wurde die Vaterschaft des M hier jedoch gerichtlich gem. § 1600d BGB festgestellt, womit § 1592 Nr. 3 BGB einschlägig ist. M ist somit auch im rechtlichen Sinne Vater des K.

b) Zeitraum von sechs Wochen vor bis acht Wochen nach der Geburt, § 1615l I BGB

§ 1615l I S. 1 BGB beinhaltet darüber hinaus keine weiteren Voraussetzungen, sodass ein entsprechender Unterhaltsanspruch besteht. § 1615l I S. 1 BGB begründet einen Unterhaltsanspruch der Kindesmutter aber nur für die Dauer von sechs Wochen vor bis acht Wochen nach der Geburt.

Anmerkung: Die infolge der Schwangerschaft oder Entbindung entstandenen Kosten können gem. § 1615l I S. 2 BGB auch außerhalb dieses Zeitraums geltend gemacht werden.

c) Zeitraum von neun Wochen bis drei Jahre nach der Geburt, § 1615l II BGB

Ein Unterhaltsanspruch ab der neunten Woche nach der Geburt könnte jedoch unter den zusätzlichen Voraussetzungen des § 1615l II BGB bestehen.

Gem. § 1615l II S. 1 BGB besteht ein Anspruch auf Unterhalt dann, wenn infolge der Schwangerschaft oder einer durch die Schwangerschaft oder die Entbindung verursachten Krankheit die Kindesmutter außer Stande ist, einer Erwerbstätigkeit nachzugehen.

Für die Kausalität ist dabei nach ganz h.M. eine Mitursächlichkeit der Schwangerschaft bzw. Entbindung ausreichend.

Allerdings ist hier nichts dafür ersichtlich.

Unter diesen Umständen läge ein Anspruch auf Betreuungsunterhalt gem. § 1615l II S. 2 BGB näher. Ein solcher besteht hier auch, da man bei einem Kleinkind davon ausgehen kann, dass eine Erwerbstätigkeit der Mutter wegen der Pflege oder Erziehung des Kindes

nicht erwartet werden kann, ohne dass es auf die Behinderung des K ankäme.

Auch hier ist eine Mitursächlichkeit der Erziehung des „nichtehelichen Kindes" zur Begründung des Anspruchs ausreichend. Unerheblich ist daher, ob S etwa noch ein weiteres Kind zu erziehen hat oder ob K aufgrund seiner Behinderung besonders pflegebedürftig ist und S ohne diese Behinderung bereits vor Ablauf der drei Jahre einer Erwerbstätigkeit nachgehen würde.

S ist hier jedenfalls auch wegen der Kindeserziehung an einer Erwerbstätigkeit gehindert, womit ein Anspruch auf Betreuungsunterhalt gem. § 1615l II S. 2 BGB besteht.

Ein solcher besteht gem. § 1615l II S. 3 BGB grundsätzlich bis drei Jahre nach der Geburt.

hemmer-Methode: Natürlich ist eine Betreuung auch durch den Vater möglich. In einem solchen Fall sieht § 1615l IV BGB einen Anspruch auf Betreuungsunterhalt des Kindesvaters gegen die Kindesmutter zu.

d) Zeitraum nach drei Jahren ab der Geburt, § 1615l II S. 4 u. 5 BGB

Ein Unterhaltsanspruch über den Zeitraum von drei Jahren nach der Geburt hinaus, besteht gem. § 1615l II S. 4 u. 5 BGB dann, soweit dies der Billigkeit entspricht. Dies kommt hier v.a. hier deshalb in Betracht, weil K laut Sachverhalt behindert ist. Hier ist der Sachverhalt allerdings zu knapp, da nicht ersichtlich ist, wieweit K auch in eine Fremdbetreuung gegeben werden kann und wieweit eine solche Möglichkeit konkret vor Ort besteht.

Im Extremfall ist der nicht betreuende Elternteil zur dauerhaften Unterhaltsleistung verpflichtet, z.B. wenn das Kind auf eine Dauerbetreuung angewiesen ist.

Die Angaben im Sachverhalt reichen jedoch für eine abschließende Entscheidung nicht aus. Vielmehr wird, soweit Unklarheit über das Ausmaß der Behinderung besteht, die Entwicklung bis zum dritten Lebensjahr abzuwarten sein.

hemmer-Methode: Die Gewährung des Betreuungsunterhalts für grundsätzlich drei Jahre entspricht seit dem 01.01.2008 § 1570 BGB, der den Betreuungsunterhalt bei ehelichen Kindern regelt. Zuvor wurde dieser mindestens acht Jahre gezahlt, während der Unterhalt nach § 1615l BGB auf grundsätzlich drei Jahre beschränkt war. Diese Divergenz war nach Ansicht des BVerfG verfassungswidrig (**Life&Law 7/2007, 483 ff.**).

e) Zwischenergebnis

Somit sind jedenfalls hinsichtlich § 1615l I S. 1 BGB, sowie § 1615l II S. 2 BGB die Voraussetzungen der Anspruchsgrundlage gegeben.

Ein Unterhaltsanspruch der S besteht somit dem Grunde mindestens nach bis drei Jahre nach der Geburt. Darüber hinaus besteht ein Anspruch nach Billigkeit.

2. Bedarf

Der Unterhaltsbedarf bestimmt sich nach §§ 1615l III S. 1, 1610 BGB nach der Lebensstellung des Bedürftigen. Mithin ist für die Berechnung des Bedarfs die Lebensstellung der Kindesmutter maßgeblich.

Anmerkung: Anders als bei Trennungs-, Scheidung- oder Kindesunterhalt, wo sich der Bedarf entweder von den ehelichen Lebensverhältnissen bzw. beim Kind i.d.R. von der Lebens-

stellung der Eltern bzw. des erwerbstätigen Vaters ableitet, ist hier alleine die Lebensstellung der Kindesmutter maßgeblich.

Vor diesem Hintergrund kann ein „One-Night-Stand" u.U. dann sehr teuer sein, wenn die Kindesmutter vor der Geburt sehr gut verdient hat.

3. Bedürftigkeit

Die Bedürftigkeit der Kindesmutter richtet sich nach §§ 1615l III S. 1, 1602 I BGB. Allerdings sind im Sachverhalt keinerlei Anhaltspunkte dafür gegeben, dass S noch laufendes Einkommen bzw. anrechenbares Vermögen hätte. Somit ist Bedürftigkeit in voller Höhe des Bedarfs gegeben.

4. Leistungsfähigkeit

Auch von der Leistungsfähigkeit des M kann ausgegangen werden. Gem. §§ 1615l III S. 1, 1603 I BGB besteht eine Haftung bis zum sog. angemessenen Selbstbehalt.

5. Ergebnis

S hat somit gegen M einen Unterhaltsanspruch aus § 1615l I S. 1, II S. 2 BGB in voller Höhe ihres Bedarfs jedenfalls bis drei Jahre nach der Geburt.

Darüber hinaus besteht ein Anspruch nur bei grober Unbilligkeit, die derzeit noch nicht mit hundertprozentiger Sicherheit festgestellt werden kann, sondern vom Ausmaß der Behinderung des K abhängt.

hemmer-Methode: Wie Sie sicherlich gemerkt haben, sind auch hier über § 1615l III S. 1 BGB viele Normen des Verwandtenunterhalts anwendbar.

Diese Verweisungstechnik ist typisch für das Unterhaltsrecht. (siehe etwa auch die Verweisung i.R.d. Trennungsunterhalts bei § 1361 IV S. 4 BGB auf § 1360a III BGB, der wiederum auf §§ 1613 – 1615 BGB verweist).

Hier ist neben dem Auffinden der Verweisungsnormen deren genaue Anwendung unerlässlich. Die Anwendung einer Norm z.B. aus §§ 1601 ff. BGB, auf die §§ 1361 IV S. 4, 1360a III BGB gerade nicht verweisen, stellt einen systematischen Fehler dar, der im Zweifel zu erheblichen Abzügen führen kann.

Selbst wenn man diesen Teil der Vereinbarung entgegen § 139 BGB als wirksam ansehen wollte, würde eine solche Konstruktion zur Umgehung von §§ 1615l III S. 1, 1614 I BGB führen, da S zwar unterhaltsberechtigt wäre, den empfangenen Unterhalt aber in Form von Schadensersatz wieder zurückerstatten müsste.

S hat trotz der vorliegenden Vereinbarung einen Unterhaltsanspruch in gleicher Höhe, da die Vereinbarung einen Unterhaltsverzicht darstellt, der gem. § 1615l III S. 1, 1614 BGB unwirksam ist.

IV. Lösung Frage 2

Wirksamkeit des Unterhaltsverzichts

Fraglich ist, ob eine solche „Verpflichtungserklärung" rechtswirksam ist und den eigentlich bestehenden Unterhaltsanspruch entfallen lässt.

Die „Verpflichtungserklärung" stellt letztendlich nichts anderes dar, als einen Unterhaltverzicht.

Gem. §§ 1615l III S. 1, 1614 I BGB besteht hinsichtlich eines solchen Unterhaltsverzichts jedoch keine Dispositionsbefugnis. Auch auf Unterhalt nach § 1615l BGB kann im Voraus nicht verzichtet werden.

Die Vereinbarung über den Unterhaltsverzicht ist deshalb als unwirksam anzusehen.

Auch lässt sich ein anderes Ergebnis nicht über eine „Pflichtverletzung" der S in Form der fahrlässigen Nichteinnahme der Pille gem. § 280 I BGB konstruieren.

V. Zusammenfassung

- I.R.d. § 1615l BGB sind drei Zeiträume zu unterscheiden.
- Von sechs Wochen vor bis acht Wochen nach der Geburt besteht gem. § 1615l I S. 1 BGB grundsätzlich stets ein Unterhaltsanspruch der Kindesmutter aus Anlass der Geburt.
- Ab der neunten Woche bis zu drei Jahren nach der Geburt besteht ein Unterhaltsanspruch nur unter den weiteren Voraussetzungen des § 1615l II S. 1 u. 2 BGB.
- Ein darüber hinausgehender Unterhaltsanspruch besteht nach Billigkeit, § 1615l II S. 4 u. 5 BGB.
- Im Übrigen folgt der Unterhaltsanspruch nach § 1615l BGB im Wesentlichen den Regeln über den Verwandtenunterhalt.

VI. Zur Vertiefung

Zum Betreuungsunterhalt des Vaters bei nichtehelichen Kindern

- BGH, NJW 2006, 2687 = **juris**byhemmer

Fall 22: Kindesunterhalt

Sachverhalt:

M und F sind Profi-Musiker in der Rock Band „Emergency Rock". Aus einer anfänglichen Affäre wird eine ernsthafte Beziehung. Nachdem F im Jahr 2008 schwanger wird, heiraten M und F kurz vor Geburt des Kindes im Mai 2009.

Aufgrund der Schwangerschaft der F wird kurz vor der Geburt des Kindes K eine Ersatz-Lead-Sängerin verpflichtet, was dem Erfolg der Band keinen Abbruch tut.

Nach einer Erziehungspause von drei Jahren möchte F unbedingt wieder singen. Da „Emergency Rock" sich mittlerweile mit der neuen Lead-Sängerin einen namhaften Ruf erarbeitet hat, kommt es aber zum Zerwürfnis mit der Band und M, was schließlich mit der Scheidung endet.

F – bei der auch K lebt – hat es zwischenzeitlich geschafft, neben der Betreuung des K eine erfolgreiche Solokarriere zu starten.

Aufgrund dessen möchte sie keinerlei Scheidungsunterhalt oder Zugewinnausgleich. Allerdings sieht sie es nicht ein, neben der Betreuung und Erziehung des K auch noch für dessen Unterhalt aufzukommen. M bezweifelt mittlerweile, ob das Kind überhaupt von ihm ist. Schließlich habe F zu den Anfangszeiten der Band auch sexuellen Kontakt zu anderen Bandmitgliedern gehabt.

Im Übrigen sei der mittlerweile dreijährige K testamentarisch bedachter Erbe seiner Oma mütterlicherseits gewesen und habe kurz nach seiner Geburt, deren gesamtes Vermögen – immerhin ein Sparkonto mit einem Guthaben von 10.000,- € - geerbt. Auch vor diesem Hintergrund sei ihm eine Zahlung von Unterhalt nicht zumutbar.

Frage 1:

Besteht ein Unterhaltsanspruch des K gegen M? Dabei ist auf die konkrete Höhe des Anspruchs nicht einzugehen. Soweit sich Fragen stellen, die auf die Höhe Einfluss haben könnten, sind diese nur dem Grunde nach zu klären.

Frage 2:

Bei welchem Gericht ist dieser Unterhaltsanspruch geltend zu machen? F und K leben in München.

I. Einordnung

Nachdem Sie bisher bereits Trennungs- und Scheidungsunterhalt, sowie Unterhalt nach § 1615l BGB kennen gelernt haben, befassen sich dieser Fall und Fall 23 mit dem Verwandtenunterhalt.

Der Kindesunterhalt ist dabei in der Praxis und Klausur der häufigste Anwendungsfall der §§ 1601 ff. BGB. Fall 22 stellt insoweit einen Standardfall des Kindesunterhalts mit einigen Zusatzfragen auch aus dem Zivilprozessrecht dar. Fall 23 behandelt insbesondere den Ausbildungsunterhalt.

hemmer-Methode: Das Gesetz unterschied früher zwischen ehelicher (§§ 1591 ff. BGB) und nichtehelicher (§§ 1600a ff. BGB) Abstammung. Mit Wirkung zum 01.07.1998 wurde durch die Reform des Kindschaftsrechts diese Unterscheidung aufgehoben. Was den Unterhaltsanspruch des „nichtehelichen Kindes" (nach gesetzlicher Terminologie nunmehr „Kind, dessen Eltern nicht miteinander verheiratet sind") betrifft, ergeben sich durch die Aufhebung der §§ 1615b – 1615k BGB keinerlei Unterschiede mehr zum ehelichen Kind. Dies stellt auch § 1615a BGB klar.

Wie die vorherigen Fälle gezeigt haben, enthalten die Vorschriften über Trennungs- und Scheidungsunterhalt, sowie den Unterhalt nach § 1615l BGB auch immer wieder Verweisungen auf die §§ 1601 ff. BGB, sodass die Kenntnis dieser Normen nicht nur für den Verwandtenunterhalt wichtig ist. Natürlich gilt auch hier wieder das altbewährte Prüfungsschema für Unterhaltsansprüche.

II. Gliederung

Frage 1:

Unterhaltsanspruch des K gegen M

1. **Anspruchsgrundlage,** § 1601 BGB:

   Geltendmachung durch F alleine möglich gem. § 1629 II S. 2 BGB

   Verwandtschaft in gerade Linie (+); § 1592 Nr. 1 BGB

2. **Bedarf** gem. §§ 1610, 1612 BGB

   Art der Unterhaltsgewährung gem. § 1612 II S. 1 BGB beim Mdj. grds. in Form von Naturalunterhalt; § 1612 II S. 3 BGB

   Bei Scheidung Barunterhaltspflicht des nicht betreuenden Elternteils und Naturalunterhalt durch betreuenden Elternteil gleichwertig; § 1606 III S. 2 BGB

§ 1610 S. 1 BGB; für Bedarf maßgeblich ist Lebensstellung des Berechtigten; beim Minderjährigen Ableitung vom Einkommen des Barunterhaltspflichtigen

3. **Bedürftigkeit:**

   gem. §§ 1602 I, II BGB keine Anrechnung des Vermögensstamms

4. **Leistungsfähigkeit:**

   gem. § 1603 I, II BGB (+)

5. **Ergebnis:**

   Unterhaltsanspruch in Höhe des Bedarfs abzgl. der Zinsen aus den 10.000,- €

III. Lösung Frage 1

Unterhaltsanspruch des K gegen M

K könnte gegen M einen Unterhaltsanspruch aus § 1601 BGB haben.

1. **Anspruchsgrundlage § 1601 BGB**

Dann müssten zunächst die Voraussetzungen des § 1601 BGB erfüllt sein.

a) **Verwandtschaft des K mit M**

Der Anspruch nach § 1601 BGB setzt dabei zunächst voraus, dass K mit M in gerader Linie verwandt ist.

Da M und F zum Zeitpunkt der Geburt miteinander verheiratet waren, gilt M gem. § 1592 Nr. 1 BGB als gesetzlicher Vater. Unerheblich ist insoweit die Lage zum Zeitpunkt der Zeugung des Kindes. Selbst wenn F zu diesem Zeitpunkt noch nicht mit M verheiratet war und aufgrund des sexuellen Kontakts zu anderen Bandmitgliedern eine biologische Vaterschaft des M zweifelhaft erscheint, greift die Regelung des § 1592 Nr. 1 BGB ein.

In einem solchen Fall steht M allenfalls die Möglichkeit der Vaterschaftsanfechtung gem. §§ 1599 ff. BGB zur Verfügung. Solange jedoch noch keine rechtskräftige Feststellung dahingehend erfolgt ist, dass M nicht der Vater des F ist, greift § 1592 Nr. 1 BGB uneingeschränkt ein. Damit gilt M jedenfalls rechtlich als Vater des K und ist mit diesem in gerader Linie i.S.v. § 1601 BGB verwandt und damit dem Grunde nach unterhaltspflichtig.

b) Vertretung des K

Problematisch erscheint jedoch, wie K einen etwaigen bestehenden Unterhaltsanspruch gegen M überhaupt geltend machen kann.

Da K derzeit erst drei Jahre alt ist, ist er gem. § 104 Nr. 1 BGB nicht geschäftsfähig und bedarf zur Geltendmachung eines solchen Anspruchs der Vertretung durch seine(n) gesetzliche(n) Vertreter.

Eine Vertretung des Kindes hat dabei gem. § 1629 I S. 2 BGB grundsätzlich gemeinschaftlich durch die Eltern zu erfolgen. Fraglich ist, ob sich durch die Scheidung hieran etwas ändert. Gem. § 1629 I S. 3 BGB gilt Alleinvertretung, soweit ein Elternteil die elterliche Sorge alleine ausübt. Alleine die Scheidung vermag jedoch nichts an der gemeinschaftlichen elterlichen Sorge zu ändern.

Eine gerichtliche Übertragung des alleinigen Sorgerechts auf F fand nicht statt.

Auch § 1629 III S. 1 BGB greift nicht ein, da die Eltern nicht mehr miteinander verheiratet sind, sondern die Scheidung bereits rechtskräftig ist.

Allerdings greift hier § 1629 II S. 2 BGB ein, wonach der Elternteil, in dessen Obhut sich das Kind befindet, die Unterhaltsansprüche des Kindes gegen den anderen Elternteil alleine geltend machen kann.

K lebt bei F. F ist demnach zur Geltendmachung der Unterhaltsansprüche alleinvertretungsbefugt.

hemmer-Methode: Beachten Sie hier den Unterschied zwischen § 1629 II S. 2 BGB und § 1629 III S. 1 BGB: § 1629 II S. 2 BGB stellt eine Ausnahme von der gemeinschaftlichen Vertretung durch die Eltern dar. Dementsprechend klagt hier die Mutter als gesetzlicher Vertreter des Kindes. Das Kind selbst ist also Partei im Prozess. Anders bei § 1629 III S. 1 BGB, der eine zwingende gesetzliche Verfahrensstandschaft begründet. Leben die verheirateten Eltern voneinander getrennt, kann der betreuende Elternteil den Unterhalt nur im eigenen Namen geltend machen. Das Kind wird dann nicht Verfahrensbeteiligter, sondern der betreuende Elternteil macht die Rechte des Kindes im eigenen Namen geltend.

2. Bedarf

Ferner ist der Bedarf des K zu ermitteln. Umfang und Inhalt des Unterhaltsanspruchs richten sich dabei nach den §§ 1610, 1612 BGB.

a) Art der Unterhaltsgewährung

Beim Kindesunterhalt stellt sich dabei zunächst die Frage nach der Art der Unterhaltsgewährung. Grundsätzlich gilt dabei, dass der Unterhaltsanspruch gem. § 1612 I S. 1, III S. 1 BGB in einer monatlich im Voraus zu zahlenden Geldrente zu gewähren ist.

Gem. § 1612 II S. 1 BGB können die Eltern eines unverheirateten Kindes aber eine Unterhaltsbestimmung dahingehend treffen, dass sie Naturalunterhalt gewähren.

Dabei haften beide Elternteile gem. § 1606 III S. 1 BGB gleichrangig und anteilig nach ihren Erwerbs- und Vermögensverhältnissen.

Anders liegt der Fall jedoch bei getrennt lebenden Elternteilen. Da eine beiderseitige Erbringung von Naturalunterhalt in solchen Fällen nicht möglich ist, wird der Unterhalt vom betreuenden Elternteil i.d.R. als Naturalunterhalt gem. § 1612 II S. 1 BGB und vom nicht betreuenden Elternteil in Form einer Geldrente gem. § 1612 I S. 1 BGB erbracht.

§ 1606 III S. 2 BGB stellt dabei ausdrücklich klar, dass Naturalunterhalt durch Pflege und Erziehung zur Leistung einer Geldrente gleichwertig ist; der betreuende Elternteil also durch die Betreuung seiner Unterhaltspflicht in vollem Maße nachkommt.

Da sich K in der Obhut der F befindet und diese somit Naturalunterhalt leistet, bleibt für M nur die Leistung einer Geldrente übrig.

M hat somit Unterhalt in Form einer monatlich im Voraus zu zahlenden Geldrente zu erbringen.

hemmer-Methode: Auch hier ist wiederum genauestens auf den Wortlaut der einzelnen Normen zu achten. Die §§ 1601 ff. BGB beinhalten mehrere Spezialvorschriften für minderjährige bzw. unverheiratete Kinder. Dabei setzen einige Vorschriften wie etwa § 1602 II BGB voraus, dass das Kind sowohl minderjährig als auch unverheiratet ist, während andere Normen nur die Minderjährigkeit (§ 1606 III S. 2 BGB) bzw. nur das unverheiratet sein (§ 1612 II S. 1 BGB) beinhalten.

b) Maß des Unterhalts

Fraglich ist jedoch die Höhe bzw. das Maß des Unterhalts.

Gem. § 1610 I BGB richtet sich dieses nach der Lebensstellung des Bedürftigen. Ein Minderjähriger hat i.d.R. allerdings noch keine eigene Lebensstellung, vielmehr wird diese von der Lebensstellung der Eltern abgeleitet. Soweit nur ein Elternteil barunterhaltspflichtig ist, ist zur Bemessung des Unterhaltsbedarfs daher dessen Einkommen heranzuziehen.

In der Praxis wird zur Berechnung des Unterhaltsbedarfs dabei die Düsseldorfer Tabelle herangezogen, die nach dem Einkommen des Unterhaltspflichtigen und dem Alter des Unterhaltsberechtigten differenziert (siehe unter *http://www.olg-duesseldorf.nrw.de/ 07service/ 07_ddorftab/index.php)*.

Eine Berechnung ist hier vom Bearbeitervermerk allerdings ausgeschlossen.

3.   Bedürftigkeit

Ferner müsste K jedoch auch bedürftig i.S.v. § 1602 I BGB sein. Dies ist dann der Fall, wenn er außerstande ist, sich selbst zu unterhalten. Da K denknotwendig über kein eigenes Erbwerbseinkommen verfügt, stellt sich lediglich die Frage der Anrechnung seines Vermögens. K ist hier Eigentümer eines geerbten Sparbuchs im Wert von 10.000,- €.

Wie sich aus § 1602 II S. 1 BGB ergibt, steht vorhandenes Vermögen allerdings einem Unterhaltsanspruch eines minderjährigen unverheirateten Kindes nicht entgegen. Vielmehr muss sich K nur die Einkünfte aus seinem Vermögen anrechnen lassen, nicht aber den Vermögensstamm verwerten.

Mithin scheidet eine Anrechnung der 10.000,- € auf den Unterhaltsanspruch des K aus.

Lediglich die Zinsen aus dem Sparbuch muss sich dieser als Einkünfte aus dem Vermögen bedarfsmindernd anrechnen lassen.

4. Leistungsfähigkeit

Weitere Voraussetzung ist die Leistungsfähigkeit des Unterhaltspflichtigen i.S.v. § 1603 I BGB.

Anhaltspunkte, die gegen das Vorliegen einer solchen Leistungsfähigkeit sprechen, sind dabei nicht ersichtlich.

Vielmehr ist die Rede davon, dass die Band Erfolg hat, womit von Leistungsfähigkeit ausgegangen werden kann.

Anmerkung: Gegenüber einem minderjährigen unverheirateten Kind besteht gem. § 1603 II S. 1 BGB sogar eine erhöhte Unterhaltsverpflichtung, die im Zweifel sogar zu Vermögensverwertung auf Seiten des Unterhaltspflichtigen zwingt. Eine solche kommt hier jedoch gem. § 1603 II S. 3 HS 2 BGB nicht in Betracht. Insoweit würde sich dann doch das Vorhandensein eines Vermögensstamms auf Seiten des Unterhaltsberechtigten auswirken, der zur Bestreitung des Unterhaltsbedarfs herangezogen werden kann.

5. Ergebnis

K hat damit gegen M einen Anspruch auf Unterhalt gem. § 1601 BGB auf Zahlung einer monatlichen Geldrente in Höhe des nach der Düsseldorfer Tabellen zu bestimmenden Bedarfsbetrags abzgl. der Zinsen für das Sparbuch. Diesen kann er, vertreten durch seine Mutter F gem. § 1629 II S. 2 BGB geltend machen.

IV. Lösung Frage 2

1. Sachliche Zuständigkeit

Die sachliche Zuständigkeit des Amtsgerichts ergibt sich aus § 23a Nr. 1 GVG, §§ 111 Nr. 8, 231 I FamFG, wobei gemäß § 23b I GVG, § 111 Nr. 8 FamFG gerichtsintern ausschließlich das Familiengericht zuständig ist.

2. Örtliche Zuständigkeit

Die ausschließliche örtliche Zuständigkeit des Amtsgerichts München ergibt sich aus § 232 I Nr. 2 FamFG, da es hier um den Unterhalt eines minderjährigen Kindes geht und das Kind ebenso wie die betreuende Mutter seinen Wohnsitz in München hat.

§ 232 I Nr. 1 FamFG kommt nicht in Betracht, da M und F bereits rechtskräftig geschieden sind, eine Ehesache also nicht mehr anhängig ist.

V. Zusammenfassung

- In Unterhaltssachen wird das Kind bei nicht (mehr) miteinander verheirateten Eltern durch den betreuenden Elternteil gem. § 1629 II S. 2 BGB vertreten. Bei miteinander verheirateten Eltern ist stets an die gesetzliche Verfahrensstandschaft des § 1629 III S. 1 BGB zu denken.

- Leben die Eltern getrennt, erfüllt i.d.R. der betreuende Elternteil eines minderjährigen unverheirateten Kindes seine Unterhaltspflicht durch die Erbringung von Naturalunterhalt gem. §§ 1606 III S. 2, 1612 II S. 1 BGB, der nicht betreuende Elternteil hingegen durch Entrichtung einer monatlich im Voraus fälligen Geldrente.

- Ein minderjähriges unverheiratetes Kind leitet seine Lebensstellung i.S.v. § 1610 I BGB i.d.R. von den Eltern, bei Getrenntleben der Eltern vom barunterhaltspflichtigen Elternteil ab.

- Gem. § 1602 II S. 1 BGB ist vorhandenes Vermögen beim minderjährigen unverheirateten Kind i.R.d. Bedürftigkeit i.d.R. nur mit dem Ertragsanteil (eigene Einkünfte), nicht aber mit dem Vermögensstamm anzurechnen.

- Gegenüber einem minderjährigen unverheirateten Kind besteht eine erhöhte Leistungsverpflichtung gem. § 1603 II BGB, die zur Vermögensverwertung beim Unterhaltspflichtigen zwingen kann.

VI. Zur Vertiefung

Zum Verwandtenunterhalt

- Hemmer/Wüst, Familienrecht, Rn. 372 ff.

Zu den Grundzügen des Familienprozessrechts

- Hemmer/Wüst, Familienrecht, Rn. 397 ff.

Fall 23: Ausbildungsunterhalt

Sachverhalt:

A, gemeinsame Tochter von V und M beginnt nach dem Abitur im Alter von neunzehn Jahren eine Lehre als Bankkauffrau, weil sie vom „Schulbank drücken" die Nase voll hat und endlich ihr eigenes Geld verdienen will. M ist darüber nicht erfreut, da sie der Ansicht ist, dass in A – bei einem Notendurchschnitt von 1,7 – weit mehr steckt als nur eine „Bänkerin". Dies liegt vor allem daran, dass M trotz regen Interesses an der Juristerei niemals ihren Traum vom Jura-Studium verwirklichen konnte, weil seinerzeit ihre Eltern sie dazu drängten, eine Lehre zu beginnen. V hingegen unterstützt die Entscheidung seiner Tochter, weil er es ohnehin nicht verstehen kann, dass man ein Studium braucht um den Haushalt zu führen. Er ist der Ansicht, dass sich A besser einen reichen Mann suchen soll, der für sie arbeiten geht; dies habe ja bei ihrer Mutter auch ganz gut geklappt – eine Lehre als Bankkauffrau hält er für die S auch als geeignet.

Wenige Tage vor Beendigung der Ausbildung kommt M jedoch bei einem tragischen Autounfall ums Leben. Da M noch am Vorabend ein langes Gespräch mit A über ihre berufliche Zukunft geführt hatte, entscheidet sich A für die Aufnahme eines Jura-Studiums. A beendet ihre Ausbildung und arbeitet anschließend noch zwei Monate in der Bank weiter, um die Zeit zum Semesterbeginn zu überbrücken. Mitte April tritt sie dann den ihr zugewiesenen Studienplatz in Hamburg an. Für A, die den Tod ihrer Mutter ohnehin kaum verkraften kann, kommt der Ortswechsel von München nach Hamburg gerade recht.

V hingegen kann die Entscheidung der A nicht nachvollziehen. Er ist der Ansicht, dass er keinerlei Unterhalt zahlen muss, weil er bereits die Lehre zur Bankkauffrau mitfinanziert hat und die A, jetzt wo sie endlich richtig Geld verdienen könne, nun auch als solche arbeiten müsse.

Wenn überhaupt kommt sowieso nur ein hälftiger Unterhalt in Betracht, da der Tod von M ja schließlich auch zum Wegfall einer unterhaltspflichtigen Person geführt habe.

Frage 1:

Kann A von V Unterhalt verlangen? Wie wirkt sich der Tod von M auf diesen Anspruch aus?

Frage 2:

Wie ist der Fall zu beurteilen, wenn A nach dem Abitur studieren wollte, auf Drängen des V aber nur eine Ausbildung zur Floristin gemacht hat?

I. Einordnung

Fall 23 behandelt mit der Abgrenzung von Zweitausbildung und Weiterbildung ein sehr beliebtes Klausurproblem.

hemmer-Methode: Ein pauschales Lernen ist bei dieser Frage allerdings wieder einmal nicht der richtige Weg zum Erfolg. Vielmehr gilt es hier, sich die Abgrenzungskriterien einzuprägen und den Klausursachverhalt daraufhin abzuklopfen.

Die Abgrenzungskriterien lassen sich nach der BGH-Rechtsprechung wie folgt zusammenfassen:

- enger sachlicher Zusammenhang
- enger zeitlicher Zusammenhang
- finanzielle Angemessenheit des Studiums

Im Unterschied zu Fall 22 geht es hier um den Unterhaltsanspruch eines volljährigen Kindes, das nicht mehr bei einem Elternteil lebt.

Dies hat zwar im konkreten Fall keine Auswirkungen, kann aber insbesondere bei der Frage der Bedürftigkeit der Unterhaltsberechtigten und der Leistungsfähigkeit des Unterhaltspflichtigen Konsequenzen haben.

II. Gliederung

Frage 1:

Anspruch der A gegen V

1. **Anspruchsgrundlage**, § 1601 BGB: Verwandtschaft in gerade Linie (+)
2. **Bedarf** gem. § 1610 BGB: Eigene Lebensstellung der A gem. § 1610 I BGB
3. **Bedürftigkeit:** gem. §§ 1602 I, 1610 II BGB:

   Kein anrechenbares Vermögen oder Einkommen

   Erwerbsobliegenheit der A aufgrund § 1610 II BGB?

   Grds. nur Kosten für eine Berufsausbildung vom Unterhaltspflichtigen zu übernehmen; bei Zweitausbildung somit Erwerbsobliegenheit. Hier aber Weiterbildung, da sachlicher und zeitlicher Zusammenhang, sowie finanzielle Angemessenheit (+)
4. **Leistungsfähigkeit:** § 1603 I BGB (+)

5. **Höhe des Anspruchs:** § 1606 III S. 1 BGB (-), da nicht mehr mehrere Unterhaltspflichtige
⇨ echte Ausfallhaftung des V
6. **Ergebnis:** Unterhaltsanspruch in voller Höhe des Bedarfs

Frage 2:

Bedürftigkeit?

   (P): hier keine Weiterbildung, sondern Zweitausbildung
⇨ grds. Erwerbsobliegenheit der A und somit Anrechnung fiktiver Einkünfte.

   Aber: fraglich, ob bereits angemessene Berufsausbildung
⇨ wohl (-) bei Anstreben eines Jura-Studiums und Aufnahme von Floristentätigkeit alleine auf Drängen des V

III. Lösung Frage 1

Anspruch der A gegen V aus § 1601 BGB

A könnte gegen V einen Unterhaltsanspruch aus § 1601 BGB haben.

1. Verwandtschaft in gerade Linie

Als Tochter des V ist die A mit diesem in gerader Linie i.S.v. § 1601 BGB verwandt.

2. Bedarf

Die Unterhaltshöhe richtet sich gem. § 1610 I BGB nach den Lebensverhältnissen des Unterhaltsberechtigten.

Fraglich ist, ob diese sich hier von den Lebensverhältnissen des V ableiten.

Dies ist jedoch bei Kindern nur der Fall, soweit diese noch minderjährig sind bzw. noch bei den Eltern oder einem Elternteil leben.

A ist bereits volljährig. Auch hat sie zwar in der Vergangenheit offensichtlich noch im elterlichen Hausstand in München gelebt. Allerdings begründet sie mit dem Umzug nach Hamburg einen eigenen Hausstand. Maßgeblich sind damit nicht mehr die elterlichen Lebensverhältnisse. Vielmehr ist von einer eigenen Lebensstellung der A auszugehen.

Nach der Düsseldorfer Tabelle beträgt der Regelbedarf eines Studenten (ohne Krankenversicherung oder etwaige Studienbeiträge) 670,- € monatlich.

3.   Bedürftigkeit

Problematisch erscheint jedoch die Frage der Bedürftigkeit gem. § 1602 I BGB.

Eigene Einkünfte der A sind mit Aufnahme des Studiums jedenfalls nicht mehr vorhanden. Auch dafür, dass A aus den Lehrlingsgehältern ein anrechenbares Vermögen angespart hat, ist dem Sachverhalt nichts zu entnehmen.

Allerdings könnte A eine Erwerbsobliegenheit treffen, was die Anrechnung fiktiver Einkünfte zur Folge hätte. Dies wäre dann der Fall, wenn das Studium nicht mehr von § 1610 II BGB erfasst wäre.

hemmer-Methode: Entgegen der Verortung im Gesetz handelt es sich bei § 1610 II BGB nicht um eine Frage des Bedarfs, sondern um ein Problem i.R.d. Bedürftigkeit, wenn in Frage steht, ob die Ausbildung dem Grunde nach noch unter die Unterhaltspflicht fällt.

Wie sich bereits aus dem Wortlaut des § 1610 II BGB ergibt, sind grundsätzlich nur die Kosten für eine, nicht aber für zwei bzw. mehrere Ausbildungen zu zahlen.

A verfügt hier mit der Lehre zur Bankkauffrau bereits über eine abgeschlossene Ausbildung. Es stellt sich daher die Frage, ob hier eine Ausnahme vom oben genannten Grundsatz zu machen ist.

Dabei ist entscheidend, ob es sich beim Studium tatsächlich um eine Zweitausbildung handelt oder ob ein Jura-Studium im Anschluss an eine Banklehre als Weiterbildung angesehen werden kann. Liegt eine Weiterbildung vor, so handelt es sich insgesamt um nur einen einheitlichen Ausbildungsweg. Die Kosten für das Studium wären dann von § 1610 II BGB erfasst. Für die Abgrenzung Zweitausbildung – Weiterbildung verwendet der BGH eine Reihe von Abgrenzungskriterien:

a)   Enger sachlicher Zusammenhang

Zunächst müsste zwischen Ausbildung und Beruf ein enger sachlicher Zusammenhang vorhanden sein. Ein solcher liegt – soweit die Lehrgebiete nicht derselben Berufssparte angehören – nur dann vor, wenn Ausbildung und Studium so aufeinander bezogen sind, dass das eine für das andere eine fachliche Ergänzung, Weiterführung oder Vertiefung bedeutet bzw. das die praktische Ausbildung eine sinnvolle Vorbereitung auf das Studium darstellt.

Bei Banklehre und Jura-Studium kann insoweit eine fachliche Ergänzung bzw. sinnvolle Vorbereitung bejaht werden. Demnach liegt ein enger sachlicher Zusammenhang vor.

b) Enger zeitlicher Zusammenhang

Erforderlich ist ferner jedoch auch ein enger zeitlicher Zusammenhang. Es darf demnach keine zeitliche Zäsur vorliegen, die die Einheitlichkeit des Ausbildungsgangs beseitigt.

Fraglich ist, ob das zweimonatige Arbeiten in der Bank nach Ausbildungsende eine solche zeitliche Zäsur darstellt. Die Einheitlichkeit des Ausbildungsgangs wird jedoch auch bei einem Weiterarbeiten im erlernten Beruf nur dann unterbrochen, wenn das Studium nicht zielstrebig angesteuert wird, sondern stattdessen ein grundloses und langjähriges Weiterarbeiten erfolgt.

Hier ist schon der Zeitraum von zwei Monaten kaum dazu geeignet, eine zeitliche Zäsur darzustellen. Vor allem aber erfolgte das Weiterarbeiten hier nur, um die Zeit bis zum Studienbeginn zu überbrücken.

Ein enger zeitlicher Zusammenhang ist vorliegend also auch gegeben

Möglicherweise könnte einem einheitlichen Ausbildungsgang jedoch entgegenstehen, dass die Entscheidung zur Aufnahme des Studiums erst zum Ende der Ausbildung erfolgt und zu Beginn der Ausbildung ein entsprechender Wille gerade nicht vorhanden war.

Nach neuer Rechtsprechung ist jedoch ein solcher Wille bereits zu Beginn der Ausbildung nicht erforderlich. Vielmehr kann auch die Erkenntnis ein Studium aufnehmen zu wollen, erst während oder zum Ende der Ausbildung erlangt werden.

c) Finanzielle Angemessenheit

Aufgrund der höheren Belastung für die Eltern fordert der BGH jedoch auch eine Prüfung der finanziellen Angemessenheit des Studiums im Einzelfall.

Der Sachverhalt enthält insoweit keine konkreten Anhaltspunkte zur finanziellen Lage des V. Es ist jedoch ersichtlich, dass dieser „gut verdient". Von daher kann von einer finanziellen Unangemessenheit nicht ausgegangen werden.

d) Zwischenergebnis

Somit liegt eine Weiterbildung und keine Zweitausbildung vor. Eine Erwerbsobliegenheit der A besteht nicht, da gem. § 1610 II BGB ein Anspruch auch auf Weiterbildungsunterhalt besteht.

Demzufolge ist i.R.d. Bedürftigkeit keine Anrechnung eines fiktiven Einkommens vorzunehmen. A ist in Höhe des Bedarfs bedürftig.

4. Leistungsfähigkeit

Auch gegen eine Leistungsfähigkeit i.S.v. § 1603 I BGB sind keinerlei Anhaltspunkte im Sachverhalt vorhanden

hemmer-Methode: Anders als in Fall 22 greift hier allerdings § 1603 II S. 1 BGB nicht ein. Dieser gilt nur gegenüber dem minderjährigen unverheirateten Kind und volljährigen Kindern, die sich noch in der allgemeinen Schulausbildung befinden, vgl. § 1603 II S. 2 BGB.

5. Art und Umfang des Unterhalts

Fraglich ist jedoch, ob V ggf. statt Zahlung einer Geldrente Naturalunterhalt leisten könnte.

Eine solche Unterhaltsbestimmung ist zwar gem. § 1612 II S. 1 BGB grundsätzlich möglich, solange das Kind unverheiratet ist.

Unerheblich ist dabei insbesondere das Alter des Kindes, da § 1612 II S. 1 BGB nicht auf die Minderjährigkeit abstellt.

hemmer-Methode: Wiederum gilt: Hier sind keinerlei Spezialkenntnisse erforderlich. Die reine Gesetzeslektüre genügt bei Unterhaltsansprüchen i.d.R. zur Lösung der vorhandenen Probleme.

Eine Leistung von Naturalunterhalt wie etwa das Wohnen im elterlichen Haushalt scheidet hier jedoch aus, da A einen Studienplatz in Hamburg zugewiesen bekam. Ein Wohnen in München würde somit die Aufnahme des Studiums undurchführbar machen. Eine entsprechende Unterhaltsbestimmung wäre daher unwirksam.

Fraglich ist jedoch, ob A auch den vollen Barunterhalt alleine von V verlangen kann, d.h. dieser nicht nur hälftigen Unterhalt zahlen muss.

Dies wäre der Fall, wenn gem. § 1606 III S. 1 BGB die beiden Eltern nur anteilig nach ihren Erwerbs- und Vermögensverhältnissen haften würden. § 1606 III S. 1 BGB setzt jedoch insbesondere voraus, dass gleich nahe Verwandte vorhanden sind. M ist hier jedoch verstorben, so dass der nächste Verwandte allein V ist. § 1606 III S. 1 BGB greift somit nicht ein. Vielmehr liegt in einem solchen Fall eine „echte Ausfallhaftung" des V vor, womit dieser den Barunterhalt alleine entrichten muss.

6. Ergebnis

A hat gegen V einen Anspruch auf Betreuungsunterhalt i.S.d. §§ 1601, 1610 II BGB in voller Höhe des Unterhaltsbedarfs.

IV. Lösung Frage 2

In der Abwandlung stellt sich die Frage, ob sich ein anderes Resultat ergibt, wenn A auf Drängen des V eine Ausbildung zur Floristin absolviert hätte und nunmehr studieren will.

Hinsichtlich Anspruchsgrundlage, Bedarf, Leistungsfähigkeit und Art/Höhe des Unterhalts kann insoweit auf die Ausführungen zu Frage 1 verwiesen werden.

Einzig problematisch erscheint hier der Prüfungspunkt Bedürftigkeit.

Auch hier ist entscheidend, ob A eine Erwerbsobliegenheit trifft, mithin fiktive Einkünfte i.R.d. § 1602 I BGB anzurechnen sind.

Dies wäre der Fall, wenn das Jura-Studium im Anschluss an die Ausbildung zur Floristin nicht mehr unter § 1610 II BGB fiele.

1. Weiterbildung – Zweitausbildung

Erneut stellt sich die Frage der Abgrenzung von Weiterbildung und Zweitausbildung.

Eine Weiterbildung läge vor, wenn die Ausbildung zur Floristin in engem sachlichen Zusammenhang mit dem Jura-Studium stehen würde.

Hier ist jedoch weder eine fachliche Ergänzung, Weiterführung oder Vertiefung zwischen den beiden Ausbildungen zu sehen, noch stellt die Ausbildung eine sinnvolle Vorbereitung auf das Studium dar.

Es liegt mithin eine Zweitausbildung vor, für die gem. § 1610 II BGB grundsätzlich kein Anspruch auf Ausbildungsunterhalt besteht.

2. Angemessene Ausbildung

§ 1610 II BGB gewährt jedoch einen Unterhaltsanspruch auf eine angemessene Ausbildung. Vor diesem Hintergrund besteht ein Unterhaltsanspruch auch dann, wenn zwar bereits eine Ausbildung vorhanden ist, dies aber nicht angemessen ist. Letzteres ist der Fall, wenn die erste Ausbildung auf einer deutlichen Fehleinschätzung der Begabung des Kindes beruhte bzw. die Eltern das Kind gegen seinen Willen in einen unbefriedigenden, seiner Begabung und Neigung nicht hinreichend Rechnung tragenden Beruf gedrängt haben.

Für die Ausbildung als Floristin ist das Ablegen der allgemeinen Hochschulreife nicht erforderlich; vielmehr genügt hierfür auch ein qualifizierter Hauptschulabschluss oder mittlere Reife. An der Angemessenheit ließe sich deshalb schon insoweit erheblich zweifeln. Hinzu kommt im vorliegenden Fall, dass A gegen ihren Willen zu dieser Ausbildung von V gedrängt wurde.

Nach o.G. ist deshalb ausnahmsweise auch eine Zweitausbildung von § 1610 II BGB erfasst.

3. Enger zeitlicher Zusammenhang

Auch in diesem Fall fordert der BGH jedoch einen engen zeitlichen Zusammenhang zwischen Beendigung der nicht gewollten bzw. unangemessenen Ausbildung und der Aufnahme des Studiums oder einer sonstigen angemessenen Ausbildung.

Nimmt der Unterhaltsberechtigte die Ausbildung hingegen nicht mit der gebotenen Zielstrebigkeit auf, ist davon auszugehen, dass der Berechtigte sich mit der bisherigen Ausbildung einverstanden gezeigt hat.

Insoweit kann jedoch auf die obigen Ausführungen verwiesen werden.

4. Ergebnis

A trifft auch in der Abwandlung keine Erwerbsobliegenheit, die i.R.d. § 1602 I BGB zu einer Anrechnung fiktiver Einkünfte führen würde.

Die Unterhaltpflicht besteht daher in der Abwandlung in gleicher Höhe wie im Ausgangsfall.

V. Zusammenfassung

- Bei volljährigen Kindern, die nicht mehr im Elternhaus leben, bemisst sich der Unterhalt gem. § 1610 II BGB nach der Lebensstellung des Kindes, ohne dass dieses seine Lebensstellung von den Eltern ableitet.

- § 1610 II BGB gewährt einen Anspruch auf Ausbildungsunterhalt auch dann, wenn keine Zweitausbildung, sondern eine Weiterbildung vorliegt oder wenn sich die erste Ausbildung als unangemessen darstellt bzw. das Kind gegen seinen Willen in einen unbefriedigenden, seinen Begabungen und Neigungen nicht entsprechenden Beruf gedrängt wurde.

- Die Annahme einer Weiterbildung setzt neben einem engen sachlichen und zeitlichen Zusammenhang, eine finanzielle Angemessenheit voraus.

- Auch bei unangemessener Erstausbildung ist ein enger zeitlicher Zusammenhang erforderlich.

VI. Zur Vertiefung

Zum Ausbildungsunterhalt

- Hemmer/Wüst, Familienrecht, Rn. 373.
- Grieger, Der Unterhaltsanspruch des Studenten, **Life&Law 12/2011, 912 ff.**

Übersicht über die einschlägige Rspr. und Kommentarliteratur

- M.w.N. BGH, NJW 2006, 2984 = **juris**byhemmer
- Palandt, § 1610 BGB, Rn. 16 ff., § 1602 BGB, Rn. 15.

Kapitel VII: Umgangsrecht

Fall 24: Schadensersatz bei Verletzung des Umgangsrechts

Sachverhalt:

M und F sind seit 2010 geschieden und haben eine gemeinsame Tochter T. M lebt alleine in Frankfurt. T lebt bei F in München.

Im Scheidungsbeschluss wurde 2010 das Aufenthaltsbestimmungsrecht für T der F übertragen und der Umgang des M mit T für die Zeit bis zu deren Einschulung geregelt. Nach dieser Regelung sollte M sein Umgangsrecht an genau bestimmten Wochenenden in München und Umgebung ausüben. An ebenfalls genau bestimmten anderen Wochenenden und Ferienzeiten sollte M das Umgangsrecht in Frankfurt und Umgebung ausüben dürfen. Hierzu war vereinbart, dass F die T zum Flughafen in München bringt, T mit Begleitpersonal nach Frankfurt fliegt und M die T dort abholt. Bei den Rückflügen sollte dies entsprechend erfolgen.

Im Zeitraum von Mai 2010 bis Mai 2013 weigerte sich F insgesamt sechsmal, T zum Flughafen zu bringen. M fuhr daraufhin mit seinem Auto nach München, um T dort abzuholen. Die Rückflüge erfolgten jeweils wie vor dem Familiengericht vereinbart.

Durch die Autofahrten entstanden M Mehrkosten im Vergleich zum vereinbarten Vorgehen mit dem Flugzeug.

Frage:

Kann M diese Mehrkosten von F verlangen?

I. Einordnung

Fall 24 stellt einen sicher etwas exotischen Fall dar. Auch hier gilt jedoch erneut, dass es sich lediglich um Allgemeines Schuldrecht mit einigen familienrechtlichen Besonderheiten handelt. Wenn Sie diese familienrechtlichen Besonderheiten einmal gehört haben, sollte die Lösung eines ähnlichen Falls kein Problem mehr darstellen.

Das Umgangsrecht ist in § 1684 BGB geregelt.

Im Fall geht es vorwiegend darum, inwieweit gerichtlich vereinbarte bzw. festgesetzte Umgangsregelungen die betroffenen Parteien binden und die Überschreitung derselben eine Schadensersatzpflicht begründen kann.

II. Gliederung

Schadensersatzanspruch des M

1. **Anspruch aus §§ 280 I, 241 II, 1684 BGB**
- **Gesetzliches Schuldverhältnis** (+)
- **Bestehen einer Pflicht**: Pflicht auf Vermögensbelange des Umgangsberechtigten Rücksicht zu nehmen, § 1684 II BGB

- **Pflichtverletzung**: Nach BGH grds. in jedem Abweichen von gerichtlicher Regelung

- **Rechtswidrigkeit** der Pflichtverletzung: (+) da keine Rechtfertigungsgründe.

- **Vertretenmüssen**, § 280 I S. 2 BGB

- **Kausaler Schaden** (+)

  Ergebnis:

  Anspruch M gegen F i.H.d. zusätzlichen Aufwendungen (+)

2. **Anspruch aus § 823 I BGB**

   Umgangsrecht als sonstiges Recht i.S.v. § 823 I BGB?

   e.A. (-) da Wirkung nur zwischen Sorgeberechtigtem und Umgangsberechtigtem, nur relatives Recht

   a.A.: (+) da dem Berechtigten verbliebener Teil der elterlichen Gewalt und Wirkung ggü. jedem, in dessen Obhut sich das Kind befindet.

   Ergebnis:

   auch Anspruch aus § 823 I BGB (+)

III. Lösung

Anspruch des M gegen F auf Schadensersatz

1. Anspruch aus §§ 241 II, 280 I BGB

M könnte gegen F einen Anspruch auf Schadenersatz aus §§ 1684, 280 I, 241 II BGB haben.

a) Gesetzliches Schuldverhältnis

Dann müsste zunächst überhaupt ein Schuldverhältnis i.S.v. § 280 I S. 1 BGB vorliegen.

§ 280 I BGB erfasst mit dem Begriff „Schuldverhältnis" neben Verträgen auch gesetzliche Schuldverhältnisse.

Dies ergibt sich schon aus der Stellung des § 280 I BGB im 1. Abschnitt des 2. Buchs, der allgemein den Inhalt von Schuldverhältnissen behandelt. Erst der 3. Abschnitt des 2. Buchs behandelt ausschließlich vertragliche Schuldverhältnisse.

hemmer-Methode: Den Aufbau des BGB müssen Sie beherrschen, um keine Grundlagenfehler zu machen. Haben Sie diesen erst einmal verstanden, kann er auch bei der Lösung „scheinbarer" Probleme hilfreich sein.

Das jedem Elternteil gemäß § 1684 I BGB eröffnete Recht zum Umgang mit dem Kind begründet zwischen dem Umgangsberechtigten und dem zur Gewährung des Umgangs Verpflichteten ein solches gesetzliches Schuldverhältnis familienrechtlicher Art, das durch § 1684 II S. 1 BGB näher ausgestaltet wird und an dem das Kind als Begünstigter teilhat.

b) Bestehen einer Pflicht

Ferner müsste eine Pflichtverletzung i.S.v. § 280 I S. 1 BGB vorliegen. Gem. § 241 II BGB sind hiervon auch Nebenpflichten, wie Schutz- und Mitwirkungspflichten erfasst.

Fraglich erscheint, ob hier eine solche Pflichtverletzung anzunehmen ist.

Die mit der Ausübung des Umgangsrechts verbundenen Kosten sind dabei grundsätzlich vom Umgangsberechtigten zu tragen.

Allerdings beinhaltet das gesetzliche Schuldverhältnis auch die in § 1684 II BGB verankerte Nebenpflicht des zur Unterhaltsgewährung Verpflichteten, bei der Gewährung des Umgangs auf die Vermögensbelange des Umgangsberechtigten Rücksicht zu nehmen und diesem die Wahrnehmung seines Umgangsrechts mit dem Kind nicht durch die Auferlegung unnötiger Kosten bzw. Aufwendungen zu erschweren oder unmöglich zu machen. Eine solche Pflicht ergibt sich nicht nur aus dem Interesse des Umgangsberechtigten, sein Recht auch in der Praxis ausüben zu können, sondern auch aus dem Recht des Kindes auf Umgang gem. § 1684 I HS 1 BGB und zum Schutze des Kindeswohls.

hemmer-Methode: § 1684 I BGB enthält neben dem Recht des Kindes auf Umgang und dem Recht jedes Elternteils auf Umgang, auch die Pflicht jedes Elternteils zum Umgang mit seinen Kindern.

c) Pflichtverletzung

Diese Pflicht müsste des Weiteren aber auch von der F gem. § 280 I BGB verletzt worden sein.

Problematisch erscheint, ob bereits jede Versagung des Umgangs durch den sorgeberechtigten Elternteil eine Pflichtverletzung i.S.v. § 280 I BGB darstellt, oder ob nicht andererseits dem sorgeberechtigten Elternteil ein Beurteilungsspielraum zusteht, nach dem er in gewissen Grenzen darüber entscheiden kann, ob ausnahmsweise der Umgang zu versagen ist.

Grundsätzlich stehen sich Sorgerecht und Umgangsrecht als selbstständige, sich gegenseitig beschränkende Rechte gegenüber, die gem. § 1684 II BGB

im gegenseitigen Wohlverhalten auszuüben sind.

Eine Ansicht vertritt deshalb die Auffassung, nicht jeder Verstoß gegen das gerichtlich angeordnete Umgangsrecht könne eine Pflichtverletzung i.S.v. §§ 280 I, 241 II BGB begründen. Dies ergebe sich bereits daraus, dass auch einem gerichtlich angeordneten Umgangsrecht im Einzelfall eine Vielzahl von Umständen entgegenstehen könnten, die je nach ihrem Gewicht die Verweigerung eines konkreten Umgangstermins unter Wahrung der Belange des Kindeswohls als geboten oder gerechtfertigt, jedenfalls aber in einem milderen Licht erscheinen lassen könnten. Nur eine Umgangsverweigerung, die sich als rechtsmissbräuchlich erweise, stelle somit eine Pflichtverletzung dar.

Der BGH vertritt diesbezüglich allerdings eine andere Auffassung: Mit dem Wirksamwerden der familiengerichtlichen Entscheidung sind alle Beteiligten an die Konkretisierung des Umgangsrechts gebunden. Dies schließt grundsätzlich die Befugnis des zur Gewährung des Umgangs Verpflichteten aus, die Wahrnehmung des so konkretisierten Umgangsrechts durch den anderen Elternteil zu verweigern. Eine eigene Bewertung durch die Elternteile sei darüber hinaus auch praktisch kaum auf deren Rechtsmissbräuchlichkeit zu überprüfen. Insbesondere handelt es sich aber beim Umgangsrecht gerade nicht nur um das Recht, sondern auch die Pflicht eines Elternteils, sowie ein Recht des Kindes.

Die besseren Argumente sprechen somit für den BGH, womit in der Verweigerung bzw. Erschwerung des Umgangsrechts im konkreten Fall eine Pflichtverletzung zu bejahen ist.

d) Rechtswidrige Pflichtverletzung

Auch war die Pflichtverletzung rechtswidrig, da keinerlei Rechtfertigungsgründe ersichtlich sind. Soweit ein Elternteil mit der gerichtlichen Regelung nicht einverstanden ist, hat er gegen diese im Wege der Beschwerde gem. § 58 FamFG vorzugehen.

Eine einseitige eigenmächtige Abänderung der gerichtlichen Regelung ist somit nur möglich, wenn eine rechtzeitige Befassung eines Gerichts – auch im Wege eines Eilverfahrens – nicht möglich erscheint und nach der gerichtlichen Regelung des Umgangsrechts neue Umstände hinzugetreten sind, die eine Durchführung der gleichen unmöglich machen bzw. mit besonderen Gefahren für das Kind verbunden sind.

hemmer-Methode: Dies wäre etwa dann denkbar, wenn das Kind krank und ein Flug von München nach Frankfurt deswegen ersichtlich zu anstrengend ist.

e) Vertretenmüssen, § 280 I S. 2 BGB

Weitere Voraussetzung des § 280 I BGB ist das Vertretenmüssen der Pflichtverletzung. Diesbezüglich greift die in § 280 I S. 2 BGB verankerte Beweislastumkehr ein.

Anhaltspunkte, die den Gegenbeweis für eine unverschuldete Pflichtverletzung stützen könnten, sind nicht ersichtlich.

f) Kausaler Schaden

Durch die Pflichtverletzung müsste M ferner ein kausaler Schaden entstanden sein.

Hier musste M mit dem Auto von Frankfurt nach München und wieder zurück nach Frankfurt fahren um das Umgangsrecht in Frankfurt ausüben zu können.

Kausaler Schaden durch die Pflichtverletzung ist dabei allerdings nur der Teil der Aufwendungen, der über die Kosten beim geplanten Vorgehen per Flug hinausgehen.

Nach oben Genanntem ist gerade der Umgangsberechtigte zur Kostentragung verpflichtet, sodass er diese Flugkosten und Fahrtkosten zum Frankfurter Flughafen ohnehin zu tragen gehabt hätte.

g) Ergebnis

M hat somit gegen F einen Anspruch auf Schadensersatz aus §§ 280 I, 241 II, 1684 I BGB in der unter f) bezeichneten Höhe.

2. § 823 I BGB

In Betracht kommt ferner ein Anspruch des M gegen F aus § 823 I BGB.

a) „Sonstiges Recht" i.S.v. § 823 I BGB

Dann müsste es sich beim Umgangsrecht zunächst um ein „sonstiges Recht" i.S.v. § 823 I BGB handeln.

Nach h.M. sind unter sonstigen Rechten i.S.v. § 823 I BGB nur absolute Rechte, d.h. von jedermann zu beachtende Rechte zu verstehen. Dies ergibt sich aus der Stellung des Begriffs „sonstiges Recht" hinter dem Begriff „Eigentum".

Sonstige Rechte müssen somit eigentumsähnlich sein, wobei sich das Eigentum insbesondere durch Nutzungs- und Ausschlussfunktion (§§ 903, 1004 BGB) auszeichnet und die sonstigen Rechte dementsprechend ebenfalls diese beiden Funktionen aufweisen müssen.

b) Umgangsrecht als „sonstiges Recht"

Während völlig unstreitig das elterliche Sorgerecht als sonstiges Recht i.d.S. anerkannt ist, erscheint dies beim Umgangsrecht äußerst problematisch.

Das Sorgerecht steht dem Sorgerechtsinhaber gegenüber jedem Dritten, einschließlich des anderen Elternteils zu, soweit kein gemeinsames Sorgerecht besteht.

Es umfasst insbesondere das Recht, die Herausgabe des Kindes gem. § 1632 I BGB von jedem zu verlangen, der es widerrechtlich vorenthält und schließt die Befugnis ein, den Umgang des Kindes mit Wirkung für und gegen Dritte zu bestimmen (§ 1632 II BGB). Nutzungs- und Ausschlussfunktion sind somit beim elterlichen Sorgerecht zu bejahen.

Strittig ist dies bzgl. des Umgangsrechts. Nach einer Ansicht ist die Umgangsbefugnis des nicht sorgeberechtigten Elternteils ein relatives Recht, das nur im Verhältnis zum sorgeberechtigten Elternteil Rechte und Pflichten entfaltet und i.d.R. von einem Dritten nicht gestört werden kann.

Auch die Rechtsprechung ist diesbezüglich uneins, tendiert aber wohl zur Annahme eines „sonstigen Rechts".

Als Argumente werden hierzu angeführt, dass das Umgangsrecht ein dem Berechtigten verbliebener Teil der elterlichen Gewalt sei und gegenüber jedem, in dessen Obhut sich das Kind befindet, besteht.

Die überzeugenderen Argumente sprechen für eine Bejahung des Umgangsrechts als „sonstiges Recht". Dies ergibt sich auch daraus, dass ohne Weiteres Situationen vorstellbar sind, in denen Bezugspersonen des Kindes oder Angehörige des Sorgeberechtigten versuchen, den Umgang des anderen Elternteils mit dem Kind zu verhindern oder zu beeinträchtigen. Gerade in solchen Fällen lässt sich ein Bedürfnis, solche Beeinträchtigungen nach Maßgabe des § 1004 BGB i.V.m. § 823 I BGB beseitigen zu können, nicht verleugnen.

c) Rechtswidrige Verletzung und kausaler Schaden

Dieses sonstige Recht wurde auch ohne Rechtfertigung haftungsbegründend kausal verletzt, in dem sich F nicht an die gerichtliche Regelung hielt, wobei die F schuldhaft handelte.

3. Ergebnis

M hat somit gegen F einen Anspruch auf Ersatz der Mehraufwendungen, sowohl aus §§ 280 I, 241 II BGB, als auch § 823 I BGB.

IV. Zusammenfassung

- Das Umgangsrecht stellt ein gesetzliches Schuldverhältnis zwischen Umgangsberechtigtem und Sorgeberechtigtem i.S.d. § 280 I BGB dar.

- Den Sorgeberechtigten trifft u.a. eine Nebenpflicht i.S.v. § 241 II BGB auf die Vermögensbelange des Umgangsberechtigten Rücksicht zu nehmen und diesem die Wahrnehmung seines Umgangsrechts mit dem Kind nicht durch die Auferlegung unnötiger Kosten bzw. Aufwendungen zu erschweren oder unmöglich zu machen.

- Mit Wirksamwerden einer gerichtlichen Entscheidung sind alle Beteiligten an diese Konkretisierung des Umgangsrechts gebunden; ein Abweichen hiervon stellt i.d.R. eine Pflichtverletzung dar.

- Das Umgangsrecht stellt nach der Rspr. ein absolutes Recht i.S.v. § 823 I BGB dar (str.)

V. Zur Vertiefung

Schadenersatz nach § 280 I BGB:

- Hemmer/Wüst, Schuldrecht AT, Rn. 120 ff.

Sonstiges Rechts i.S.d. § 823 I BGB

- Hemmer/Wüst, Deliktsrecht I, Rn. 43 ff.

Zur elterlichen Sorge und zum Umgangsrecht

- Hemmer/Wüst, Familienrecht, Rn. 359 ff.

Kapitel VIII: Verwandtschaft und rechtliche Betreuung

Fall 25: Verwandtschaft und Schwägerschaft

Sachverhalt:

Die Eheleute M und F sind in zweiter Ehe miteinander verheiratet. Zuvor war M mit E verheiratet. Aus erster Ehe haben M und E einen gemeinsamen Sohn S und eine gemeinsame Tochter T. S ist bereits mit K verheiratet und hat mit dieser zwei minderjährige Söhne X und Y, wobei Y von beiden adoptiert wurde. Die Tochter T ist mit P verheiratet.

Frage 1:

Bestimmen Sie Grad und Linie der Verwandtschaft bzw. Schwägerschaft ausgehend von X hinsichtlich aller Beteiligten.

Frage 2:

Wie sind K und P bzw. S und P miteinander verwandt bzw. verschwägert, wenn sich P und T scheiden lassen?

Skizze:

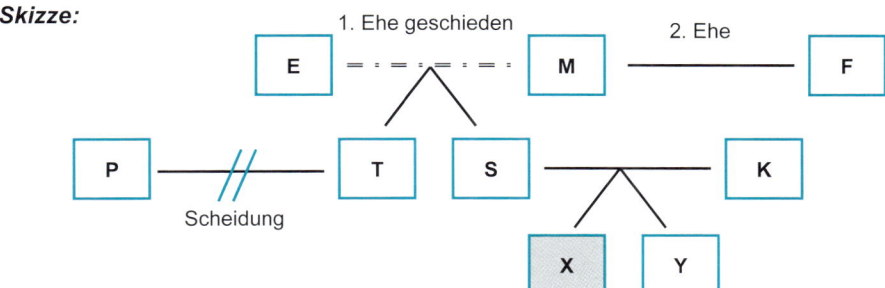

I. Einordnung

Fall 25 behandelt die Verwandtschaft und Schwägerschaft, die in §§ 1589, 1590 BGB gesetzlich definiert sind.

Verwandtschaft und Schwägerschaft werden in Graden und Linien bemessen. In gerader Linie ist man mit denjenigen verwandt, von denen man abstammt (Aszendenten) und denjenigen, die von einem abstammen (Deszendenten).

In Seitenlinie verwandt, sind diejenigen mit welchen man gemeinsam von einer dritten Person abstammt, ohne in gerader Linie verwandt zu sein (z.B. Bruder, Onkel, Neffe, etc.).

Die Nähe der Verwandtschaft bemisst sich nach Graden, d.h. nach der Anzahl der Geburten, die zwischen den beiden betreffenden Personen liegen, § 1589 S. 3 BGB. Dabei wird die Geburt der Person, die die Verwandtschaft herstellt, nicht mitgezählt.

hemmer-Methode: Lassen Sie sich nicht verwirren – Verwandtschaft und Schwägerschaft scheinen auf den ersten Blick sehr kompliziert geregelt zu sein. Wenn Sie das System allerdings einmal durchdacht haben, werden Sie nie mehr Probleme damit haben. Stellt sich die Frage einmal in einem Fall, wer mit wem in welchem Grad verwandt ist, müssen Sie zunächst eine Skizze (s.o.) anfertigen. Danach gehen Sie systematisch vor.

I. Gliederung

> **Frage 1:**
>
> **Linie und Grad von Verwandtschaft/Schwägerschaft, ausgehend von X**
>
> 1. **Verhältnis zu Y: Adoptiv-Bruder**, Verwandtschaft in Seitenlinie, 2. Grad
> 2. **Verhältnis zu K: Mutter**, Verwandtschaft in gerader Linie, 1. Grad
> 3. **Verhältnis zu S: Vater**, Verwandtschaft in gerader Linie, 1. Grad
> 4. **Verhältnis zu T: Tante**, Verwandtschaft in Seitenlinie, 3. Grad
> 5. **Verhältnis zu P: Onkel,** Schwägerschaft (in Seitenlinie), 3. Grad
> 6. **Verhältnis zu M: Opa**, Verwandtschaft in gerader Linie, 2. Grad
> 7. **Verhältnis zu E: Oma,** Verwandtschaft in gerader Linie, 2. Grad
> 8. **Verhältnis zu F: „Stief-Oma"**, Schwägerschaft in gerader Linie, 2. Grad

> **Frage 2:**
>
> **Verwandtschaft/Schwägerschaft von P mit K bzw. S**
>
> 1. **Verhältnis von P zu S:** Schwager, Schwägerschaft (in Seitenlinie), 2. Grad; § 1590 II BGB: Schwägerschaft besteht auch bei Scheidung fort.
> 2. **Verhältnis von P zu K:** Schwipp-Schwager; keine Verwandtschaft/Schwägerschaft im Rechtssinne.

III. Lösung Frage 1

In Frage steht das Verwandtschafts- bzw. Schwägerschaftsverhältnis des X zu den übrigen Personen.

1. Verhältnis zu Y

Fraglich ist dabei zunächst, ob zu Y überhaupt ein Verwandtschaftsverhältnis besteht.

In Betracht kommt dabei allenfalls eine Verwandtschaft in Seitenlinie gem. § 1589 S. 2 BGB, da Y jedenfalls nicht i.S.v. § 1589 S. 1 BGB von X abstammt oder umgekehrt. Vielmehr sind beide Brüder.

Problematisch erscheint jedoch, dass X und Y biologisch auch nicht von der gleichen Person i.S.v. § 1589 S. 2 BGB abstammen. Allerdings könnte hier eine Annahme i.S.v. § 1754 I BGB vorliegen. S und K haben nach dem Sachverhalt beide den Y adoptiert. Auch ist Y noch minderjährig, so dass § 1754 I BGB greift. Somit erlöschen gem. § 1755 I S. 1 BGB die bisherigen Verwandtschaftsverhältnisse des Y. Im Verhältnis zu den Annehmenden erlangt Y stattdessen gem. § 1754 I BGB die Rechtsstellung eines gemeinschaftlichen Kindes und wird damit auch mit den Verwandten der Annehmenden verwandt.

Somit ist Y mit X in Seitenlinie verwandt.

Der Grad bestimmt sich dabei gem. § 1589 I S. 3 BGB nach der Zahl der die Verwandtschaft vermittelnden Geburten. Hier sind dies die Geburt des X und die Geburt des Y bzw. im konkreten Fall die stattdessen das Verwandtschaftsverhältnis begründende Annahme als gemeinschaftliches Kind.

X ist somit mit seinem Adoptiv-Bruder in Seitenlinie im 2. Grad verwandt.

2. Verhältnis zu K

K ist die Mutter des X. X stammt somit gem. § 1589 S. 1 BGB von K ab und ist mit ihr in gerader Linie verwandt. Da nur die Geburt des X die Verwandtschaft begründet, sind X und K als Sohn und Mutter in gerader Linie im 1. Grad verwandt; § 1589 S. 1 BGB.

3. Verhältnis zu S

Entsprechendes gilt für die Verwandtschaft von X und S, da S der Vater des X ist.

4. Verhältnis zu T

Fraglich ist, wie X und T miteinander verwandt sind. Da T Schwester des S und somit Tante des X ist, liegt eine Verwandtschaft in gerade Linie i.S.v. § 1589 S. 1 BGB nicht vor.

X stammt nicht von T ab oder umgekehrt. Somit kann nur ein Seitenverhältnis vorliegen. Die das Verwandtschaftsverhältnis vermittelnden Geburten i.S.v. § 1589 S. 3 BGB sind die des X selbst, die des S und die der T. X ist somit mit T in Seitenlinie im 3. Grad verwandt.

5. Verhältnis zu P

Gleiches könnte man nun auch vom Verhältnis des X zu P denken. Allerdings ist hier zu berücksichtigen, dass kein Verwandtschaftsverhältnis i.S.v. § 1589 BGB vorliegt. Neben den drei vermittelnden Geburten liegt nämlich noch die Eheschließung zwischen T und P vor, ohne die P zu X in keinerlei Verhältnis stehen würde.

Vielmehr greift hier § 1590 I S. 1 BGB ein. X ist Verwandter der T (siehe 4.) und somit mit deren Ehegatten P verschwägert.

Linie und Grad der Schwägerschaft bestimmen sich gem. § 1590 I S. 2 BGB nach der Linie und dem Grad der sie vermittelnden Verwandtschaft. Die die Schwägerschaft vermittelnde Verwandtschaft ist hier die des X und seiner Tante T. X ist somit mit P in Seitenlinie im dritten Grad verschwägert.

hemmer-Methode: Oftmals werden Sie hören, dass eine Schwägerschaft in gerader Linie denknotwendig ausscheiden muss. Dies ist aber so nicht richtig. Heiratet etwa die verwitwete Mutter eines Kindes erneut, ist das Kind auch nach Eheschließung nur Verwandter der Mutter in gerade Linie und im ersten Grad. Die Eheschließung führt jedoch zur Schwägerschaft zum Stiefvater. Stiefvater und Stiefkind sind daher miteinander im ersten Grad in gerader Linie verschwägert.

6. Verhältnis zu M

X stammt hingegen von seinem Opa M ab und ist somit mit diesem in gerade Linie gem. § 1589 S. 1 BGB verwandt. Die vermittelnden Geburten sind die des Vaters S und die von X selbst, somit besteht eine Verwandtschaft im 2. Grad.

7. Verhältnis zu E

Gleiches gilt für das Verhältnis zur Oma E. Dass M zwischenzeitlich von dieser geschieden ist, ändert nichts daran, dass X von dieser abstammt und ebenso wie mit M in gerader Linie im 2. Grad verwandt ist.

8. Verhältnis zu F

Problematisch erscheint hingegen das Verhältnis zu F. Auch hier liegt keine Verwandtschaft vor, da nur die Eheschließung von M und F ein Verhältnis zu X vermitteln kann.

Wie festgestellt ist X mit M in gerader Linie im zweiten Grad verwandt. Gem. § 1590 I S. 2 BGB besteht somit zu F eine Schwägerschaft in gerader Linie im zweiten Grad.

IV. Lösung Frage 2

1. Verhältnis von P zu S

Fraglich ist hier das Verhältnis von P zu S. S ist der Bruder der Ehefrau des P, der T. Mit dieser ist er somit gem. § 1589 S. 2 u. 3 BGB in Seitenlinie im 2. Grad verwandt. Gem. § 1590 I S. 1 u. 2 BGB ist S daher mit P in gleichem Grad und gleicher Linie verschwägert.

Auch die Scheidung von P und S vermag hieran nichts zu ändern, da gem. § 1590 II BGB die Schwägerschaft fortbesteht.

hemmer-Methode: Die Schwägerschaft spielt nicht nur in der Zivilrechtsklausur eine wichtige Rolle, sondern kann auch in einer Kommunalrechtsklausur i.R.d. Art. 49 GO (persönliche Beteiligung) entscheidungserheblich sein. Das Fortbestehen der Schwägerschaft nach rechtskräftiger Scheidung

der sie vermittelnden Ehe führt zu der seltsamen Konsequenz, dass eine Interessenkollision zwar noch im Hinblick auf die Schwägerschaft, nicht aber im Hinblick auf die geschiedene Ehe bestehen bleibt.

2. Verhältnis von P zu K

Eine Schwägerschaft i.S.v. § 1590 I BGB könnte auch zwischen P und K bestehen. P ist Ehemann der T und K Ehefrau des S. S und T wiederum sind miteinander als Geschwister in Seitenlinie im 2. Grad verwandt. Man könnte daher auf die Idee kommen, dass auch P und K miteinander im 2. Grad in Seitenlinie gem. § 1590 I BGB verschwägert sind.

Dem ist jedoch nicht so. § 1590 I S. 1 BGB begründet eine Schwägerschaft nur für Verwandte des Ehegatten. S ist zwar mit T verwandt, sodass zwischen P und S bzw. K und T jeweils eine Schwägerschaft besteht. Mit K ist S jedoch nicht verwandt, sondern verheiratet. Ehegatten sind als solche jedoch weder miteinander verwandt noch verschwägert, sodass die sog. „Schwippschwägerschaft" keine Schwägerschaft i.S.v. § 1590 I BGB ist.

P und K sind weder miteinander verwandt noch verschwägert. Die Scheidung von P und T hat somit auf das Ergebnis keinerlei Einfluss.

V. Zusammenfassung

- Adoptivkinder erhalten im Verhältnis zu den Annehmenden die gleiche Rechtsstellung wie gemeinschaftliche Kinder. Somit sind sie auch mit den Verwandten der Annehmenden verwandt.

- Personen, die voneinander ab-stammen sind in gerader Linie verwandt.

- Personen, die von derselben drit-ten Person abstammen, ohne in gerader Linie verwandt zu sein, sind in Seitenlinie miteinander ver-wandt.

- Der Grad bestimmt sich nach der Anzahl der Geburten, die die Ver-wandtschaft vermitteln. Sind Per-sonen in Seitenlinie miteinander verwandt, wird die Geburt der drit-ten Person, von der beide ab-stammen, nicht mitgezählt.

- Eine Scheidung hat keinen Einfluss auf das Bestehen der Schwäger-schaft.

- Ehegatten sind weder miteinander verwandt noch verschwägert.

- Die Schwippschwägerschaft ist deshalb keine Schwägerschaft im Rechtssinne.

VI. Zur Vertiefung

Zur Verwandtschaft und Schwägerschaft

- Hemmer/Wüst, Familienrecht, Rn. 1 ff.

Fall 26: Die rechtliche Betreuung gem. §§ 1896 ff. BGB

Sachverhalt:

Der Rentner R verfällt mehr und mehr einer altersbedingten Demenz anheim. Das Familiengericht ordnet daraufhin die rechtliche Betreuung insbesondere auch für den Aufgabenkreis der Vermögenssorge an. Da R zudem immer mehr die Tendenz zeigt, sein Vermögen zu verschwenden, wird darüber hinaus für den Bereich der Vermögenssorge ein Einwilligungsvorbehalt angeordnet. Einige Zeit später veräußert R dem Käufer K einen Oldtimer zu einem Preis von 60.000,- €; hierbei handelte R aber aufgrund der fortschreitenden Krankheit im Zustand der Geschäftsunfähigkeit. Als der Betreuer B von diesen Vorgängen erfährt, erkennt er, dass es sich hierbei um ein für R sehr günstiges Geschäft handelt, da der wahre Wert des Wagens nur 45.000,- € beträgt. Aus diesem Grund erklärt er gegenüber K, dass er das Geschäft des R genehmige.

Später aber erkennt auch der K, was der Oldtimer wirklich wert ist. Er meint nun, dass doch wegen der Geisteskrankheit des R ohnehin alle Geschäfte nichtig seien und verweigert jegliche weitere Zahlung wie auch die Herausgabe des Wagens.

Der Betreuer B hat nun einen neuen zahlungskräftigen Kunden aufgetan und fordert daher Herausgabe des Wagens sowie eine angemessene Entschädigung für die Nutzung des Wagens.

Frage:

Stehen R, vertreten durch den Betreuer B, die geltend gemachten Ansprüche auf Herausgabe und Nutzungsersatz zu?

I. Einordnung

Seit dem Jahre 1992 ist die Betreuung an die Stelle der Vormundschaft über Volljährige getreten. Dieses neue Institut soll die Rechte des betroffenen Betreuten stärken und verbessern.

Rechtsgrundlage für die rechtliche Betreuung sind die §§ 1896 ff. BGB.

Die Stärkung der Rechte des Betreuten wird vor allem darin deutlich, dass der Betreuer gem. § 1902 BGB zwar gesetzlicher Vertreter des Betreuten ist, dieser aber grds. weiter voll geschäftsfähig bleibt.

Diese Stärkung der Rechte geht aber mit der misslichen Konsequenz der Gefahr sich widersprechender Rechtsgeschäfte einher, die aber beide grundsätzlich voll wirksam sind.

Nur unter den Voraussetzungen des § 1903 BGB kann das Familiengericht einen sog. Einwilligungsvorbehalt anordnen, so dass dann über § 1903 I S. 2 BGB die Bestimmungen über die Rechtsgeschäfte beschränkt Geschäftsfähiger Anwendung finden.

Anmerkung: Beachten Sie auch die Regelung des § 1903 III S. 1 BGB, der eine dem § 107 BGB entsprechende Vorschrift enthält.

Darüber hinaus gilt noch § 1903 III S. 2 BGB, der grundsätzlich jede Willenserklärung hinsichtlich geringfügiger Angelegenheiten des täglichen Lebens wirksam sein lässt. Auch diese Regelung erklärt sich aus der Grundkonzeption des Gesetzgebers, der die Rechte der Betroffenen stärken wollte und die Eingriffsintensität möglichst gering zu halten suchte.

II. Gliederung

Herausgabeanspruch

1. Anspruch aus § 985 BGB

2. Anspruch aus § 812 I S. 1 Alt. 1 BGB

Nutzungsersatzanspruch:

1. §§ 990 I S. 1, 987 BGB (-), keine Bösgläubigkeit

2. § 988 analog

   (P): unentgeltlich = rechtsgrundlos?

III. Lösung

Fraglich ist also, ob dem R, vertreten durch den Betreuer B, vgl. § 1902 BGB, die geltend gemachten Ansprüche auf Herausgabe und Nutzungsersatz zustehen.

1. Anspruch aus § 985 BGB

Zu prüfen ist, ob R von K die Herausgabe des Wagens verlangen kann. Als Anspruchsgrundlage hierfür kommt zunächst § 985 BGB in Betracht.

a) K als Besitzer

K ist unstreitig Besitzer des Oldtimers und damit grundsätzlich auch tauglicher Anspruchsgegner für einen Herausgabeanspruch aus § 985 BGB.

b) R als Eigentümer

Weitere Voraussetzung eines Anspruchs aus § 985 BGB ist, dass R Eigentümer des fraglichen Wagens ist.

Ursprünglich war der Rentner R unstreitig Eigentümer des Wagens.

Fraglich ist aber, ob R durch die Geschäfte mit K das Eigentum an dem Wagen verloren hat.

Voraussetzungen des Eigentumsübergangs bei beweglichen Sachen sind gem. § 929 S. 1 BGB die Einigung hinsichtlich des Eigentumsübergangs und die Übergabe der Sache.

aa) Übergabe gem. § 929 S. 1 BGB

Eine Übergabe der Sache i.S.d. § 929 S. 1 BGB liegt unstreitig vor.

bb) Einigung als Vertrag

Die Einigung i.S.d. § 929 S. 1 BGB stellt einen dinglichen Vertrag dar, auf den die Regeln des allgemeinen Teils der §§ 104 ff. BGB Anwendung finden. Grundsätzlich liegt hier seitens des R eine Willenserklärung vor, die auf die Übertragung des Eigentums gerichtet ist, vgl. §§ 145 ff. BGB. Mit dieser korrespondiert auch eine entsprechende Willenserklärung des Erwerbers K.

cc) Auswirkung der Betreuung gem. §§ 1896 ff. BGB

Wie dargestellt, finden aber auch die Regeln der Geschäftsfähigkeit der §§ 104 ff. BGB Anwendung.

Fraglich ist, ob es hier von Bedeutung ist, dass für R eine Betreuung mit Einwilligungsvorbehalt gem. § 1903 I S. 1 BGB angeordnet wurde.

Anmerkung: An dieser Stelle sollen nun zunächst die allgemeinen Voraussetzungen für die Anordnung einer Betreuung gem. §§ 1896 ff. BGB dargestellt werden:

- Volljährigkeit des Betroffenen gem. § 1896 I S. 1 BGB (Minderjährige werden durch ihre Eltern gem. § 1629 I S. 1 BGB oder einen Vormund gem. § 1773 I, 1793 I S. 1 BGB vertreten)
- Geistige Behinderung oder psychische bzw. physische Verhinderung zur Führung der eigenen Angelegenheiten
- Erforderlichkeitsgrundsatz gem. § 1896 II BGB
- Subsidiaritätsgrundsatz gem. § 1896 II S. 2 BGB
- Anordnung auf Antrag oder von Amts wegen, vgl. § 1896 I S. 1 BGB

Rechtsfolge der Anordnung einer Betreuung ist, dass der Betreuer für diesen Aufgabenkreis gem. § 1902 BGB als gesetzlicher Vertreter des Betreuten fungiert.

Anmerkung: Aus dem Erforderlichkeitsgrundsatz und der damit einhergehenden Stärkung der Rechte des Betroffenen ergibt sich, dass die gesetzliche Vertretung sich gem. § 1902 BGB auf die angeordneten Aufgabenkreise beschränkt. Wird der Betreuer also außerhalb dieser abgegrenzten Aufgabenkreise tätig, so finden die §§ 177 ff. BGB Anwendung.

Zu beachten ist aber, dass sich die Regelung des § 1902 BGB nicht auf die Geschäftsfähigkeit des Betroffenen i.S.d. §§ 104 ff. BGB auswirkt. Diese bleibt grundsätzlich vollständig erhalten, so dass bei sich widersprechenden Geschäften „normal" dem Prioritätsgrundsatz zu folgen ist.

Die Anordnung der Betreuung hat als solches damit keine Auswirkung auf die Geschäfte bzw. Willenserklärungen des R.

dd) Auswirkung des Einwilligungsvorbehalts gem. § 1903 I S. 1 BGB

Fraglich ist aber, ob die Anordnung des Einwilligungsvorbehalts gem. § 1903 I S. 1 BGB Auswirkungen auf die Wirksamkeit der Willenserklärung hat.

Rechtsfolge des § 1903 I S. 1 BGB ist, dass eine Willenserklärung des Betroffenen zu ihrer Wirksamkeit der Einwilligung des Betreuers bedarf. Gem. § 1903 III S. 1 BGB bedarf es dieser Genehmigung zwar dann nicht, wenn die Willenserklärung dem Betreuten einen lediglich rechtlichen Vorteil bringt (vgl. die entsprechende Regelung des § 107 BGB). Allerdings würde hier die Wirksamkeit den Verlust des Eigentums an dem Wagen zur Folge haben, so dass gerade kein lediglich rechtlicher Vorteil vorläge. Auch ist eine Wirksamkeit nach § 1903 III S. 2 BGB ausgeschlossen, da die Veräußerung eines Wagens keine geringfügige Angelegenheit des täglichen Lebens darstellt.

Eine vorherige Einwilligung i.S.d. § 1903 I S. 1 BGB lag hier hinsichtlich des Oldtimers nicht vor, sodass insoweit die auf Übertragung des Eigentums gerichtete Willenserklärung des R unwirksam sein könnte.

Zu beachten ist aber, dass für die Fälle eines Einwilligungsvorbehalts über § 1903 I S. 2 BGB die §§ 108 ff. BGB Anwendung finden. Folglich ist grundsätzlich gem. §§ 108 I, 184 I BGB i.V.m. § 1903 I S. 2 BGB auch eine nachträgliche Genehmigung der schwebend unwirksamen Willenserklärung möglich.

Hier hat der Betreuer die Willenserklärung ausdrücklich gegenüber K genehmigt, sodass grundsätzlich eine rückwirkende Wirksamkeit eingetreten wäre, vgl. § 184 I BGB.

ee) Auswirkung der Geschäftsunfähigkeit gem. §§ 104 Nr. 2, 105 I BGB

Zu prüfen ist hier nun aber, wie sich der Umstand auswirkt, dass R die Einigungserklärung laut Sachverhalt im Zustand der Geschäftsunfähigkeit vorgenommen hat und der Betreuer B diese Willenserklärung in Unkenntnis der Geschäftsunfähigkeit gem. § 104 Nr. 2 BGB genehmigt hat.

Die Wirkung der §§ 108 I, 184 I, 1903 I S. 2 BGB kann aber grundsätzlich nur dann eintreten, wenn eine schwebende Unwirksamkeit gegeben ist. Die §§ 104 Nr. 2, 105 I BGB führen aber gerade zur vollen Nichtigkeit der Willenserklärung, sodass eine Genehmigung als solche gar keine Wirkung zeitigen kann.

Möglicherweise hat aber die Genehmigung auf anderer Ebene Wirkung. Dies wäre dann der Fall, wenn diese Genehmigung in eine Neuvornahme umgedeutet werden könnte, vgl. § 140 BGB.

Dies ist hier jedenfalls nicht schon deshalb ausgeschlossen, weil die Willenserklärung nicht dem Gegner gegenüber erklärt worden ist. Hier hat der Betreuer ausdrücklich gegenüber dem K genehmigt, sodass dies einer Umdeutung nicht im Wege steht.

Problematisch ist aber, dass § 140 BGB nicht ein „Weniger" in ein „Mehr" umzudeuten vermag. Die Neuvornahme durch eine eigene Willenserklärung stellt aber im Vergleich zu einer Genehmigung einer fremden Willenserklärung gerade ein solches „Mehr" dar,

sodass deshalb eine Umdeutung gem. § 140 BGB ausscheiden muss.

Folglich war die Einigungserklärung bezüglich des Übergangs des Eigentums nichtig, vgl. §§ 104 Nr. 2, 105 BGB.

ff) Zwischenergebnis

K hat somit nicht das Eigentum gem. § 929 S. 1 BGB erworben.

Anmerkung: Ein gutgläubiger Erwerb gem. § 932 I, II BGB scheidet ebenfalls aus, da der gute Glaube an die Geschäftsfähigkeit nicht geschützt ist.

c) Recht zum Besitz gem. § 986 I S. 1 BGB

Weiterhin besteht für K auch kein Recht zum Besitz aus dem Kaufvertrag, da auch dieser auf Grund der §§ 104 Nr. 2, 105 I BGB unheilbar nichtig ist. Auch hier ist keine Umdeutung gem. § 140 BGB möglich.

d) Ergebnis zu § 985 BGB

R steht somit der Herausgabeanspruch aus § 985 BGB zu. Der Betreuer B kann als gesetzlicher Vertreter gem. § 1902 BGB diesen Anspruch geltend machen.

2. Anspruch aus § 812 I S. 1 Alt. 1 BGB

Daneben steht R auch der Anspruch aus § 812 I S. 1 Alt. 1 BGB zu, da die Leistung von R an K rechtsgrundlos war, denn der Kaufvertrag war wegen §§ 104 Nr. 2, 105 BGB nichtig.

Auch diesen Anspruch kann B wegen § 1902 BGB für R geltend machen.

3. Anspruch aus §§ 990 I S. 1, 987 I BGB

Fraglich ist nun weiterhin, ob R auch Ersatz der von K gezogenen Nutzungen verlangen kann. Zunächst kommt insoweit ein Anspruch aus §§ 990 I S. 1, 987 I BGB in Betracht.

Anmerkung: Wie so oft stellen Probleme aus dem Familienrecht nur den Einstieg in andere Rechtsgebiete dar. Im vorliegenden Fall führt also der ungewohnte Einstieg über das Betreuungsrecht der §§ 1896 ff. BGB in das EBV und Bereicherungsrecht.

a) Vorliegen eines EBV

Voraussetzung eines solchen Anspruches ist zunächst, dass ein EBV i.S.d. §§ 985 f. BGB vorliegt. Dies ist hier, wie oben dargestellt, der Fall.

b) Bösgläubigkeit gem. § 990 I S. 1 BGB

Weiterhin müsste K aber bei dem Erwerb des Besitzes bösgläubig gem. § 990 I S. 1 BGB gewesen sein, da keine Rechtshängigkeit gem. § 989 BGB (§§ 253 I, 261 I ZPO) vorliegt. Hierfür ist dem Sachverhalt aber nichts zu entnehmen, sodass die Redlichkeit des K anzunehmen ist, vgl. § 932 II BGB.

c) Ergebnis

Es besteht kein Anspruch gem. §§ 990 I S. 1, 987 I BGB auf Ersatz der gezogenen Nutzungen.

4. Anspruch gem. § 988 BGB analog

Möglichweise ergibt sich aber anderweitig ein Anspruch auf Ersatz der gezogenen Nutzungen.

Wegen des Vorrangs des EBV kann ein solcher aber grundsätzlich nicht über die §§ 812 ff. BGB gewährt werden, da sonst die Privilegierung des redlichen Besitzers ausgehöhlt würde.

Trotzdem lässt sich grundsätzlich ein Bedürfnis für einen solchen Anspruch anerkennen, wenn man den vorliegenden Fall mit einem ähnlich gelagerten Fall vergleicht. Hier sind aufgrund der Geschäftsunfähigkeit gem. §§ 104 Nr. 2, 105 BGB sowohl die dingliche Einigung wie auch der Kaufvertrag nichtig. Wäre nur der Kaufvertrag nichtig, lägen kein EBV und damit auch nicht dessen Sperrwirkung vor. Dann aber könnte gem. § 818 II BGB grundsätzlich der objektive Wert der Nutzungen als Ersatz verlangt werden.

Dieses Ergebnis widerspricht aber seinerseits wiederum gesetzlichen Wertungen, da der Geschäftsunfähige besonders schutzenswert ist.

Der BGH nun bleibt trotzdem bei der grundsätzlichen Sperrwirkung des EBV der §§ 987 ff. BGB und stellt den rechtsgrundlosen dem unentgeltlichen Besitzer gleich, so dass eine analoge Anwendung des § 988 BGB angebracht sei.

In der Literatur wird die Analogie zu § 988 BGB abgelehnt und derartige Fälle durch eine teleologische Reduktion des § 993 I HS 2 BGB gelöst, indem die Sperrwirkung des EBV für die Leistungskondiktion gerade nicht gelten soll, da die Rückabwicklung gescheiterter Leistungsverhältnisse den §§ 812 ff. BGB unterfällt.

Damit besteht nach dieser Ansicht ein Anspruch auf Wertersatz der Nutzungen gem. §§ 812 I S. 1 Alt. 1, 818 I, II BGB.

Da aber auch der BGH wegen der Vermeidung von Wertungswidersprüchen bei dem Anspruch aus § 988 BGB analog i.V.m. § 818 I BGB zu einer Verrechnung nach den Grundsätzen der Saldotheorie mit dem gezahlten Kaufpreis kommt, führen beide Ansichten hier zum selben Ergebnis. R steht also ein Anspruch auf Ersatz der gezogenen Nutzungen zu.

Anmerkung: In einer Klausur müssten Sie zu diesem Klassiker natürlich ausführlicher Stellung nehmen. Wenn es sich nicht, wie hier um eine Zwei-PersonenKonstellation, sondern um ein Mehr-Personen-Verhältnis handelt, müssen Sie den Streit sogar entscheiden, da dann die Ergebnisse beider Ansichten differieren. Vertiefen Sie hier unbedingt Ihre Kenntnisse anhand der einschlägigen Skripten, **Hemmer/Wüst, Bereicherungsrecht, Rn. 32 ff.** sowie **Hemmer/Wüst,   Sachenrecht I, Rn. 383 ff.**

IV. Zusammenfassung

- Der Betreuer ist gem. § 1902 BGB gesetzlicher Vertreter des Betreuten.

- Die Betreuung der §§ 1896 ff. BGB als solche lässt die Geschäftsfähigkeit des Betreuten unberührt.

- Die Wirkung der §§ 1903 I S. 2, 108 I, 184 I BGB kann nur bei schwebender Unwirksamkeit, nicht bei Nichtigkeit eintreten.

- Die Umdeutung der Genehmigung einer fremden Willenserklärung in eine eigene Willenserklärung gem. § 140 BGB ist nicht möglich.

- § 988 BGB analog oder eine teleologische Reduktion des § 993 I BGB a.E. sind die Lösungsmöglichkeiten in den Fällen, in denen sowohl dingliche wie auch die schuldrechtliche Einigung unerkannt nichtig sind.

V. Zur Vertiefung

- Hemmer/Wüst, Familienrecht, Rn. 394 ff. (Rechtliche Betreuung)
- Hemmer/Wüst, Bereicherungsrecht, Rn. 34 ff. (Verhältnis EBV - BerR)

Die Zahlen beziehen sich auf die Nummern der Fälle.

hemmer/wüst Verlag

─ DIE STUDENTENSKRIPTEN

■ DAS GRUNDWISSEN

Die Grundwissenskripten sind für den Studenten in den ersten Semestern gedacht. In den Theoriebänden Grundwissen werden leicht verständlich und kurz die wichtigsten Rechtsinstitute vorgestellt und das notwendige Grundwissen vermittelt. Die Skripten werden durch den jeweiligen Band unserer Reihe „Die wichtigsten Fälle" ergänzt.

■ DIE BASICS

Das Grundwerk für Studium und Examen. Es schafft schnell Einordnungswissen und mittels der hemmer-Methode richtiges Problembewusstsein für Klausur und Hausarbeit. Wichtig ist, wann und wie Wissen in der Klausur angewendet wird. Umfangreicher als die Grundwissenreihe und knapper als die Hauptskriptenreihe.

■ DIE HAUPTSKRIPTEN

DAS PRÜFUNGSWISSEN:

In den Hauptskripten werden die für die Prüfung nötigen Zusammenhänge umfassend aufgezeigt und wiederkehrende Argumentationsketten eingeübt. Die Hauptskripten sind die Bibliothek der Studenten - vom 1. Semester bis zum 2. Staatsexamen das ideale Nachschlagewerk.

■ DIE WICHTIGSTEN FÄLLE

VOM FALL ZUM WISSEN:

An Grundfällen werden die prüfungstypischen Probleme übersichtlich in Musterlösungen dargestellt. Eine Kurzgliederung erleichtert den Einstieg in die Lösung. Der jeweilige Fallschwerpunkt wird grafisch hervorgehoben. Die Reihe „Die wichtigsten Fälle" ist ideal geeignet, schnell in ein Themengebiet einzusteigen. So werden Zwischenprüfung und Scheine leicht.

hemmer/wüst Verlag

DIE KARTENSÄTZE

■ DIE BASICS KARTEIKARTEN

DAS PENDANT ZU DEN BASICS SKRIPTEN:

Mit dem Frage- und Antwortsystem zum notwendigen Wissen. Die Vorderseite der Karteikarte ist unterteilt in Einordnung und Frage. Der Einordnungstext erklärt den Problemkreis und führt zur Frage hin. Die Frage trifft dann den Kern der prüfungsrelevanten Thematik. Auf der Rückseite schafft der Antworttext Wissen.

■ DIE ÜBERBLICKSKARTEIKARTEN

ÜBER PRÜFUNGSSCHEMATA ZUM WISSEN:

Ihr Begleiter vom 1. Semester bis zum 2. Staatsexamen! In den Überblickskarteikarten sind die wichtigsten Problemfelder im Zivil-, Straf- und Öffentlichen Recht knapp, präzise und übersichtlich dargestellt. Sie erfassen effektiv auf einen Blick das Wesentliche. Die grafische Aufbereitung der Prüfungsschemata auf der Vorderseite schafft Überblick über den Prüfungsaufbau. Die Kommentierung mit der hemmer-Methode auf der Rückseite schafft deshalb das nötige Einordnungswissen für die Klausur und erwähnt die wichtigsten Definitionen.

■ DIE HAUPTKARTEIKARTEN

DAS PENDANT ZU DEN HAUPTSKRIPTEN:

Das Prüfungswissen in Karteikartenform für den, der es bevorzugt, mit Karteikarten zu lernen. Im Frage- und Antwortsystem zum Wissen. Auf der Vorderseite der Karteikarte führt ein Einordnungsteil zur Frage hin. Die Frage trifft die Kernproblematik des zu Erlernenden. Auf der Rückseite schafft der Antworttext Wissen.

■ DIE SHORTIES - IN 20 STUNDEN ZUM ERFOLG
IN DER HEMMER LERNBOX

Die kleinen Karteikarten in der hemmer Lernbox enthalten auf der Vorderseite jeweils eine Frage, welche auf der Rückseite grafisch aufbereitet beantwortet wird. Die bildhafte Darstellung ist lernpädagogisch sinnvoll. Die wichtigsten Begriffe und Themenkreise werden anwendungsspezifisch erklärt. Knapper geht es nicht - die Sounds der Juristerei! In Kürze verhelfen die Shorties so zum Erfolg.

VERLAGSPRODUKTE ÜBERBLICK 2014